MBA MPA MPAcc MEM
论证有效性分析

——高效思维训练与应试指导

周建武　编著

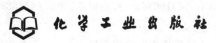

化学工业出版社

·北京·

论证有效性分析是管理类联考与经济类联考综合能力考试中的一个难点和重点题型，作为该题型的专项辅导用书，本书根据考试大纲要求与最新命题动向而精心编写，突出以提升分析思路和实用写作能力为目标的辅导特色。本书不仅讲述了逻辑论证和批判性思维的知识与原理，而且揭示了论证有效性分析专项写作题型的特点和应试要求，更注重论证有效性分析的写作技能和方法训练。同时，本书也是一本真题大全，汇集了历年管理类联考（包括其前身 MBA 联考）和经济类联考综合能力试卷中的论证有效性分析的全部试题，并相应地提供了写作范文，通过精讲精练，以帮助考生有针对性地高效备考。

图书在版编目（CIP）数据

MBA、MPA、MPAcc、MEM 论证有效性分析：高效思维训练与应试指导/周建武编著 . —北京：化学工业出版社，2018.4
ISBN 978-7-122-31664-6

Ⅰ.①M… Ⅱ.①周… Ⅲ.①汉语-写作-研究生-入学考试-自学参考资料 Ⅳ.①H15

中国版本图书馆 CIP 数据核字（2018）第 041096 号

责任编辑：廉　静　　　　　　装帧设计：王晓宇
责任校对：边　涛

出版发行：化学工业出版社（北京市东城区青年湖南街 13 号　邮政编码 100011）
印　　刷：北京京华铭诚工贸有限公司
装　　订：北京瑞隆泰达装订有限公司
787mm×1092mm　1/16　印张 13½　字数 344 千字　2018 年 6 月北京第 1 版第 1 次印刷

购书咨询：010-64518888（传真：010-64519686）　售后服务：010-64518899
网　　址：http://www.cip.com.cn
凡购买本书，如有缺损质量问题，本社销售中心负责调换。

定　　价：38.00 元

丛书序言

碩士专业型学位是相对于学术型学位而言的学位类型，其目的是培养具有扎实理论基础，并适应特定行业或职业实际工作需要的应用型高层次专门人才。随着我国高等教育逐步向国际接轨，我国的管理类联考、经济类联考等专业硕士入学考试也在逐步借鉴美国的 GMAT、LSAT、MCAT 的考试模式，其中逻辑思维能力测试就是最大的体现，具体表现在逻辑推理和论证有效性分析两大题型。

"管理类联考"是指管理类专业学位硕士研究生入学统一考试。管理类联考是在 MBA 联考的基础上发展起来的，从 2011 年起统称为管理类专业学位联考，截至目前，管理类专业硕士学位教育招生包含七个专业学位，分别是：工程管理硕士（MEM）、工商管理硕士（MBA）、公共管理硕士（MPA）、会计硕士（MPAcc）、图书情报硕士（MLIS）、旅游管理硕士（MTA）和审计硕士（MAud）。管理类联考考试科目包括"管理类联考综合能力"（满分为 200 分）与考研"英语二"（满分为 100 分）两科，总计 300 分。其中：管理类联考综合能力（科目代码 199）卷面结构包括数学、逻辑推理、写作三大部分，其分值分布为：数学 75 分（包括问题求解 15 题、条件充分性判断 10 题，每题 3 分），逻辑推理 60 分（30 题，每题 2 分），写作 65 分（包括论证有效性分析 1 题 30 分、论说文 1 题 35 分）。

"经济类联考"是中国人民大学从 2011 年起在经济类硕士专业学位中首次举办的，在此基础上，教育部决定从 2012 年起在中国人民大学等多所高校的六个专业学位增设"经济类综合能力"选考联考科目，报考类别包括金融硕士（MF）、应用统计硕士（MAS）、税务硕士（MT）、国际商务硕士（MIB）、保险硕士（MI）及资产评估硕士（MV）。经济类联考综合能力（科目代码 396）卷面结构包括逻辑推理、数学基础、写作三大部分，满分为 150 分，其分值分布为：逻辑推理 40 分（包括选择题 20 题，每题 2 分，共 40 分）。数学基础 70 分（包括选择题 10 题，每题 2 分，共 20 分；计算题 9~10 题，共 50 分）。写作 40 分（包括论证有效性分析 1 题，20 分；论说文 1 题，20 分）。

管理类联考综合能力（科目代码 199）和经济类联考综合能力（科目代码 396）两者的考试时间均为 180 分钟，其考试范围均为数学、逻辑推理、写作（包括论证有效性分析、论说文）三大部分。其中数学考试大纲有一定的差异。而逻辑、写作部分的考试大纲基本相同。两者的试卷结构对比如下：

		管理类联考综合能力（科目代码 199）	经济类联考综合能力（科目代码 396）
试卷满分		200 分	150 分
分值分布	数学基础	75 分	70 分
	逻辑推理	60 分	40 分
	写作 论证有效性分析	30 分	20 分
	论说文	35 分	20 分

　　逻辑研究的是理性思维，所谓理性思维是人们通过大脑的抽象作用对客观对象内在规定性的认识，是认识发展的高级阶段。逻辑有广义和狭义上的不同理解：广义的逻辑泛指与人的思维和论辩有关的形式、规律和方法，通常就是指人们思考问题，从某些已知条件出发推出合理的结论的规律；狭义的逻辑指的是一门学科，就是逻辑学，主要研究推理，是关于推理有效性的科学。

　　综合能力试卷中逻辑测试的目标是检验考生以下这些能力：逻辑知识的灵活运用能力、逻辑分析能力、推理论证能力、批判性思维能力。其中，逻辑推理部分主要是考察考生应用常用的逻辑分析方法，通过对已获取的各种信息和综合知识的理解、分析、综合、判断、归纳等，引出概念、寻求规律，对事物间关系或事件的走向趋势进行合理的判断与分析，确定解决问题的途径和方法。论证有效性分析的测试目标主要是考查考生的批判性思维能力，具体包括批判性阅读能力、论证缺陷分析能力和评论性写作能力。

　　高质量的考试辅导教材总是要具备三个要素：一是看它是否着力去突显为考生备考服务的宗旨；二是该书是否具有前瞻性，能否针对今后的考试；三是该书是否严格遵循大纲要求，难度与考试试卷相符或略微偏高。本套丛书就是按这样的要求来编写的，首先，针对考试题量大、内容广的特点，全面精讲基础知识和基本技能，帮助考生做好全面的复习，尽快适应考试；其次，根据命题思路，举题型讲方法，书中随处可见对以往考题的剖析，从中充分展示解题技巧和规律性，便于考生掌握和应用；再次，强调精练，在统计分析以往的考题的基础上结合未来命题的趋势，精心编排设计了针对性强、与命题发展方向相吻合的经典习题或模拟试题。本套丛书的例题、习题与模拟试题设计上突出了"适度偏难"，不只是为了让考生准备更充分，也是为了弥补目前各类复习指导教材与考试题目难度差距较大的不足。

　　我们衷心希望本套丛书能帮助考生有效地提高实战能力，给应试备考带来实实在在的效果，祝愿各位考生在认真准备的基础上，有良好的发挥，顺利地考取理想院校的专业硕士研究生。

　　由于本套丛书涉及的范围广、内容多、题量大，疏漏和不足之处在所难免，因此，热诚欢迎专家、考生及广大读者对本书批评并提出宝贵意见。若有信息反馈请直接发至周建武邮箱：zjwgct@sina.com

作者

2018 年 3 月于北京

前言

　　论证有效性分析被公认为是一种有效提高逻辑与批判性思维能力的训练科目。　当前，以考查逻辑与批判性思维能力为核心的综合测试目前已成为国内各类硕士专业学位入学考试的一个重要环节。　其中，管理类硕士专业学位联考和经济类硕士专业学位联考的综合能力测试卷中的"论证有效性分析"和　美国GMAT考试中的"论证分析（analysis of an argument）"非常类似，都较为综合地测试了考生的论证分析能力和批判性写作能力。

　　随着我国高等教育与社会发展逐步与国际接轨，从 1997 年的 MBA 联考开始，我国的各类考试逐步借鉴国外的能力型考试模式。　从 2002 年开始，MBA联考综合能力试卷中开始了批判性写作的测试。　2003 年，这种题型的名称改为"论证有效性分析"，要求也更为具体、明确，题目从此基本定型。

　　管理类联考综合能力（科目代码 199）和经济类联考综合能力（科目代码396）两者的写作部分都包含了两篇作文，其中一篇是论证有效性分析的写作。具体而言，论证有效性分析就是对所提供的论证中的论题的可接受性进行分析、评论。　论证有效性分析要求根据批判性思维的一系列准则对给出的论证的可靠性进行评估，并写出分析报告，类似于写评估报告那样的应用文写作。　因此，论证有效性分析的写作具有批判性、分析性、评论性三大特点。

　　写好论证有效性分析通常要针对给出的一段有缺陷的论证，分析其中存在的问题，包括论证中的概念是否明确、判断是否准确、推理是否严密、论据是否充分等。　然后选择若干要点，评价该论证的有效性。　在写作中要注意分析得当、理由充分、结构严谨、语言得体。　如何评估一篇文章的好坏，属于分析性的问题，也就是根据某一组评判标准给写出的文章进行评判。　学习论证有效性分析写作对养成良好的批判性阅读习惯、提高综合运用批判性思维技能和批判性写作能力等，都大有裨益。

　　为更好地帮助管理类、经济类专业硕士学位研究生考生应试，本书汇集了历年管理类联考（包括其前身 MBA 联考与在职 MBA 联考）和经济类联考综合能力试卷中的论证有效性分析试题，并相应地提供了参考范文，是一本论证有效性分析的历年真题大全。　因此，用好本书将有力地提升论证有效性分析的写作能力。

作者
2018 年 3 月

总论 考试指南

上篇 逻辑论证

下篇 写作精练

第六章 最新试题

第七章 专项训练

总论

考试指南

　　论证有效性分析是一种评论性的写作，题目给出一个论证，要求考生对论证的有效性进行分析（实际上是论证的无效性分析），即找出论证过程中的逻辑缺陷和漏洞，最终形成一篇分析性评论短文。该写作要求考生熟练掌握典型逻辑缺陷，具备论证分析的能力和批判性写作的技巧。

第一章

考纲要求

管理类联考和经济类联考的《综合能力考试大纲》明确如下：

综合能力考试中的写作部分主要考查考生的分析论证能力和文字表达能力。

论证有效性分析试题的题干为一段有缺陷的论证，要求考生分析其中存在的问题，选择若干要点，评论该论证的有效性。

本类试题的分析要点是：论证中的概念是否明确，判断是否准确，推理是否严密，论证是否充分等。

文章要求分析得当，理由充分，结构严谨，语言得体。

第一节 测试要点

论证有效性分析测试的基本要点包括写作要求和能力要求两个方面。

一、论证有效性分析的测试要求

论证有效性分析的考题一般在题干中给出一段有缺陷的论证，要求被测试者找出该论证的主要缺陷，从论证层面分析和评论所给材料中的论证是否恰当有效，最终写出一篇对该论证的分析性评论。其测试要求如下：

第一，题干为一段有缺陷的论证。考生的第一个任务就是从这段论证中找出逻辑缺陷。

第二，题干所给的材料可能出现的主要论证问题可能会涉及：论证在概念界定和使用上是否清楚、准确并前后一致；论证方法是否正确；论据是否成立；论据是否足以支持结论；有无支持结论的更为有力的论据；推理有无错误或漏洞；论证成立的论据是否充分，是否需要另外的条件；有无另外的解释反对或削弱该论证等。

第三，这是一个写作题目，写作的文体是评论性的议论文，确切地讲，是对题干所给文字材料的论证作出的评论。

二、论证有效性分析测试的能力要求

论证有效性分析主要考查考生的批判性思维能力，具体包括以下三种能力。

1. 批判性阅读能力

论证有效性分析测试要求考生具备准确全面梳理题干论证的推理过程的能力，即要求考

生能够找出待评估论证的论证结构，理清该论证的前提与结论之间的关系。

2. 论证缺陷分析能力

论证有效性分析测试要求考生能够识别有论证的缺陷，能够识别常见的论证谬误形式。具体要求考生能够判断出论证链条中哪些环节有问题，找出题干论证中主要的缺陷和漏洞，并能够进行逻辑分析。

3. 评论性写作能力

论证有效性分析测试要求考生具备写出一篇条理清晰且流畅的分析性评论文章的能力，能够把自己的分析、判断用平实客观的文字条理清晰地表达出来。

第二节　评 分 标 准

根据管理类联考和经济类联考的阅卷要求，综合能力测试卷中的"论证有效性分析"的评分标准如下。

一、分析与评论标准

根据分析评论的内容给分，分值为 15 分。

需要考生指出题干论证中所存在的若干漏洞，并加以适当的分析。如果考生没有指出某个参考答案上列出的主要论证缺陷或漏洞，阅卷人要根据实际情况，扣除相应的分数；如果考生分析评论的内容超出参考答案所列条目，但能够言之成理，可酌情给分。

一类卷（12～15 分）：论证分析严谨，恰当有效。

思路清晰，分析透彻、全面；有很好的论证性。

二类卷（8～11 分）：论证分析较恰当，基本有效，但不够深刻。

思路较为清晰，分析严谨，较为全面；论证恰当、分析得体；行文比较流畅。

三类卷（4～7 分）：论证分析有误。

有一定分析能力，但是论证不够恰当，对重大论证缺陷有遗漏或分析欠妥。

四类卷（0～3 分）：分析有重大漏洞。

严重缺乏论证性；文不对题或明显偏离题意。

二、结构与语言标准

按论证程度、文章结构与语言表达给分，分值为 15 分。分四类卷给分：

一类卷（12～15 分）：论证或反驳有力，结构严谨，条理清楚，语言精练流畅。

二类卷（8～11 分）：论证或反驳较为有力，结构尚完整，条理较清楚，语句较通顺，有少量语病。

三类卷（4～7 分）：有论证或反驳，结构不够完整，语言欠连贯，较多语病，分析评论缺乏说服力。

四类卷（0～3 分）：明显偏离题意，内容空洞，条理不清，语句严重不通。

三、字数与书写标准

字数与书写标准包括要符合字数要求、书写正确、整洁清楚。

不符合字数要求，或出现错别字，酌情扣分。书写整洁清楚，酌情加 1～2 分，但总分不得超过 30 分。

阅卷人可根据文章的写作情况进行档次划分。例如，感觉符合二类卷特征的文章，就按照二类卷的中间分数先定在 10 分，然后，看具体情况是加分还是减分。如果语言流畅，用词恰当，就会有加分的机会。而错别字、书写不够规范、语句衔接有失误等则可酌情减分。

第二章
应试步骤

根据论证有效性分析测试的三大能力要求，论证有效性分析的应试步骤相应也是三个步骤：批判性阅读、论证缺陷分析、评论性写作。

第一节 批判性阅读

"论证有效性分析"写作的基础是批判性阅读（critical reading），在国际教育界，批判性阅读被认为是对事物进行客观评估与思考的能力，是教育的核心目标之一。

一、批判性阅读的含义

批判性阅读是批判性思维在文章阅读中的应用。批判性阅读有内涵包括两方面，一方面是指对文章内容和形式的反驳与修正，另一方面是指对文章内容和形式的肯定和补充。

1. 批判性阅读的特征

阅读是学生获取知识并探索和思考整个世界的重要方式。阅读和理解一般有两个层次，低层次的阅读是知识吸收型阅读，这种类似海绵吸水式的阅读理解方式更多的是单方向的吸收和学习，较少涉及审辨、评估等深刻的思维活动。诚然，知识的学习很重要，但知识不见得都是真理，有的知识属于伪知识，需要考问和鉴别，这就要涉及高层次的阅读，即批判性阅读。

批判性阅读不是不假思索地接受题干论证的观点，更不是去被动地接收信息，而是批判性地分析题干的论证是否恰当有效，有哪些论证缺陷和问题。所以，批判性阅读，其实是一种分析性阅读。阅读的时候，不能像海绵吸水一样，一味地接收信息，而要像淘金的筛子，通过分析阅读把题干中的论证性结构及缺陷提炼出来。

我们面对一篇文章，不能被别人的意志所左右，必须学会自己做出判断和选择。批判性思维的质疑与选择提供给我们关于做出判断和选择的技巧及方法。其中，主要的就是学会分辨信息的正确与错误、真实与虚假、有用与无用的技巧和方法，包括分析、评价和质疑等环节。

2. 批判性阅读的意义

批判性阅读是阅读和思考同时进行的过程，需要头脑的高度运作，是一个寻找真理并且吸收精髓的过程。批判性阅读的过程中，首先要在阅读和思考过程中提炼出作者的论点、论据和论证方式，然后对此提出疑问，并客观地评估文章的论证。从而提高阅读能力、独立思考能力和评估能力。

一篇文章只是作者的思考，不是唯一的事实，更不是事物的全部真相。在当今的信息时代，各种媒体（包括互联网）上的信息铺天盖地，如果不具备足够的批判性思维能力，人们就容易受到良莠不齐的信息侵扰。对自然和社会领域中的很多问题来说，往往只有相对较佳的答案，而没有唯一正确的答案。批判性阅读能够有效地筛选信息，客观地评估信息中存在的个人偏见。

3. 批判性阅读需遵循的原则

批判性阅读不能仅仅满足于了解文章的浅显内容，而是要在经过不断质疑的阅读过程后，能够识别超越文章本身描述的内容，对文章有更深层次的理解。首先要善于通过阅读文章，找出作者在论证过程中逻辑上的缺陷和谬误，在此基础上，更好地理解文章并吸收其精髓，从而挖掘出超越文章本身的更深层意义。因此，批判性阅读就要针对论证的主张，考问其理由的真实性或可信性以及推理的有效性，从不同的角度客观辩证地去看待同一事物并且提出质疑和独立的观点。由此可见，批判性阅读是一个不断质疑并且挖掘真相的过程。

批判性阅读需要遵循慈善原则（principle of charity），也叫"宽容原则"，是指以合理性的最大限度来理解论证的原则，其核心是尽可能地把论证者设想为一个正常的、理性的人，除非故意，他一般不会使用虚假的前提，一般不会进行无效的推理和论证。

在阅读中，不能只关注作者的立场和主张，而忽视作者的根据和理由。正确的思考应该是暂时承认作者主张的合理性，然后静下心来，准确地理解作者是怎样论证他的主张的。应尽可能对被分析的论证做出有利于支持结论的解释。

理解的宽容原则意味着需要具备一定的兼容精神，恰当的评估是建立在公正、准确的理解基础之上的。理解的宽容原则还意味着理解者必须跳出自我，站在作者的立场上来理解他所提出的问题、所坚持的主张和所做出的论证。对作者的论证进行解释时，我们要站在论证者的立场上，考虑怎样才能使论证中已表述的前提成为支持其结论的强有力的理由？我们只需要关注那些足以影响理由支持结论（主张）的力度的假设。论证的可靠性是批判性阅读所关注的核心目标，一个论证是否可靠，在阅读思考中，我们应重点关注该论证的理由是不是真实的或可接受的，而且其推理是不是有效的或者是强有力的，这是批判性阅读的关键之所在。

二、批判性阅读的要点

批判性阅读关键的一个步骤是要求信息的接收者要学会论证，按照逻辑论证的程序去验证一个观点、一种说法、一类描述的真假对错。批判性阅读需要冷静并细心地观察，并思考以下几个问题。

1. 关于论证的主张

① 论证的论题是什么？是描述性的还是说明性的？有没有分论题？

即要找出一篇文章中的思想、观点的概括性表述。

② 论证的结论是什么？结论是否恰当？

对找出的结论作初步的批判性思考，根据事实和科学原理分析其对错。

2. 关于论证的理由

① 论证的论据是什么？论据有哪些？文章中给出了哪些论据？

如果对结论的真假不能简单地做出判断，那就要进一步去寻找并发现它的论据。

② 文章中的论据本身是否成立？

对论据的真伪做出批判性辨析，分析这些论据是否真实可靠。

③ 论证中是否还有未陈述的理由？是否存在影响主题成立的反面例证？

如果有的话，找到论证中未陈述的那些前提。在论证有效性分析的文章中，未陈述的前提往往是不恰当的，往往是整篇论证中最关键的谬误之一。

3. 关于论证的支持

（1）论证结构是什么样的？主张和理由的关系如何？

在明确论题和确信论据真实的前提下，评价论题与论据的关系，即论据对论题是否能提供有效的支持，这种支持是必然性的还是可能性的。

（2）论证中使用了什么样的推理？

考察论证中使用了什么样的推理，分析这些推理是否符合相关的推理要求；如果你肯定文章中的论证，试着重复这一论证，以接受其合理性；如果你否定文章中的论证，试着做出反驳，以确定其论证的错误。

事实上，无论你接受或拒绝文章中的思想观点，你都需要做出一个与之相关的论证——证明型论证或者反驳型论证，然后才能使自己相信做出接受或拒绝的决定是有道理的，而不是盲目的。

4. 论证有效性分析的阅读步骤

具体针对论证有效性分析测试，其阅读步骤大致分为以下两步。

第一步，仔细阅读原文。原文作为一个待评估论证，至少要读三遍。丁是丁，卯是卯，不能望文生义，不能曲解原文。这样才有助于切实弄明白待评估论证的结构和主要缺陷。

第二步，分析论证结构。一定要迅速准确地理出论证结构。复杂的论证结构建议画出论证图。在此基础上，找到前提和结论的内在关系。

总之，批判性阅读就是在阅读中提炼出论证的主张、理由和支持关系，分析论证的结构和推理的方法，分析论证中相关要素的关系，如分析原因和结果的关系，分析理由和结论的关系等。

第二节　论证缺陷分析

论证分析的工具是批判性思维。批判性思维要求思考应当具有清晰性、相关性、一致性、正当性和预见性。具备批判性思维能力的人，其思维具有全面性、中立性、恰当性、敏锐性等特征。

一、论证缺陷分析的要点

分析问题，首先要提出问题。批判性思考，首先要学会恰当地提问。讨论论证运用推理的合理性情况，在论述中必须对论证中的推理方法和论据的使用做出分析。所以，建议考生平时进行论证有效性分析的时候，多从论证角度思考一些问题，长此以往，会有助于批判性思维能力的提升。

论证缺陷分析的要点在于找出概念、理由和论证方法有哪些缺陷？论证缺陷分析中常用的问题如下。

① 论证中的主要概念是什么？核心概念是否清晰、明确，在论证过程中是否保持一致？

② 定义是否恰当？定义是否具有清晰性、明确性、一致性？语句有无歧义？

③ 论据是否可信？论据的支持能力如何？数据是否可信？证据链是否环环相扣？对所用论据是否存在其他可能的解释，是否存在明显的逻辑漏洞，或者存在削弱结论的反例等？

④ 因果联系是否紧密？因果联系方式如何？溯因是否恰当？

⑤ 有没有未陈述的前提假设？其恰当性如何？有哪些作为思考基础的假设是存在疑问的？

⑥ 论证方法是否正确、是否有效？寻找支持论点及分论点的理由，理由是否充分？推论的方法是否可行？

⑦ 有无重要信息被忽视或遗漏？什么样的证据能强化或削弱该论证，对论证做怎样的调整能使它更加可靠，或者还需要提供哪些方面的信息能帮助你更好地评估该论证？

二、论证缺陷分析的策略

论证有效性分析的题目是一段待评估的论证。目前，为适应考生的水平和能力，会设计不少于 5 处的主要论证缺陷，对考生的要求，不是事无巨细地指出论证中的全部问题，而是对其中主要的论证缺陷进行分析说明，一般找到其中 4～5 处主要缺陷就可以了。在分析问题时，也没有专业要求，即不要求考生运用逻辑学术语进行分析评论，只要能够通过日常语言，清楚地表明所分析的问题就可得分。

关于形式谬误与非形式谬误的识别，建议考生不必纠缠过细的谬误分类，从较大的尺度上说明谬误的所在就可以了。如遇到"预期理由"的缺陷，指明"理由不充足"或者"前提缺乏必要的支撑"就算命中缺陷，如能结合相关语句进行正确的分析，表达明确，就可能得到较高的分数。而考生如果把"因果倒置"说成"循环论证"，那么很可能造成严重失分。因而，错用术语比不用术语更不可取。

我们建议考生，遵照如下策略来分析文章。

① 分析要重结构，轻内容。要对论证结构、谬误进行分析，不要被待评估论证的内容把注意力牵走，应把分析重点牢牢把握在论证缺陷上，而不是论证的观点上。

② 分析要兼顾整体和细节。要注重整体论证框架，不能一头扎进细节，大缺陷往往不在语词和单一命题上。

③ 分析要沿着论证链条。要注意分析方法，不能生搬硬套，不能断章取义。应该言之有物，有的放矢，实事求是。

第三节　评论性写作

"论证有效性分析"的写作是评论性写作，其关键是：分析评估、评而不驳。即评论论证方法的优劣，而不是反驳题干的观点。所以，要首先把论证评论和反驳某种观点区分开。论证评论是针对论证方法的，是从思维技术和写作技术层面展开的评述，目的是揭示题干论证的谬误，以期改进作者的批判性思维。

所以，原则上，论证评论不涉及个人对题干所论证主题的观点和立场。也就是说，不要试图说明你个人对此主题的观点。论证分析者在多数情况下是不同意原论证作者观点的，但也有可能会同意原论证作者的观点，这都不是关键，重要的是不管你同意还是不同意原论证作者的观点，即使同意原论证作者的观点，但只要原作者的论证存在缺陷，你就要把这些缺陷和漏洞找出来，并进行分析评论。

一、论证有效性分析的行文要点

论证有效性分析的写作要围绕的主题是：这样的论证恰当吗？有效吗？也就是说，无论你同意还是不同意原文的观点，你的写作目的只有一个，就是对论证方法的评论，指出论证缺陷。要紧紧围绕这一点来写作，这样才不会跑题。

1. 评论性写作的行文要点

从论证分析的角度看，是指出题干的论证性如何，即是否有效、是否严谨、是否恰当等。从评论写作的角度看，即行文的论证性如何，同样也有一个是否有效、是否严谨、是否恰当的问题。评论性写作的行文要尽量做到以下几点。

① 论题清晰、明确。

② 说理透彻。

③ 文章的层次分明，结构严谨。

④ 写作有条理。

2. 评论性写作的语言表达

评论性写作的语言表达要尽量做到以下几点。

① 使用平实的语言——不要刻意雕琢语词，不要纠缠细节。

② 使用清晰、准确的语言——不用形容词和比喻，杜绝夸张性语言。

③ 详略得当——掌握分析的尺度，避免多余或过多的解释。

④ 行文流畅——用词尽量规范，分析论述不拖沓。

3. 逻辑缺陷的识别与阐述

具体的逻辑谬误是很多的（详见本书中篇的介绍），试卷中所给出的"论证有效性分析"文章一般包含的逻辑漏洞较多，但只要求考生精选出四个左右的逻辑缺陷进行分析，也就是对其中严重的逻辑漏洞做总体的分析与概括，评估论证的可靠性，书写成文即可。考生要尽量熟悉常见逻辑错误的特征及其表述，现把常见的逻辑缺陷归纳并列举如下。

• 混淆概念类错误：分析文章是否存在前后概念理解混淆的现象，可能有"混淆概念"的错误。

• 概念不一致错误：文中在概念的使用上可能存在问题，在说到事件 1 时，上文中用的是概念 1，而在说到事件 2 的时候，用的却是概念 2。这两个概念显然是前后不一致的。

• 数字谬误：在文中出现数字百分比的列举时，要分析考虑分子和分母的变化，以及样本基数的变化中错误的推理。

• 数据和结论不相干：论证者提供的数据与其结论的关联性十分有限，论证者提供的数据不能有效支持其结论。

• 轻率概括的谬误：文中出现举例的，首先考虑可能会有"轻率概括"或"以偏概全"的可能，即在文中并没有提供调查/个案是否具有典型性。

• 不当假设：作者在论证中所作的假设是不恰当的。

• 不当类比错误：若出现寓言故事，则可能存在"不当类比"的错误；（故事/寓言）和（企业经营之道/启发）不具有客观的类比性。

• 不当类推：由过去不当类推到现在和未来。

- 存在他因：论据 1 或论据 2 是否是导致某现象的唯一原因呢？是否存在其他原因导致该现象发生呢？
- 非黑即白：这两种情况虽然同时并存，但否定一方，并不意味着一定导致另一方成立。
- 强加因果：文章的论证看似很有道理，其实前提和结论二者并不相干。
- 条件关系错误：文章论证是否错误地使用了条件关系。
- 自相矛盾错误：文章结论是否存在"自相矛盾"的推理。
- 绝对化错误：考虑论述者是否存在"想当然的绝对推理"的错误。
- 考虑问题不全面错误：即使文中作者的推理是正确的，但最终的解决方法是否是唯一的解决方案，是否会产生负面和消极影响。

二、论证有效性分析的写作模版

论证有效性分析写作的结构安排就是要考虑从哪儿开始？在哪儿展开？到哪儿结束？
论证有效性分析写作的结构是相对固定的，具体包括题目、首段、正文和尾段这几个部分，下面给出论证有效性分析写作的参考模版。

1. 题目

可以拟定题目，也可以没有题目。如果拟定题目，可参考的题目如下。

- 《似是而非的论证》
- 《有失偏颇的论证》
- 《草率的决策》
- 《一份缺乏说服力的论证》
- 《一份有待完善的论证》
- 《一份难以实现（不可信）的商业计划（调查报告、改革方案）》
- 《（文中的结论）难以实现（难以奏效、不可信）》
- 《（文中的结论）成立吗？》

2. 首段

论证有效性分析写作的第一段，参考的写法如下。

- （简单总结描述），上文的论据不足以支持其论点，该论证缺乏科学性，由此而得出的结论（论证、报告、建议）是不可信的，是值得商榷的。
- 以上这篇论证通过…（论据）…（事实），用（论据法）方法，得到了…（结论）。然而该论证是值得商榷的，存在着以下几个方面的缺陷。
- 该材料通过举例、类比、说理等一系列手段试图论证…这一观点，从总体上讲，该论证有一定道理，但是在论证中存在以下的逻辑漏洞。
- 该材料通过一系列数据、推理等方法得出…这一结论，但其论证缺乏说服力，试剖析如下。
- 上述材料（建议、计划）通过…，认为…，该论证（建议、计划）是有失偏颇的。其论证缺乏说服力，试剖析如下。

3. 正文

论证有效性分析写作的正文一般分为三到四段，其参考写法如下：

- 首先，作者认为…，这一观点显然是武断的。

从论据 A1 不能必然推出结论 B1（推论 1 或结论），因为…。显然，可能非 B1。

- 其次，作者论述了…，这一论述主观地偷换了…这一概念。

从论据 A2 也未必能推出结论 B2（推论 2 或结论），因为…。所以，可能非 B2。

- 再次，作者认为…，但这一观点并不完善。

从论据 A3 到结论 B3（推论 3 或结论）的推论同样是有问题的，因为…。因此，可能非 B3。

- 最后，作者根据…，进一步推出…。这一推理是有缺陷的。

从论据 A4 到结论 B4（推论 4 或结论）的推论也是值得商榷的，因为…。可见，可能非 B4。

4. 尾段

论证有效性分析写作的尾段就是对前面给出论证的逻辑缺陷分析进行一个总结，参考的写法如下。

- 综上所述，该文由于存在着诸多逻辑问题，所以其结论是难以令人信服的。
- 综上所述，作者在论证过程中存在诸多问题，其结论不足为信，该论证也是非常缺乏说服力的。
- 总之，该论证虽有一定道理，但仍存在不少缺陷，如论据不足，推理过程不严谨等，是一份有待完善的论证。
- 总而言之，论述者没有提供更充分的证据来证明结论，所以该论证是缺乏有效性的。

■ **案例 1**

分析下面的论证在概念、论证方法、论据及结论等方面的有效性。

（论证有效性分析的一般要点是：概念特别是核心概念的界定和使用是否准确并前后一致，有无各种明显的逻辑错误，该论证的论据是否支持结论，论据成立的条件是否充分等。作文要注意内容深度、逻辑结构和语言表达。）

我们现在准备了一些太阳能发电设备，所以成本已经开始下降了。另外，现在人们正在研究、开发新的利用太阳能的技术。我们因此可以预计，用太阳能发电将要比用煤、石油更具有成本有效性和吸引力。所以，我们应该鼓励对生产太阳能产品的索拉瑞奥公司进行投资。毕竟索拉瑞奥公司的首席执行官曾经是雷得威软件公司财务规划组的成员，而该软件公司自不久前成立以来一直在迅猛发展。

【论证缺陷分析】

上文的逻辑结构与主要逻辑缺陷分析如下：

		原文	逻辑缺陷分析
观点		我们应该鼓励对生产太阳能产品的索拉瑞奥公司进行投资	
论证过程	1	我们现在准备了一些太阳能发电设备，所以成本已经开始下降了	这一论述值得怀疑。因为作者所讲的成本下降，没有提供具体数据，更没有表明是与什么数据比较而得出

续表

		原文	逻辑缺陷分析
论证过程	2	现在人们正在研究、开发新的利用太阳能的技术。我们因此可以预计，用太阳能发电将要比用煤、石油更具有成本有效性和吸引力	太阳能技术目前只处于研究开发阶段，是否能成功是个未知数；在不久的将来，该技术是否具有经济性，也不能确认。而且，作者没有把太阳能发电跟煤与石油的发电在成本上进行具体的比较
	3	索拉瑞奥公司的首席执行官曾经是雷得威软件公司财务规划组的成员，而该软件公司自不久前成立以来一直在迅猛发展	那家软件公司的所谓"迅猛发展"未必与其经营管理有直接关联，而很可能是该公司成立之初正好处于行业景气阶段。况且，即使曾在一家经营管理和业务发展迅猛的公司任重要职务，也不能证明此人就具有领导好另一个行业中一家企业的才干
忽略要点		在不久的将来，太阳能产业效益如何，上文也未提供说明。就算太阳能技术即将成熟，投资太阳能产品的生产企业是否有很好的盈利，也未提供论证。即使生产太阳能产品的企业大都有很好收益，选择索拉瑞奥公司进行投资的理由也不充分，也许盈利能力方面比该公司好得多的同类企业还有很多	

【参考范文】

《草率的投资建议》

上文认为，应该鼓励对生产太阳能产品的索拉瑞奥公司进行投资。由于作者在论证中存在严重的逻辑漏洞，由此得出的投资建议显得非常草率。

首先，"我们现在准备了一些太阳能发电设备，所以成本已经开始下降了"，这一论述值得怀疑。因为作者所讲的成本下降，没有提供具体数据，更没有表明是与什么数据比较而得出的。这一含糊不明的论述让人一头雾水。

其次，从"现在人们正在研究、开发新的利用太阳能的技术"不能推出"可以预计，用太阳能发电将要比用煤、石油更具有成本有效性和吸引力"。因为太阳能技术目前只处于研究开发阶段，是否能成功是个未知数；未来该技术是否具有经济性，也不能确认。而且，作者没有把太阳能发电跟煤与石油的发电在成本上进行具体的比较。

再次，作者建议投资生产太阳能产品的索拉瑞奥公司，其重要理由是该公司首席执行官曾经是一家成立不久且一直在迅猛发展的一家软件公司的财务规划组成员。这一理由是有严重缺陷的。因为IT行业曾一度全面飙升，可随着高科技泡沫的破裂，也可能会导致大批软件公司倒闭。因此，那家软件公司的所谓"迅猛发展"未必与其经营管理有直接关联，而很可能是该公司成立之初正好处于行业景气阶段。况且，即使曾在一家经营管理和业务发展迅猛的公司任重要职务，也不能证明此人就具有领导好另一个行业中一家企业的才干。

另外，在不久的将来，太阳能产业效益如何，上文也未提供说明。就算太阳能技术即将成熟，投资太阳能产品的生产企业是否有很好的盈利，也未提供论证。即使生产太阳能产品的企业大都有很好收益，选择索拉瑞奥公司进行投资的理由也不充分，也许盈利能力方面比该公司好得多的同类企业还有很多。

总之，作者提出的投资建议所基于的理由很不充分，使得该论证缺乏有效性。

■案例 2

分析下面的论证在概念、论证方法、论据及结论等方面的有效性。

（论证有效性分析的一般要点是：概念特别是核心概念的界定和使用是否准确并前后一致，有无各种明显的逻辑错误，该论证的论据是否支持结论，论据成立的条件是否充分等。作文要注意内容深度、逻辑结构和语言表达。）

地方政府直接发债利大于弊。

允许地方政府发债，等于把地方政府推向市场，向市场筹资。这样可以增加政府的财政来源，弥补政府的财政不足。间接也可以逐步让政府摆脱过于依赖房地产市场发展来提高财政收入的困境。

地方政府具有较好的公信力，政府一般不会像企业那样，经常面临倒闭的命运。因此，地方政府发行的债券显然能得到市场的高度认可，比公司债券更有吸引力。

政府直接发债，获得的资金大多会投资在与民生相关的项目上，比如廉租房建设、经济适用房建设、城市基础设施建设，这些对长期经济发展具有基础性推动作用。

因此，无论从拓宽政府财政来源，还是推动经济发展方面看，地方政府直接发放债券对推进地方政府的治理结构和形成良好的公共信用大有裨益，是一件利国利民的大好事。

【论证缺陷分析】

上文的逻辑结构与主要逻辑缺陷分析如下：

		原文	逻辑缺陷分析
观点		地方政府直接发债利大于弊	论证缺乏足够理由
论证过程	1	允许地方政府发债，…这样可以增加政府的财政来源，弥补政府的财政不足	这一看法的潜在假设是,地方政府的财政收入是不足的,但这一假设显然值得怀疑
	2	地方政府具有较好的公信力，政府一般不会像企业那样，经常面临倒闭的命运。因此,地方政府发行的债券显然能更得到市场的高度认可,比公司债券更有吸引力	缺乏足够论据来支撑

续表

		原文	逻辑缺陷分析
论证过程	3	政府直接发债,获得的资金大多会投资在与民生相关的项目上,…,这些对长期经济发展,具有基础性推动作用	需要认真考量,除了可能有正面作用,也可能有负面作用
	4	地方政府直接发放债券对推进地方政府的治理结构和形成良好的公共信用大有裨益	与前述"政府公信力好能让政府地方政府债券更有吸引力"构成循环论证
忽略要点		地方政府直接发债还可能存在文章没有提及的诸多弊端,比如,现任政府、现任官员拼命发债上项目,既捞了政绩又肥了腰包,却把后任和民众推到了债务人境地	

【参考范文】

《地方政府直接发债真的是利大于弊吗》

上文的观点是地方政府直接发债利大于弊。但由于这个论证缺乏足够的理由,使得这一结论严重缺乏说服力。

首先,文章列举了地方政府直接发债的多种益处,但文中没有论及其弊端,缺乏必要的比较,显然不能证明"利大于弊"。

其次,文章对地方政府直接发债的有利之处的论证也有诸多漏洞。

第一,作者认为,地方政府发债可以弥补政府的财政不足。这一看法的潜在假设是,地方政府的财政收入是不足的,但这一假设显然值得怀疑。

第二,作者根据"地方政府具有较好的公信力"这一前提论证"地方政府债券比公司债券更有吸引力"。这一论证缺乏足够论据来支撑。因为,一方面地方政府的公信力因地而异,只有运作良好的地方政府的信用才高,而运作不善的地方政府的公信力很可能远不如经营良好的大型企业。另一方面,债券的吸引力要看很多因素,其中的投资收益、回报周期等都是重要因素,在这些因素方面,一些地方政府的债券很可能不如优质企业的公司债券。

第三,作者认为,政府直接发债所获资金大多会投资在与民生相关的项目上,这对长期经济发展具有推动作用。这需要认真考量,除了可能有正面作用,也可能有负面作用,政府发债投资民生和基础设施,投资回报周期一般都比较长,投资收益也不见得高,而且这会强化政府对经济的干预能力,有可能会进一步扭曲市场。

第四,文章末尾"发债对推进地方政府的治理结构和形成良好的公共信用大有裨益"与前述"政府公信力好能让政府地方政府债券更有吸引力"构成循环论证,不能支持对作者的观点。

最后,地方政府直接发债还可能存在文章没有提及的诸多弊端,比如,现任政府、现任官员拼命发债上项目,既捞了政绩又肥了腰包,却把后任和民众推到了债务人境地。在目前,一些地方政府的预算和支出的约束机制仍未健全,政府投资效益难以得到基本保证,政府的管理体制和行为模式没有得到根本改变的情况下,难以得出地方政府直接发债利大于弊这样的观点。

■案例 3

分析下面的论证在概念、论证方法、论据及结论等方面的有效性。

（论证有效性分析的一般要点是：概念特别是核心概念的界定和使用是否准确并前后一致，有无各种明显的逻辑错误，该论证的论据是否支持结论，论据成立的条件是否充分等。作文要注意内容深度、逻辑结构和语言表达。）

我主张不应废除死刑。应该对残忍的杀人犯施以极刑，这是明智的行为。因为这可以阻止可恶的犯罪，并在长时期内使整个社会承受的痛苦减至最小。死刑是一个健全社会的自我防范。

民意调查显示，大部分公众反对废除死刑。死刑最终有可能会被废除，但是现在废除是不切实际的，并且有可能遭到公众的强烈反对。

提倡废除死刑的一个原因是死刑是残忍的，违反人权的。这种说法有一定的正确性，但是可以使用相对人道的方法执行死刑，比如使用死刑注射等不太痛苦的方式执行。虽然保护人权是一个问题，但是公众人身安全的权利也应当被考虑。死刑对于严重犯罪的威慑作用几乎毋庸置疑。根据美国的调查数据显示，在没有死刑的州，死罪的数量更多。

那些支持废除死刑的人只考虑到凶手的权利，而忽略了为受害者感到难过的人的感情。只要冷血的凶手活在监狱中，受害人的亲友将有可能继续生活在极大的痛苦，甚至是恐惧中。

保持死刑的一个重要原因是不断上升的犯罪率。高犯罪率确实是由众多因素造成的。但是，对法律负责的贯彻执行是阻止犯罪的有效手段。

有的犯罪分子在实施犯罪行为时，手段残暴，不顾后果。这种人没有人道主义精神，再次回到社会难保不再犯罪，死刑虽不能遏制犯罪，但是可以阻止这些人再次犯罪杀人。

现在且不论废除死刑是不是历史的必然趋势，因为目前很难做出绝对肯定的答案，人类社会的发展，包括社会制度和法律制度发展变化，总有自身的规律性。死刑作为应对犯罪的一种极端手段，有其合理存在的理由。

【论证缺陷分析】

上文的逻辑结构与主要逻辑缺陷分析如下：

		原文	逻辑缺陷分析
观点		不应废除死刑	有待商榷。该论证忽视了一条重要的人道主义原则，即国家、社会或他人是否有权力剥夺一个人的生命
论证过程	1	应该对残忍的杀人犯施以极刑，这是明智的行为。因为这可以阻止可恶的犯罪。…死刑虽不能遏制犯罪，但是可以阻止这些人再次犯罪杀人	自相矛盾。作者在死刑对犯罪行为的震慑作用这一问题上认识模糊

续表

		原文	逻辑缺陷分析
论证过程	2	民意调查显示大部分公众反对废除死刑	诉诸众人。大部分公众反对废除死刑,不能成为"不应废除死刑"的充足理由
	3	提倡废除死刑的一个原因是死刑是残忍的,违反人权的。这种说法有一定的正确性,但是可以使用相对人道的方法执行死刑,比如使用死刑注射等不太痛苦的方式执行	用使用死刑注射等相对人道的方法执行死刑,并不意味着死刑是不残忍的,是不违反人权的
	4	有的犯罪分子在实施犯罪行为时,手段残暴,不顾后果。这种人没有人道主义精神,再次回到社会难保不再犯罪,死刑虽不能遏制犯罪,但是可以阻止这些人再次犯罪杀人	死刑并不是阻止这些人再次犯罪杀人的唯一手段,终身监禁同样可以阻止犯罪,而且对某些罪犯来说,终身监禁是比死刑更痛苦的惩罚
忽略要点		作者没有论述死刑存在不合理之处的一个重要理由:无辜者有可能会由于误判,甚至故意错判而被执行死刑	

【参考范文】

<h3 style="text-align:center">《偏颇的论证》</h3>

上文的观点是明确反对废除死刑,即是赞成死刑的。然而,作者的论证是偏颇的,没有全面地考量死刑的合理之处与不合理之处。现分析如下。

第一,该论证忽视了一条重要的人道主义原则,即国家、社会或他人是否有权力剥夺一个人的生命。这一问题有待进一步分析,即使是杀人犯,也有其人权,若国家、社会或他人没有剥夺一个人生命的权力,那么,死刑从根本上就是违背人权的。

第二,作者的前后论述自相矛盾。作者在前面论述"应该对残忍的杀人犯施以极刑,这是明智的行为。因为这可以阻止可恶的犯罪",而在文章的后面作者却认为"死刑虽不能遏制犯罪,但是可以阻止这些人再次犯罪杀人。"这表明,作者在死刑对犯罪行为的震慑作用这一问题上认识模糊。

第三,作者反对废除死刑的一个理由是,民意调查显示大部分公众反对废除死刑。这一理由犯有"诉诸众人"的谬误之嫌。因为,大部分公众反对废除死刑,不能成为"不应废除死刑"的充足理由,类似地,大部分公众可能反对征税,也不能成为不应征税的理由。

第四,作者认为,用使用死刑注射等相对人道的方法执行死刑,可以解决死刑的残忍性,这一看法是存疑的,即使用相对人道的方法执行死刑也并不意味着死刑是不残忍的,是不违反人权的。因为不管什么方式结束生命,死亡本身就往往意味着是残忍的,而且,这同样涉及到前面所述,罪犯的生命权是否可以被剥夺的原则问题。

第五，作者认为，死刑可以阻止罪犯再次犯罪杀人。但这一看法忽视了死刑并不是阻止这些人再次犯罪杀人的唯一手段，比如，终身监禁同样可以阻止犯罪，而且对某些罪犯来说，终身监禁可能是比死刑更痛苦的惩罚。

　　第六，作者没有论述死刑存在不合理之处的一个重要理由：无辜者有可能会由于误判，甚至故意错判而被执行死刑。由于种种原因的存在，比如，法制不健全、法官徇私枉法、伪证等，即使尽量避免这些因素的误导，法庭很难始终做到公正、正确地判决。由于对个体的生命来说，一旦执行死刑是无法纠正的。若万一出现误判或错判而导致的死刑，这对当事人及其相关亲属都是无法挽回的悲剧。

　　总之，一方面，作者提供的反对废除死刑的理由不充分，另一方面，没有能够有力地反驳废除死刑的理由，因此，该文的说服力不足。

上篇

逻辑论证

　　要对论证进行有效性分析，就是要恰当地评估论证，这不仅需要掌握评估论证好坏的一系列批判性准则，还需要掌握与逻辑谬误相关的知识。要理解和掌握这些相关的知识、准则和原理，首先要熟悉逻辑论证。本篇讲述逻辑论证的基本知识和原理，并提供典型的论证分析。

第三章

论证基础

论证是运用论据证明论点的逻辑过程和方式，批判性思维最核心的组成部分是识别、评估、重构论证。要对论证进行分析和评估，既离不开逻辑知识和原理的指导，又要对论证做出清晰准确的批判性理解。

第一节　逻辑论证的辨识

逻辑论证有助于发现和揭示真理性的东西，有助于表达或宣扬真理，是建立科学体系，确立科学理论的必要手段，论证也是人际沟通中的重要手段。

一、什么是论证

通常认为，论证是作者用论据来证明论点的过程和方式。从逻辑的角度来说，论证是一组有内在结构联系的命题系列。规范而言，论证可定义如下。

论证是任意一个这样的命题集合，在这个命题的集合中，其中有一个命题是这个命题集合中的主张，这个主张是从该命题集合中的其他命题推导出来的，推导出这个主张的其他命题，也可以看作是对该主张的真实性或者正确性提供了支持，或者是提供了依据。

论证是语言的功用之一。首先应辨别一个语篇或语段被用于何种目的。警告与劝告、连贯性陈述、报道、说明性语段、举例解说、条件陈述、解释等类型的语段一般没有论证功能。

任何论证都要借助推理才能完成，推理是一个从前提到结论的过程。推理是论证的工具，论证是推理的应用。

（一）论证和推理的联系

论证和推理有着极其密切的关系。从结构上讲，推理和论证在本质上并没有什么区别，论题（论点、观点、主张）相当于推理的结论，论据（理由）相当于推理的前提，论证方法相当于推理的形式。

（二）论证和推理的区别

推理强调的是逻辑关系。论证除对逻辑关系的关注外，同时也关注论证的内容和主张。论证和推理的区别见表3-1。

表 3-1　论证和推理的区别

区别	论证	推理
思维目标	确认论题的真实性	由已知推出未知
论据（前提）	不与结论相同，比结论更可信等	没有要求
前提对结论的关系	支持关系	推出关系

二、论证的辨识

论证的辨识，即从言语中分离或抽象出论证，是整个论证逻辑与其理论应用的基本出发点。论证的分析和评估以论证的辨识为前提。

（一）通过论证指示词进行辨识

指示论据与主张支持关系的外在标志就是论证指示词。一般情况下，一个语段常有一些明显的标志，使得我们据此认为它是一个论证。

论证指示词有两类，即结论指示词和前提指示词。用以指明结论的指示词是结论指示词，用以指明前提的指示词是前提指示词。比如，"因为"一词就表明其后的陈述作为论证的理由或前提起作用。两类指示词可以互换。互换之后，前提和结论出现的次序也随之变化。

常见的论证指示词如下。

1. 前提指示词

因为…；由于…；依据…；理由是…；举例说来；支持我们观点的是…；这么说的缘由是…等。

【例1】　卫生官员们认为，由于许多电视节目中提到的或消费的食物或饮料的营养价值都非常低，看电视对收看者的饮食习惯造成了不良的影响。

上述论证的前提是"由于"后面的陈述：许多电视节目中提到的或消费的食物或饮料的营养价值都非常低。

【例2】　公寓住户设法减少住宅小区物业管理费的努力是不明智的。因为，对于住户来说，物业管理费少交1元，但为了应付因物业管理质量下降而付出的费用很可能是3元、4元，甚至更多。

上述论证的前提是"因为"后面的陈述：对于住户来说，物业管理费少交1元，但为了应付因物业管理质量下降而付出的费用很可能是3元、4元，甚至更多。

2. 结论指示词

因此…；所以…；由此可见…；我（们）认为…；可以推断…；这样说来…；结论是…；简而言之…；显然…；其结果…；我（们）相信…；很可能…；表明…；由此可得出…；这证明…等。

诸如此类的论证指示词告诉我们，哪个陈述是由证据和理由表明其正当性的，哪些陈述是作为前提支持那个陈述的。在理解和构造论证的过程中，它对于区别前提和结论特别重要。

【例】 迄今为止，年代最久远的智人遗骸出现在非洲，距今大约 20 万年前。据此，很多科学家认为，人类起源于非洲，现代人的直系祖先——智人在约 20 万年前于非洲完成进化后，然后在约 15 万年~20 万年前，慢慢向北迁徙，穿越中东达到欧洲和亚洲，后来又逐步迁徙至世界其他地方。

上述论证的结论是"据此"后面的陈述：很多科学家认为，人类起源于非洲。

（二）通过论证支持关系进行辨识

论证指示词并不是识别论证的绝对标志。在实际论证中，有时并不显现任何论证指示词。例如，作者可能删去了陈述中的论证指示词，但这并不影响那个语段在论证中的作用。原因是，我们根据对其语境的分析，可以判断出该语段存在支持关系。根据普遍的经验，当论证指示词不出现时，一个语段若是论证，则其结论（论点）或者出现于语段的开头，或者出现于语段的末尾。此时，我们所要分析的是，语段开头或结尾的一个陈述与其他陈述是否存在支持关系。

辨识论证的根本标准是话语之间的支持关系。语言的论证性使用和其他使用方式区别开来的根据是，在一个语段中一些陈述是用来支持另一个陈述的可接受性。

【例】 林工程师不但专业功底扎实，而且非常有企业管理能力。他担任宏达电机厂厂长的三年来，该厂上缴的产值利润连年上升，这在当前国有企业普遍不景气的情况下是非常不易的。

上述论证并没有论证指示词，但我们根据支持关系，可提炼出该论证的结论和前提。其结论是，林工程师非常有企业管理能力。该结论后面的论述即是支持它的前提。

三、论证的类型

按照论证所使用的推理方式不同，可以把论证分为演绎论证和广义归纳论证。

（一）演绎论证

演绎论证是运用演绎推理的形式所进行的论证。演绎论证从一般性的原理出发，运用演绎推理规则推出前提中蕴含的某一特殊论断。演绎论证中各命题之间的关系是必然性的，其论证结构的严谨性是所有论证中最高的。一个推理正确的演绎论证，其大前提的真实性可以充分保证结论的真实性。

演绎论证法是从已知的一般原理和规律出发，推知个别事物本质特征的论证方法。如果说归纳论证法是从特殊到一般，那么，演绎论证法就是从一般到特殊。运用演绎论证法要求大前提、小前提必须真实、正确、一致，同时保证推论是合乎逻辑的，否则就会出现逻辑缺陷。

【例】 在某一个发展成熟的旅游区，旅馆老板只能通过建造更多的客房或者改善已有的客房来提高他们的利润。该旅游区的法规禁止建造新旅馆或者以任何其他的方式扩大旅馆的客容量。由于该旅游区的旅馆已经改善到最豪华的水平，达到了富有的顾客能承受的极限，因此，旅馆老板不能再提高他们的利润。

分析：这是一则有效的演绎论证，题干前提如下。

（1）如果 R（旅馆老板要提高利润），那么，P（建造更多的客房）或者 Q（改善已有的客房）；

（2）¬P（法规禁止建造新旅馆或扩大旅馆的客容量，即不能建造更多的客房）；

（3）¬Q（旅馆已经改善到顾客能承受的极限，即不能再改善已有的客房）；

得出结论：¬R（旅馆老板不能提高利润）。

（二）广义归纳论证

广义归纳论证是运用非演绎推理的形式所进行的论证。广义归纳论证是根据一些特殊论断或常理得出结论的论证方式。其论证结构不如演绎论证可靠，结论具有或然性，其前提真实不必然保证结论真实。

广义归纳论证包括归纳论证和合情论证。在经验科学和日常生活中，从自己和他人的经历总结经验和教训（包括找因果关系）中，从个别经验上升到理论概括时，经常运用归纳论证；在个人生活中，根据某些不完全的信息做出推断或决策时，经常运用合情论证。论证的类型比较见表 3-2。

表 3-2　论证的类型比较

	演绎论证	广义归纳论证	
		归纳论证	合情论证
定义	运用普遍原理、原则来说明特殊事实的合理性	用特殊事实来说明较普遍性命题的合理性	用正常、正规或典范情形说明一般或特殊的合理性
特点	应用一般规则于特殊事例以得到一个结果	从事例和结果到规则，结论是一个概括	以回溯为例，特点是从规则和结果到事例。第一个前提是规则，第二个前提是结果，结论是事例
举例	前提一：这个口袋中的所有苹果都是红的　前提二：这些苹果来自于这个口袋　结论：这些苹果是红的	前提一：这些苹果来自于这个口袋　前提二：这些苹果是红的　结论：这个口袋中的所有苹果都是红苹果	前提一：这个口袋中的所有苹果都是红的　前提二：这些苹果是红的　结论：这些红苹果来自于这个口袋

第二节　逻辑论证的结构

论证结构是论证有效性分析的重要内容。论证结构可以告诉我们，前提是怎样支持结论的，不同的论证结构支持的强度各自不同，可能存在的论证谬误也各有特点，所以，论证结构分析是论证分析的重要步骤。

一、论证的三个基本要素

所有论证都包含三个基本要素：主张、理由和支持。论证最简单的模式是：

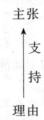

主张

支
持

理由

论证由一组（至少两个）陈述组成。其中一个陈述是欲使他人相信的意见、观点、建议、决定等，另一些陈述作为支持该陈述的根据或理由而出现。前者统称为"主张"，后者统称为"理由"，而其中的论证方式称为"支持"。

论证分析的目的就是评价论证的质量高低，也就是分析该论证前提和结论之间的关系如何，前提自身是否妥当，结论是否可靠，恰当程度如何等一系列问题。前提首先是一种解释，即对我们为什么要相信某个特定结论的解释。只有恰当的前提才能保证论证的恰当性，才能作出合理的推理，使我们因此相信其推出的结论。最简单的论证可能只包含一个前提和由此得出的结论。但是，大多数情况下，结论往往是需要多条前提来支撑的。因此，大多数论证可能不只包含一个推理，复杂的论证往往包含多个相同形式的推理或者几个不同类型的推理。

为了充分认识一个论证的结构，首先要从论证的基本要素来进行分析。

（一）主张

找出主张是分析一篇文章或语段的关键，在阅读的时候，首先要分析作者提出的观点是什么或者作者想要表明的看法是什么。

分析主张包括找出论题和找出论点两个方面。

1. 论题是什么？

论题，即论证涉及的某个特定话题，往往可以表达为一个问句，如"是否应该禁止吸烟？""是否应该给公务员涨薪？"等。论题出现在标题中常是一个短语，如《想和做》《发问的问题》《谈骨气》《说谦虚》等。

在标题中，往往只明确作者的论点，而不会明确指出论题，对于这样的隐含的论题，要学会从作者的论点中，反推出论题来。

对于论题的要求：首先，论题应当清楚明白，简明扼要。其次，在论证中论题应始终保持同一。当文章作者或演讲者对论题把握不准或缺乏论题意识时，他们可能会游移于论题之外，从而出现转移论题或偷换论题的逻辑错误。

2. 论点是什么？

论点即是主张，是作者对论题的观点或论点，也就是作者要在论证中证明的东西。论点是论证的最终目标，一个论证的论点具有唯一性。主张及对主张的怀疑产生对理由的需求。若对一个主张没有疑问，就不必形成对它的论证。

论点的提出一般是一个完整的判断句，如文章的标题《自学成才要有文史知识》，文章中的"学业的精深造诣来源于勤"就是论点。论点与论题的区别见表 3-3。

表 3-3 论点与论题的区别

	论题	论点
定义不同	论题是有待于证明的命题,它仅是论证的问题或对象	论点是作者对所论证的问题所持的见解和主张
要求不同	可以没有作者的观点和主张	观点要明确,赞成或是反对,不能含糊其辞,态度要鲜明
位置不同	论题的位置一般在标题或文首	论点的位置灵活,可在标题、文首,也可在文中,还可在结尾

论点可以出现在讲话或文章的开头,一般使用论断性的表述,在开头提出论点,后面论证该论点。论点也可以出现在一段话或文章的结尾,前面论证该论点。论点有时并不是出现在开头或结尾,而是夹杂在一段叙述的中间位置。论点是找出论题的关键线索。论点的标志词主要有"因此(因而、故而)""所以""可见""那么""这就是说""这就表明""总之""可以断言""显然""我们认为""我们可以相信""显然""于是"等。

(二)理由

尽管形成论证的根本是主张,但一个论证发挥其功用的关键却是理由。任何命题和论断,如果缺乏理由以及合理有效的论证,那么是很难取信于人的。

找到主张,还必须辨别和考虑主张的观点和意见是否获得了合理或者有充分的支持,否则,人们就很难轻易地接受,至少人们要问为什么。如果作者或发言者能对自己的主张做出解释,说明其中的原因,那么他主张的根据就是理由。

理由应具备若干基本性质,显然,对论点有支持作用的前提多多益善。由于人们的怀疑可能是连续的,即不仅对主张产生怀疑,而且可能对支持主张的理由也产生疑问。由于出现疑问就需要解释或理由,因此理由具有层级性,即主张的理由,理由的理由,理由之理由的理由……一个前提或理由本身不需要论据再加以支持,它就是"基本前提(理由)"或"基本论据"。基本前提使得论证系列成为有穷的,使论证有可能完成。

关于理由,必须指出两条"公理"。第一,理由不能与论点相同。如果违反论证的这条基本禁令,就犯了"同语反复"的谬误。第二,理由不能比论点更可疑。提出理由是为了打消人们对主张的疑虑。显然,只能用更可接受的陈述来说明乍看起来不那么令人信服的主张的可接受性。如果理由的可疑性比主张的可疑性更大,那么,这与我们欲消除或削弱主张的可疑性的意图完全背道而驰。违反了这条禁令,就犯了"乞题"(begging question)的谬误。

理由,或者说论证中使用的论据,通常是一些已经被证实为真的论断。理由是使主张成立并使人信服的根据,它所回答的是"用什么来论证"的问题。理由大致可以分为两类:一类是事实理由,即事实性描述,指已被确认的关于事实的判断。另一类是理论理由,即原则性的论断,包括表述科学原理的陈述(如定义、公理、定律、原理等),除了引用普遍性原理和原则外,各门学科的理论也可以作为理由,如物理学理论、文学理论等,还可以是法规与道德方面的行为准则、经验事实的总结概括、合乎逻辑的推理判断、恰当的譬喻和类比,以及某些经过时间检验的、广为流传的谚语、格言和成语等。

理由是用来证明主张的，论证的力量来自于理由。以充分或者合理的理由来支持自己的观点和信念，用理性的态度对各种意见和说法做出评价与选择，是理性人应当具备的优秀品质。论据的真实性是论证有效的一个基础性保证。我们需要区分哪些论据是可靠的，哪些论据是可以接受的，哪些论据是无效的，这些是判断论证是否有效、强度如何的重要依据。下列两种理由使得论证不可靠或者不可信：一种是不正当的理由，如果在论证中使用了真实性悬而未决或者以假乱真理由进行论证，这种理由的应用就是不正当的；另一种是不充分的理由，由于缺乏充分的理由支持而使主张不能成立。理由的标志词主要有"因为""如果""假设""假如""有鉴于""正如""由于""根据"等。

（三）支持

支持是指论证过程中所采用的推理形式，它所回答的是"怎样用理由论证主张"的问题。对主张的论证是否成功，取决于理由对主张的支持力。支持是指接受前提有利于接受结论；或者说，那些能够有助于从前提推出结论的前提对结论有支持关系。

当然，支持有程度之别——完全充分的支持、较大的支持、微弱的支持等。支持关系不同，论证方式就不同。这种支持关系总是依靠推理来维系，论证方式本质上是推理关系。而支持程度的不同也是通过各种推理形式来实现的，如演绎推理、归纳推理和合情推理对主张得到的支持力予以不同的担保。

一个论证过程可以只包含一个推理，也可以包含一系列推理。复杂一些的论证是分层次的，在确定某一主张的真实性过程中，如果引用的理由（第一层论据）本身还不够明显真实时，就要引用其他论据（第二层论据）对这些论据进行支持。如此类推，还可以有第三层论据、第四层论据等。在一个论证中，只能有一个主张，理由（论据）往往有多个。由于论证的理由可以是多个，而每一个理由对论点的支持关系可能都不同，所以，在一个论证中可能有多种推理形式。

二、论证的假设与重构

一个批判性思维者要把握论证的结构，不仅要解析已经明确表达出的前提和结论，更要发现论证背后的假设。前者是论证的表层结构，后者是论证的深层结构。

（一）假设的类型

在分析论证结构时，我们还须考虑论证的提议者所默认或认为理所当然的假设。假设是发言者或作者显然接受或理所当然的信念，但没有被明确陈述出来的，因而是隐含的，需要我们揭示和分析。与论证密切相关的假设主要有两种类型：一种是背景假设，另一种是论证的隐含前提。

1. 背景假设

论证总是在特定的背景下作出的。有一些论证者预先假定的东西，它们并不在论证中以明显的形式出现，但论证的成功却离不开它们。这种背景假设主要包括两部分内容：被论证者认为是理所当然的观点或理念与推论规则集。背景假设往往涉及到价值观或价值优先性的选择。

2. 隐含前提

在大多数语境中，论证基于它所涉及的双方具有共同的知识背景，而在陈述中省略了对某些信息的表达。当然，不能排除某些论证者为了掩盖他所使用的前提的可疑性而有意不明确陈述该前提。当我们发现了从已表达出的前提向结论的有效过渡还缺乏某些环节时，就应分析该论证的隐含前提。

隐含前提的特点是：第一，隐含性，即作为论证前提的陈述没有被明确陈述出来；第二，论证者先行承认或视为理所当然；第三，影响论证的结构与论点的确立（如果隐含前提为假，或似真度不高，则整个论证的效力就会降低，结论的可接受性也受到影响）；第四，它可能具有可争辩性，也可能有潜在的欺骗性；第五，摧毁论证往往要揭露隐含前提并予以批判。

一个论证经常会隐含地利用在论证段落中未陈述的前提假设，相应地也会隐含地使用某些推理形式。也就是说，有些作为推理链条上重要环节的话语没有明确地在论证中表达出来。论证有效性分析的一个重要任务，也是这类题目的一个难点，就是找出这些隐含前提，分析其可靠性。

（二）论证的重构

被评估的论证应是一个结构完整的论证，因此，在评估之前，应对论证补充隐含前提，即进行重构。一般说来，判断论证者视为理所当然的是哪些陈述，可依据论证本身的语言表达方式、我们对论证语境的了解以及我们在该论证之外对作者信念的了解来判断。

1. 论证重构的规范

如何发现论证的隐含前提？首先要弄清陈述集中的前提和结论，接着仔细考虑理由和结论之间的"缝隙"或差距，然后寻找填补这一缝隙的前提或信念。

（1）补充省略前提的规范。在补充省略前提时，要坚持以下三个规范。

① 充分性——未表达前提必定能使前提充分支持结论或至少有力支持结论。

② 保存性——应该尽力保存已陈述前提的角色。

③ 似真性——在两个可接受的前提之间进行选择时，慈善原则要求我们选择补充更似真的前提。"慈善原则"的核心是我们应尽可能对被分析的论证作出有利于支持结论的解释，即对别人的论证进行解释时，要"慈悲为怀"：当其他因素，如语境、逻辑模式、明言的意图等同样允许几个不同前提作为候选者时，应该选取产生最强论证的那个前提作为省略前提补充到论证中。

（2）重构的规则。论证的重构依据以下规则进行。

① 补充的前提应与先前的条件一致。

② 补充的前提应是论证者接受的或承诺的。这种承认的证据可在文本的措辞中发现；或基于这样的事实：它是常识、几乎人人接受的信念；或者基于推理的方向，表明论证者只有凭借如此的承诺才能从已陈述的前提达至结论。

③ 补充那些能够增强论证的陈述，避免补充与论证不相干的假设。

④ 不能补充仅仅使已陈述的推论具体化的前提。如"张三是个吹毛求疵的人，李四讨厌他"，这一论证的隐含前提不能是"如果张三是个吹毛求疵的人，那么李四就讨厌他。"

⑤ 假如有若干满足①～③条规则的前提，则应补充使论证成为最强的那种前提。如考虑上述论证的隐含前提，"李四讨厌某些吹毛求疵的人"就不如"李四讨厌吹毛求疵的人"。而当多个满足①～③条规则的前提都能使得论证合理时，应补以最弱的前提。如"李四讨厌吹毛求疵的人""李四讨厌任何人""李四讨厌世上的任何东西"等，都可以给结论"李四讨厌张三"以强支持，但断定越强的命题越容易成为假的或不可接受的，因此，应该选取断定

较弱的"李四讨厌吹毛求疵的人"作为补充前提。

⑥ 若结论带有"可能"等类似限定词的话，则补充的前提会减弱。但无论如何，应该首先保证补充的隐含前提是真的或可接受的。

2. 补充隐含前提的步骤

① 描述已被表达的论证。

② 若是演绎论证（无论主论证还是子论证），则确定使其有效所需要的前提。归纳论证中的全部证据必须被论证者陈述，再确定需补充哪些信息才能使归纳论证成为可靠的。合情论证中省略的一般是可废止的推论规则。

③ 给论证加上隐含前提。

④ 检验重构的论证是否符合原意。

3. 案例分析

■请分析下列论证的主张、理由和假设

心脏的搏动引起血液循环。对同一个人，心率越快，单位时间进入循环的血液量越多。血液中的红血球运输氧气。一般地说，一个人单位时间通过血液循环获得的氧气越多，他的体能及其发挥就越佳。因此，为了提高运动员在体育比赛中的竞技水平，应该加强他们在高海拔地区的训练，因为在高海拔地区，人体内每单位体积血液中含有的红血球数量要高于在低海拔地区。

【论证过程分析】

先识别出上述论证的主张（结论）和理由（前提），再提炼出其推理过程，找出假设（隐含前提），最后，重构出其完整的论证。

主张

为了提高运动员在体育比赛中的竞技水平，应该加强他们在高海拔地区的训练。

理由

① 在高海拔地区，人体内每单位体积血液中含有的红血球数量要高于低海拔地区。

② 血液中的红血球运输氧气。

③ 一个人单位时间内通过血液循环获得的氧气越多，他的体能及其发挥就越佳。

④ 心率越快，单位时间内进入血液循环的血液量越多（即："单位时间内进入血液循环的血液量"取决于"心率"）。

推理过程

竞技水平取决于体能，体能取决于血液含氧量，而在同样的环境下，血液含氧量取决于"每单位体积血液中的含氧量"和"单位时间内进入血液循环的血液量"。"单位时间内进入血液循环的血液量"取决于"心率"。"每单位体积血液中的含氧量"又取决于"每单位体积血液中含有的红血球数量"和"平均每个红血球的含氧量"。而"每单位体积血液中含有的红血球数量"与"海拔高度"有关。

假设：

① 运动员在高海拔地区的心率不低于低海拔地区。

② 人体在高海拔地区的"平均每个红血球的含氧量"不低于低海拔地区。

③ 竞技水平取决于体能。

重构论证：

第一步推理：

假设①：运动员在高海拔地区的心率不低于低海拔地区。

理由④："单位时间内进入血液循环的血液量"取决于"心率"。

中间结论①：运动员在高海拔地区的单位时间内进入血液循环的血液量不低于低海拔地区。

第二步推理：

理由①：在高海拔地区，人体内每单位体积血液中含有的红血球数量，要高于低海拔地区。

理由②：血液中的红血球运输氧气。

假设②：人体在高海拔地区的"平均每个红血球的含氧量"不低于低海拔地区。

中间结论②：在高海拔地区，人体内每单位体积血液中的含氧量要高于低海拔地区。

第三步推理：

中间结论①：运动员在高海拔地区的单位时间内进入血液循环的血液量不低于低海拔地区。

中间结论②：在高海拔地区，人体内每单位体积血液中的含氧量要高于低海拔地区。

中间结论③：在高海拔地区，单位时间内进入血液循环的含氧量要高于低海拔地区。

第四步推理：

中间结论③：在高海拔地区，单位时间内进入血液循环的含氧量要高于低海拔地区。

理由③：一个人单位时间内通过血液循环获得的氧气越多，他的体能及其发挥就越佳。

中间结论④：在高海拔地区训练后，运动员的体能，要高于低海拔地区。

第五步推理：

中间结论④：在高海拔地区训练后，运动员的体能要高于低海拔地区。

假设③：竞技水平取决于体能。

主张：在高海拔地区训练后，运动员的竞技水平要高于低海拔地区。

三、论证的结构分析

展示论证的结构不仅对理解论证者如何证明他们的观点是必要的，而且也是评估这些论证的先决条件。

（一）论证的标准化

在分析论证结构的时候，标准化论证往往是必要的。标准化的作用是辨识前提和结论、搞清推理路线、使论证变成清楚、完整的陈述。标准化论证需要进行以下四种转换。

① 删除。在将文本解释为一个或若干个论证时，将那些与确立或反驳一个主张不相干的部分、重复的信息去掉；属于交际性的内容、其他话题的插入、无关的枝节、顺便说的话等都可以忽略，它们不进入论证结构的描写。

② 补充。被评估的论证应是一个结构完整的论证，因此，在评估之前，应对论证补充隐含前提，即把论证未表达出来的预设、假设或省略前提明确化，同时也要把隐含的论点明确化。

③ 替换。用清楚、确切的表达方式来替代含糊或者间接的表达方式，同义的所有表达式用唯一的表达式代换。正确理解的基础是"换句话说"，即将论证拆分成前提和结论，接着用自己的话来复述。

④ 排列组合。将有支持关系的陈述放在一起，按有利于对论证开展评估的方式排列

组合。

（二）标识扩展论证的术语

从传统观点看，一个论证的基本要素是三个：前提（理由或根据）、结论（主张、论题或论点）和支持关系。然而，从实际论证的情形和更广的视野来看，这些只不过是"原子论证"的要素而已。实际语境中的论证远不像基本模式那样单纯。如果考虑到论证的情境和宏观结构，那么需要考虑的论证要素就会大大扩充。

为此，需要引入一些术语来标识扩展论证的不同部分。

① 论证链。论证中各个前提与结论构成的整个支持关系。

② 子论证。论证链中的任何单个的推论或论证链中的一个支持关系。

③ 主结论。一个论证链中的最终结论。主结论可能出现于语段的开头、结尾或中间。主结论可能有不同的范围和确定性。这些不同强度的结论所需的证据及支持强度不同。提出一个令人信服的论证所需要的证据强度随所希望达到的结论的范围和确定性而变化。

④ 主论证。由主结论及其直接前提构成的论证。

⑤ 主论据。直接支持主结论的理由。

⑥ 子结论。论证链中除主结论之外的任何一个子论证的结论。

⑦ 基本前提。论证中不再被其他陈述支持的前提。基本前提也可能不是绝对真的，而只是似真的。关键在于它是否受到进一步的质疑。

⑧ 非基本前提。即子结论，论证中被其他陈述支持的前提。

在进行论证分析时，一般可使用如下符号来表示论证中的各种元素。（见表3-4）

表3-4　论证分析中常用的符号

元素	符号	英文含义
论题、论点	T	thesis
论据、前提	p	presupposition
隐含前提	hp	hidden presupposition
结论	c	conclusion
隐含结论	hc	hidden conclusion
演绎论证	d	deduction
归纳论证	i	induction

有些论证结构比较简单，类型较为单一，但是大多数论证会表现为各种论证结构的复合。在平时阅读中见到的论证大多都是这样的复杂论证。

（三）论证结构的分析

论证结构的分析步骤如下：

① 明确论题，找出前提和结论；

② 对论证中的元素符号化；

③ 根据论证关系绘制论证图示。

论证结构分析是论证有效性分析的一项基本功，需要勤加练习。在平时阅读报纸杂志的时候，可以有意识地多做一些论证结构分析，这样有助于大家在阅读中迅速把握论证的主题，准确快速地找到前提和结论，尤其是切实厘清前提和结论之间的关系。

【逻辑案例】 分析以下论证的结构。

泥盆纪直虾是现代昆虫的祖先，抚仙湖虫化石与直虾类化石类似，这间接表明了抚仙湖虫是昆虫的远祖。研究者还发现，抚仙湖虫的消化道充满泥沙，这表明它是食泥动物。

首先概括出上述论证中包括的命题：

① 抚仙湖虫是昆虫的远祖。

② 抚仙湖虫化石与直虾类化石类似。

③ 泥盆纪直虾是现代昆虫的祖先。

④ 抚仙湖虫化石的消化道充满泥沙。

在这个论证中，即用②、③支持①。④支持①的时候，有隐含前提 hp："昆虫的祖先是食泥动物"。

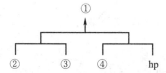

(四) 论证图解

论证图解是分析论证文本结构的技术，而且论证的评估在某种程度上也依赖于论证图解。论证图解技术是把握论证结构的有效方法，掌握论证图解的技术将有助于掌握批判性思维的一般技巧。

论证图解的一般程序如下。

① 确定将要处理的语段确实包含论证，且该论证试图提出一些理由支持某个主张。

② 通过论证指示词或论证支持关系识别主结论。

③ 将语段中支持主结论的那些陈述（理由）识别出来。

④ 忽略只是背景信息的那些材料，如导言或编者按。

⑤ 整理和归并材料。首先，忽略那些早已分析过的材料，比如，同一结论或前提以不同的表述形式重复出现，起同样作用的，只在图解中出现一次。但是，当这些不同表述的言语有不同作用时，比如第一次出现表达一个前提，之后的出现表达一个结论时，就应让它在标准形式中出现两次，因为此时可能有不同的推理路线。其次，剔除在论证中不起实质作用的语句。对包括多个断言的陈述进行分解，将其表示为几个陈述。

⑥ 对较长的论证语段，特别是对话式论证，可进行必要的压缩、编辑或概括。当然，前提是你得认真阅读或倾听，搞清作者或发言者为何这样讲，言语的核心含义是什么，对主张提供的理由是什么。

⑦ 给每一个前提和结论编号。

⑧ 检查每一个前提和结论自身是否都是完整的陈述，如用具体名称替代"这""他"等代词。同时，把用问句、祈使句或感叹句形式表达的前提和结论，统统改换成陈述句形式。

⑨ 用箭头表示支持关系。

⑩ 检查标准化的论证是否遗漏了任何实质性的东西或加入了原本不包括的东西。

【逻辑案例】 图解以下论证。

某报评论：H市的空气质量本来应该已经得到改善。五年来，市政府在环境保护方面花了很大气力，包括耗资600多亿元将一些污染严重的工厂迁走，但是，H市仍没有摆脱空气污染的困扰，因为解决空气污染问题面临着许多不利条件，其中，一个是机动车辆的增加，另一个是由于全球石油价格的上升，在国际市场上一些价格偏低的劣质高硫石油进入了H市。

首先概括出上述论证中包括的命题如下。

① H市仍没有摆脱空气污染的困扰。

② 机动车辆增加。

③ 全球石油价格上升。

④ 在国际市场上一些价格偏低的劣质高硫石油进入了H市。

它的论证结构如下图所示。

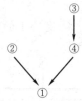

上例中，论证链由②支持①、④支持①和③支持④三个子论证组成；主结论是①；主论证是②支持①和④支持①；主论据是②和④；子结论是④；基本前提是②和③；非基本前提是④。

用②支持①的时候，有隐含前提 hp1："机动车辆增加导致尾气排放增加"。

用④支持①的时候，有隐含前提 hp2："劣质高硫石油导致尾气排放增加"。

补充隐含前提后，使用符号来表示上述论证的结构如下。

结论 c：H市仍没有摆脱空气污染的困扰。

p1：机动车辆增加。

p2：全球石油价格上升。

p3：在国际市场上一些价格偏低的劣质高硫石油进入了H市。

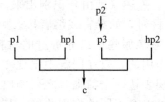

【逻辑案例】 图解以下论证。

人体在晚上分泌的镇痛荷尔蒙比白天多，因此，在晚上进行手术的外科病人需要较少的麻醉剂。既然较大量的麻醉剂对病人的风险更大，那么，如果经常在晚上做手术，手术的风险也就可以降低了。

分析：概括出上述论证中包括的命题，补充隐含前提，并使用符号来表示如下。

c：如果经常在晚上做手术，手术的风险也就可以降低了。

p1：人体在晚上分泌的镇痛荷尔蒙比白天多。

p2：在晚上进行手术的外科病人需要较少的麻醉剂。

p3：较大量的麻醉剂对病人的风险更大。

隐含前提 hp：在晚上做手术不会增加其他的手术风险（比如在晚上做手术，医生和护士的手的灵巧和脑的警觉度不比白天低）。

补充隐含前提后，使用符号来表示上述论证的结构如下。

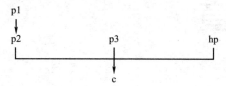

第四章
论证谬误

　　论证分析重在找出是否存在逻辑缺陷，从论证层面分析和评价所给材料中的论证是否恰当有效，并写出对该论证的分析性评论。因此，识别并分析推理中出现的各种谬误就是论证有效性分析的首要工作。为打好论证有效性分析的基础，本章系统地讲述各种逻辑谬误。

　　一个论证要得出真实的结论，必须满足两个条件：一是前提真实，二是从前提能够合乎逻辑地推出结论。反之，论证就有可能是一个坏论证：一种情形是前提不真实，即将一个虚假命题设定为论证的前提之一。另一种情形是，从前提推不出结论，即前提和结论之间没有足够的支持关系。这就是所谓的坏论证，这样的论证就表现为一种谬误。

　　日常的谬误分类很难有一个完美的清单，谬误分类是学术界争议很大的一个领域，迄今为止还没有一个精确的、公认的分类模式。借鉴以往谬误研究的成果，从论证三要素（主张、理由和支持）的角度出发，把谬误分为主张谬误、理由谬误和支持谬误三大类。

第一节　主张谬误

　　主张或论点、结论是论证的最终目标，对主张的怀疑产生对理由的需求。主张谬误是主张本身包含的错误或疑问。而这往往来源于语言本身的谬误。语言谬误是指在使用语言过程中所出现的语义、语法和语用方面的错误，是由于在前提或结论中出现语义的含糊而产生的。它涉及意义与指称、语言与实在、想像与现实、环境与交际、表达与理解、歧义与模糊等。

　　从逻辑的角度来说，主张谬误往往是违反同一律的表现。同一律要求：一个概念必须有确定的内涵和外延。在同一论证过程中，必须保持其自身的同一性；一个命题必须有明确的陈述，肯定什么就肯定什么，否定什么就否定什么。在同一论证过程中，必须保持其断定的同一性。否则，如果一个语词、语句或论题在一个论证过程中，它在前提中有一个特指的意义，但在结论中却变成了完全不同的另一个意义，这种推理的错误所引起的歧义性谬误，就是语言谬误，也可以认为是主张谬误。

　　在批判性阅读和写作中，针对论证的主张或论点、结论，需要作出的批判性思考问题如下。

　　① 议论的主要问题是什么？
　　② 主张或者结论是什么？
　　③ 结论中的主要概念是什么？
　　④ 对概念的定义是否清晰、准确？

⑤ 对概念的解释和运用是否一致？

⑥ 理由或者解释与主题是否相关？

⑦ 对论题的理解和运用是否一致？

对主张的批判性思考，需要检查论证是否存在以下谬误。

① 语词谬误：包括语词歧义、语词含混、偷换概念、歪曲词意；

② 语句谬误：包括语句歧义、语句含混、断章取义、强调不当；

③ 论题谬误：包括转移论题、熏鲱谬误、稻草人、回避论题、错失主旨等。

一、语词谬误

自然语言中的词语常常是多义的或者说是语义模糊的。如果人们在论证过程中，有意无意地利用这种多义性和模糊性，去得出不正确的结论，就会犯逻辑错误。

"语词谬误"也叫词法歧义、含糊其辞（equivocation），是指对句中某个词的不同理解而产生的歧义，具体是指在确定的语言环境下对同一语词在不同意义下使用而引起的逻辑谬误，即一个语词在前提中可能具有一种意义，但是在结论中却是另一种不同的意义。由于用心不专或故意操作，在论证过程中，词或短语的意义可能会变化，它们可以在言语表达中不经意地被转换，或者由于特别的意图被故意地调换其意义的使用。歧义性谬误的造成，其实质在于违反了语言的明确性原则及交际的相关性原则。

1. 语词歧义

语词歧义来源于语词和词组的多义特性，大多数词汇都有多于一个的字面意义，但在多数情况下，通过注意语境和利用我们良好的感觉，不难将这些意义分辨开来。但是，当人们有意无意地混淆一个词或短语的几个意义时，就是在歧义地使用这个词或短语。

语词歧义的特点就是混淆同一语境下某个词或短语的不同意义。例如，"二八佳人"，本身可以有"十六岁的女子""二十八岁的女子""十六位女子""二十八位女子"四种可能的解释。再如，"我有了！"这句话可能指的是"我怀孕了！""我拥有某东西了！"。"打太极"可以真的是指"打太极拳"，也可能是指一个人在"推托"。

下面再举两例语词歧义的例子。

【例1】 有个小学考试题是："以'难过'造一句"。

一学生的回答："我们家门前的大水沟很难过"。

分析：题中的"难过"应是指感情上难过，学生将其理解为"难以迈过"。但学生可以强辩：老师并未明确指出这个多义词中的本意呀。看来该题在逻辑上也不是没有漏洞。

【例2】 有份三明治好过没有东西。没有东西好过明白人生的意义。所以有份三明治好过明白人生的意义。

分析：第一个"没有东西"是实指没有食物，第二句"没有东西好过明白人生的意义"是指拥有任何东西都不如明白人生的意义。

2. 语词含混

语词含混是指一个词语在范围上是不确定的，如果存在着不清楚一个词是否可以正确地适用的边界情形，一个词就是含混的。语词含混的表达形式常常容许作连续的、一系列的解释。其意义朦胧、晦暗和不确切。

举例说，像"新鲜的""富有的""贫穷的""正常的""保守的"等这样的词都是含混的。古希腊的"谷堆论证"也是语词含混的著名例子：一粒谷算不算谷堆？不算！再加一粒呢？也不算！再加一粒呢？还不算。再加一粒呢？……最后加的一粒谷造成了谷堆。

3. 偷换概念

偷换概念或混淆概念是指在论证中把不同的概念当作同一概念来使用的逻辑错误，实际上是改变了概念的修饰语、适用范围、所指对象等具体内涵。

从严格意义上来讲，偷换概念是论证者或说话者故意这么做，而混淆概念是论证者或说话者并没有意识到这一点，而无意中犯了此种谬误。这里，为简便起见，统一称为偷换概念的谬误。当偷换了一个重要概念，句子甚至观点的意思就会大不一样。

下面举几例偷换概念的例子。

【例1】 所有黄牛头上都有角，张三是黄牛，所以张三头上有角。

分析："黄牛"可以指作为动物的黄牛，也可以指"票贩子"。

【例2】 孔子说"君子寓于义，小人寓于利。"张三个子很小，便是小人，所以张三只懂得讲利害。

分析：孔子说的"小人"是指不道德的人，而张三是"小人"，指的是个子小，不是同一概念。

【例3】 法律规定干涉他人商业行为属于违法行为，那么，降价干涉了他人商业行为，所以降价是违法的。

分析：这里，第一个"干涉"和第二个"干涉"的意思是不同的，所以结论不成立。

【例4】 凡有意杀人者都应被处死刑；某行刑者是有意杀人者；所以，某行刑者应被处死刑。

分析：例中"有意杀人者"两次出现，但其意义是不同的。第一次指"以身试法，故意杀人"；第二次指"依照法律，奉命处死犯人"。此论证在不同意义上使用这一语词，并以此为论据证明"某行刑者应被处死刑"的论断。

4. 歪曲词意

歪曲词意也叫意义歪曲，是指把一个词的意思故意曲解成其他的意思来用，即将不同的词等同，或者强行改变一个词的通常意义。

下面举几个歪曲词意的例子。

【例1】 小明："我不认为孩子们应该往大街上乱跑。"

大亮："我反对，把孩子们关起来，不让他们呼吸新鲜空气，那真是太愚蠢了。"

分析：大亮把不让孩子们在大街上跑，曲解为把孩子们关起来，不让他们呼吸新鲜空气，这就是典型的歪曲词意。

【例2】 美国总统里根在辩护他削减扶贫开支的计划时说："我的计划没有伤害任何人——没人被抛到雪地里冻死。"

分析：对里根而言，"伤害"一词，似乎只是"冻死"才算数，穷人的救济少了，很多开支都紧下来，不吃早餐、营养不良等，难道这些对他们来说都不算伤害？

【例3】 甲："火不热。"

乙："为什么？"

甲："若火是热的，在地上写许多火就会烫伤脚，在炉上写上火就会把锅烧开。"

分析：例中把"火"的实指与其自指混二为一，属于"名实混一"的谬误。

"名实混一"是"歪曲词意"的一种特例，就是把名词实指与其自指混二为一所形成的谬误。一个名词既可以用来指谓某一对象事物，又可以用来指称自己。若在论证中把两者在同一意义上加以使用，就会产生"名实混一"的谬误。

二、语句谬误

在确定的语言环境下，同一语句可能包含两种或两种以上的意义。语句谬误也叫句法歧义、构型歧义，是指对句法结构有不同理解所产生的歧义，具体是指在确定的语言环境下，对同一语句作不同意义的解释而导致的逻辑谬误。

1. 语句歧义

语句歧义也叫模棱两可（amphiboly）、语法歧义、语法错误或两栖谬误，是指论证中运用句子的歧义来实现某种论证目的的谬误。当一个句子在一种方式中出现的时候，可以用不同意义来理解，具体是指由于句子语法结构的不确定而产生的一句多义，这包括语词结合关系不明、动宾关系不明、代词所指不明、定语修辞不明、状语修辞不明、施受关系不明等。

下面几例都属于语句歧义。

【例1】"小王和舅舅一去看了电影，回家之后，他还想再去看一次。"

分析：这里的"他"是指小王，还是指小王的舅舅？

【例2】一则广告：

出售：德国牧羊犬，吃任何东西，特别喜欢小孩。

分析：这个牧羊犬是特别喜欢吃小孩，还是狗本身喜欢小孩？

【例3】"我们班上有10个象棋爱好者与围棋爱好者，所以我们班上有10个围棋爱好者。"

分析：表达这一推理的前提"我们班上有10个象棋爱好者与围棋爱好者"的语句是有歧义的：既可以理解为这10人既是象棋爱好者又是围棋爱好者，也可以理解为这10人中仅有一部分是象棋爱好者，而另一部分是围棋爱好者。但只有在前一种意义上才能推出上述结论，在后一种意义上是推不出上述结论的。

2. 语句含混

语句含混也叫由语句的暧昧所产生的谬误，是指同一个语句在同一语境中有两种及以上的语义。

下面几例都属于语句含混。

【例1】一算命先生给人算卦说："父在母先亡。"

分析：由于标点不同，这句话有两种含义：①父亲健在，母亲已亡；②父亲在母亲前面去世。如果加上时态因素，它可以表示对过去的追忆，对现实的描述，对未来的预测，因此就有六种不同的含义：①父母亲都去世了，但母亲先去世；②父母亲都去世了，但父亲先去世；③父亲健在，但母亲已去世；④母亲健在，父亲已去世，即父亲先于母亲去世；⑤父亲将在母亲之前去世；⑥母亲将在父亲之前去世。这已经穷尽了全部可能的情况，永远不会错。算命先生就是以此类把戏骗人钱财的。

【例2】"蚂蚁是动物，所以大蚂蚁是大动物"；"象是动物，所以小象是小的动物"；"这是一头小象，而那是一只大蚂蚁，所以，这只小象比那只大蚂蚁小"。

分析：这三句话都犯了模糊谬误，也属于语句含混。模糊谬误是一种由错误使用"相对性"词项而来的错误。在不同语境中，相对词具有不同的意义。这一论证的关键之处是，"大""小"是个相对词，是相对于不同的类别而言的，不能加以混淆：小象是非常大的动物，大蚂蚁却是非常小的动物。这个谬误就是一个关于相对词"大""小"的一种模糊谬误。

3. 断章取义

"断章取义"也叫偷换句义，把偷换的内容从总观点下降到某一句话的内容，即把一句话从一个语境中提出，让脱离语境的句意与原句所想表达的意思不同。断章取义与语境转移相关，通常是借用别人的话，但却又把借用来的话脱离原来的语境，从而使之具有了完全不同的含义，并以此攻击别人。

下面几例都属于断章取义。

【例1】 某商店老板对一位稽查人员说："我卖的酒没有掺水。要是我的酒掺水，它能这么好喝吗？"这位稽查人员说："你看，你已经承认你的酒掺水了。"

【例2】 2007年教育部新闻发言人曾就就业问题谈到，当代大学生的就业观念需要改变，可以选择适合自己发展的任何一种职业，所以说，"大学生养猪，媒体不必哗然"。结果被一些媒体概括为"大学生养猪论"。

4. 强调不当

语言在使用过程中，由于其强调的重点不同，语义就会发生改变，也即由于错置论证中的命题的强调重点，使得论证走向歧途所造成的谬误。

强调不当有以下两类错误。

① 错置强调。错置强调是指在论证或反驳中，把某些重要部分所强调的东西忽略或置换，从而改变论证的方向，把人引入歧途。

【例】 有一艘航船，船长值班时发现大副酗酒，就在航海日志上写道："今天大副酗酒。"轮到大副值班时，见到船长的记录很不满意，于是在航海日志上写道："今天船长没有酗酒。"

分析：大副的日志通过对"今天船长没有酗酒"的强调，试图制造"在没有记录的日子，船长好像天天都在酗酒"这一暗示意义。

② 错置重音。错置重音也叫重读谬误、重音谬误（accent），是指通过转移发音重点而产生的谬误。发音重点不同，一个陈述可以给出的意义有可能是很多的。若前提的明显意义依赖于一个可能的强调，但得出的结论却依赖于对相同词汇不同的重读意义，这时就犯了重读谬误。这种谬误往往是有意利用重读、强调等手法，传达不正确的、误导人的信息。

【例1】 "我们不应该在背后议论我们朋友的缺点。"

这句话以平常的语气说"我们不应该在背后议论我们朋友的缺点"，这像是在勉励自己；如果重读其中的"背后"二字，则会有"我们可以当面议论我们朋友的缺点"之意；如果重读其中的"我们的朋友"，则会有"我们可以背后议论不是我们朋友的人的缺点"之意，如此等等。

【例2】 "女人没有男人便会迷失。"

分析：如果语气加重在女人没有，变成"女人没有，男人便会迷失"，迷失的是男人；但当加重在不同地方，使得此句话成为"女人没有男人，便会迷失"，迷失的就成了女人。

三、论题谬误

论题是有待于证明的命题。论题谬误是指违反同一律的要求，论证者本来应该论证命题A成立，结果有意或无意地去论证了命题B成立。这种情形在写作中叫做"跑题""文不对题"，在日常交流中叫做"答非所问"。

论题谬误往往发生在结论过于宽泛或者过于绝对之时，因此，避免此类谬误的办法是，一方面，检查论据，看它们可以客观地得出什么结论；另一方面，检查结论，看它需要什么样的论据作为支持，然后检查论证中是否给出了这样的论据。

1. 转移论题

转移论题或偷换论题是指在论证过程中违反同一律的要求，偏离正题而转向另一问题，从而转移人们对关键问题的注意力。从论据的角度来看，其谬误实质就是通过对与原论题相似或无关的另一论题的举证来转移或逃避对原论题的举证责任。

"转移论题"与"偷换论题"的相同之处是，论证者所论证的命题并不真正是他原来所要论证的结论，其本质区别仅在于是否存在主观上的故意。"转移论题"是指在无意识的情况下，离开了原来议论的论题。"偷换论题"是指故意将原来议论的论题偷偷改换为其他论题，以达到混淆视听的目的，是一种典型的诡辩。为简便起见，这里把"转移论题"与"偷换论题"统一称为广义的"转移论题"的谬误。

【例1】　日常生活中问别人"你怎么会知道？"

对方回答："我怎么会不知道？"

分析：对方便是答非所问，犯了"转移论题"的谬误。

【例2】　小张到水果店买水果，见架上的香蕉不怎么好，就问："老板，还有好点的香蕉吗？"店主说："有刚进回来的桂圆，很新鲜的，又便宜，要不要？"

分析：这里，店主不直接回答小张有没有好点的香蕉，而是将话题转移到桂圆上，大谈桂圆如何物美价廉，这就是转移了论题。

【例3】　爷爷带孙子上街，孙子看到街边有人在用气枪打气球，就问："爷爷，为什么打枪的人要睁一只眼闭一只眼啊？"爷爷说："如果把两只眼都闭上了，那就什么都看不见了。"

分析：这里，孙子问爷爷打枪为何要睁一只眼闭一只眼的原因，实际包含了这样一个问题，那就是打枪的时候为何不两只眼都睁开，而要闭上一只眼睛？结果爷爷却回答说，"如果把两只眼都闭上了，那就什么都看不见了"，明显地回避了孙子问题的实质，转移了孙子的论题。

【例4】　问："这一条铁轨上有 5 个人，那一条铁轨上有 1 个人，你是决定去撞死这 5 个人呢，还是决定去撞死那 1 个人呢？"

答："凭什么你说了算？凭什么你把 1 个人放在一条铁轨上，把 5 个人放在另一条铁轨上，然后让我来选择撞死谁？"

分析：该回答回避了问题，明显地转移了论题。

【例5】　当一位演艺界明星受到偷逃个人所得税的控告时，她为自己辩护说，"多年来，我已经交纳了上百万元的个人所得税，比我表妹所在的国营机械厂所交的税还要多。难道这也是罪过吗？"

分析：该明星的辩护属于转移论题，因为她是否偷逃个人所得税与她所交税额的多少无关。

2. 熏鲱谬误

熏鲱谬误也叫"红鲱鱼""红鲜鱼"（red herring），属于转移论题的一种方式，是指转换论题，逃避论证责任的论证谬误。通常这种谬误会引入一个不相干的问题，从而转移人们对论题的注意力。

"熏鲱"这个概念，据说来自训练猎犬的一个步骤，当猎犬循着猎物的气味进行追踪时，将熏烤过的鲜鱼装在袋子中，拖曳袋子交叉穿过追踪猎物的痕迹，以此来引诱猎犬迷失它所追寻的目标。由于熏烤过的鲜鱼有浓烈而持久的香味，只有最好的猎犬才能避开它的诱惑，继续按照原来的气味追踪猎物。也有一说是起源于动物保护者用熏鲱鱼干扰猎狗的嗅觉，动物保护者为了避免野生动物被猎狗发现，就在保护区内放置用烟熏过的鲱鱼，以转移猎狗的注意力。

当论证者以转变议论主题的方式来转移读者或听者的注意力时，就会产生熏鲱的谬误。论证者不去论证自己提出的论题，却用无关的论题把水搅混，本来要证明的论题反而看不见了。拖曳熏鲱的高手在转变原来的主题时，读者或听者通常是觉察不到的。为了达到这一目的，其中的一个做法是将原来的主题转变到一个与之有微妙关系的主题上来。论证者这样做的目的是为了获得论证的成功。

下面几例都犯了熏鲱谬误。

【例1】 老张："老王，你若不在办公室里而是到外面去吸烟，那不是更好吗？"

老王："吸二手烟没那么糟糕，每天骑车上班吸汽车的油烟，那才糟糕呢。现在不比从前了，从前骑车上班能锻炼身体，现在骑车上班会减少寿命。听说一位每天在马路上跑步的小伙子，烟酒不沾，却得了肺癌，年纪轻轻的就死了。"

分析： 老王明显地在拖熏鲱，相关的问题是老王出去抽烟是否对其他人来说更好，而不是吸二手烟和吸汽车尾气哪个更坏。

【例2】 环保主义者一再强调核电站的危险性。遗憾的是，电的危险性并不取决于它来自哪里。每年都有好几百人在意外事故中触电身亡。由于这些意外事故大多数都是粗心大意造成的，所以，如果教育人们多加小心，这些事故就可能会避免。

分析： 在论证中，原本的议论主题是核电站的危险性，但论证者将之转变为触电身亡是危险的。转换后的主题与存在核电站爆炸或者核反应堆熔毁可能性的主题，有明显的区别。不过，这两者确实都与电力设备直接相关，论证者正是借助这一点来转移人们的注意力。

【例3】 近些天来，人们大量地谈论清除蔬菜和水果上的农药的必要性。不过，许多水果和蔬菜对我们的健康来说是必不可少的。胡萝卜是人体摄取维生素最好的来源，花椰菜富含铁，橙子和葡萄含有大量的维生素C。

分析： 在论证中，原论题说的是清除蔬菜和水果上的农药的必要性，论证者却将之转换为水果和蔬菜对健康的好处。论证者正是利用这两者所关注的都是水果和蔬菜，从而故意拖曳熏鲱。

3. 稻草人

"稻草人"（straw man）谬误就是虚拟了一个和原先的论题显然不同的另外一个论题，论证或反驳在形式上是正确的，但实际所论证或反驳的论点与真正的论点不一致。其谬误特点是，论辩中有意或无意地歪曲对方的立场，以便能够更容易攻击对方，或者回避论辩对方较强的论证而攻击其较弱的论证。

稻草人毕竟不是真人，很容易打倒。在论证中，通过歪曲对方的主张来削弱对方观点的错误，犹如扎一个容易被击倒的稻草人。这个名字很形象，这种谬误论证就像用稻草人替代真人一样，用某个观点替代对方的真实观点，用攻击稻草人的做法替代对论辩对方的反驳，攻击这个替代观点来冒充对论敌的反驳。通过歪曲对方的立场，树立一个很容易被击倒的"稻草人"，把一个更容易遭抨击的立场强加给对方。歪曲对方观点的手法有限制、概括、简化、夸张、虚构等。但是，这如同一拳击倒一个稻草人或者吓唬小鸟的假人，影响实在有限，因此，击败对手已遭扭曲的观点，影响也同样十分有限。

广义的"稻草人"谬误既可出现在论证当中，又可出现在反驳当中。如果出现在论证当中，通常表现为"转移论题""偷换论题""文不对题"等形式。狭义的"稻草人"谬误，仅指曲解对方的立场，扭曲对方观点的归谬法运用，先把对方的观点变成一个容易推翻的版本，然后将其驳倒。此时，那个被扭曲的观点已经不是难以反驳的对方的观点，而是一个更易反驳的"稻草人"了。其表现形式是，甲说了观点 A，乙没有直接反驳 A，而是把 A 篡改成了和 A 相似的观点 B，然后通过反驳打倒 B 来反驳 A，从而证明对方的观点不可接受。

稻草人谬误与偷换论题谬误极其相似，甚至有认为稻草人谬误是偷换论题的一种表现形式。但实际上，偷换论题谬误与稻草人谬误的主要区别在于：前者通常是偷换自己的论题，而后者则是偷换对方的论题。

熏鲱的谬误也易于和稻草人的谬误相混淆，两者都会产生转移读者或听者注意力的效果。在稻草人谬误中，论证者首先开始歪曲对手的论证，然后通过击倒被歪曲的论证来得出他自己的结论。在熏鲱谬误中，如果有对手的话，论证者会有意忽视对手的论证，同时针对对方的论题进行偷梁换柱。所以，若要区分这两种谬误，就应当确定论证者是在攻击一个被歪曲了的论证，还是在单纯地转变议论的主题。另外，稻草人的谬误总是牵涉到两位论证者，至少有一位潜在的对手，而在熏鲱谬误中通常不存在这种情况。

下面几例都犯了稻草人谬误。

【例 1】　某甲说："你有些事做得不对。"

某乙回答说："什么？你竟然认为我什么事都做得不对。"

【例 2】　有个小伙说要找一位个儿高的对象。反驳者说："难道你要找一个两米七的？多丑都可以吗？"

【例 3】　有人说，"语言是能够创造物质财富的"。反驳者则说："那么，夸夸其谈的人就是世界上最富有的人了？"

4. 回避论题

回避论题也叫蔑视论题或迷失观点，是指完全回避对方观点，论证不提供证据，而是直接回避或蔑视所要讨论的话题。

下面几例都犯了回避论题的谬误。

【例】　商人：我们的汽车工业需要得到保护。

报告人：寻求保护是和我们整个自由贸易的观念相冲突的。

商人：瞧，先生们、女士们，没有人会比我们生意人更赞同自由贸易的观念了。我重复一遍我的论题，我们的汽车工业需要得到保护。

分析：商人显然采用了蔑视论题的态度，认为只有他最有权利来讨论自由贸易的问题，其他人则没有这个权利。

5. 错失主旨

"错失主旨"是指给出的论据的确能够支持某个结论，然而该结论却不是要论证的结论。或者说，论证的前提支持某一个特定的结论，但是论证者从中得出的却是另一个与预期的结论不同的结论，这一结论通常与预期的结论有模糊的关联性，也即论证者从前提得出结论时，在得出的结论中脱离了前提所支持的论点。

【例 1】　近来，盗窃和抢劫的犯罪率在不断上升，达到了令人惊讶的程度。结论是明显的：我们必须尽快恢复死刑这种刑罚。

分析：从该论证的前提至少能够推出两个正确的结论："我们应当在盗窃和抢劫猖獗的地区增派警力"或者"我们应当着手实施消除犯罪根源的方案。"恢复死刑这种刑罚根本不是该论证合乎逻辑的结论，更何况盗窃和抢劫犯的也不是死罪。

【例2】 如今，福利制度的弊端泛滥成灾。唯一的选择就是把这些弊端和福利制度一起连根废除。

分析：从上述论证的前提合乎逻辑地得出的结论是"建议完善福利制度的某些方面，以便消除盗用福利的弊端"，而不是将福利制度连根拔除。

第二节　理由谬误

从论证角度来看，谬误是一种看似正确但经过检验可证其为错误的论证类型，通常被定义为逻辑上有缺陷的但可能误导人们认为它是逻辑上正确的论证。

好的论证必然不会包含谬误，决定好论证的基本标准有三条：相干性标准（standard of relevance）、充分性标准（standard of sufficiency）、可接受性标准（standard of acceptability），简称为 rsa 标准。相应地，一个好论证必须通过相干性检验、可接受性检验、充分性检验。

对理由的批判性思考，必须检验是否满足好论证的以下两条标准。

第一，相干性标准（standard of relevance）：理由（前提）和主张（结论）必须相干。违背这条规则就会犯相干谬误。相干谬误是由论据与论题的心理相关造成的，它不具有逻辑相关性，其实质在于以感情代替逻辑，而不是用逻辑的规范进行论证。不满足相干性标准，则产生相干谬误。

第二，可接受性标准（standard of acceptability）：理由（前提）必须是可接受的。理由必须满足：一是理由不能与主张相同；二是理由不能比主张更可疑。提出理由是为了打消人们对主张的疑虑。显然，只能用更可接受的陈述来说明乍看起来不那么令人信服的主张的可接受性。违背这条规则的谬误就会犯论据谬误和预设谬误。

尽管形成论证的根本是主张，但一个论证发挥其功用的关键却是理由（前提/论据）。针对论证中给出的理由，需要作出批判性思考的问题如下。

① 理论根据（理论、原则、规律、法则等）是什么？

② 事实根据（事实、数据、实验、经验等）是什么？

③ 理由（包括理论或事实的论据、证据、数据等）的使用是否恰当合理？

④ 论证的主要假设是什么？假设是否可接受？

⑤ 理由与主张是否一致？

对理由的批判性思考需要检查论证是否存在以下谬误。

① 相干谬误：包括诉诸无知、诉诸情感、诉诸怜悯、诉诸偏见、诉诸强力、诉诸恐惧、诉诸众人、以人为据、人身攻击、诉诸权威等；

② 论据谬误：包括论据矛盾、理由虚假等；

③ 预设谬误：包括预期理由、复合问题、非黑即白等；

④ 乞题谬误：包括同语反复、循环论证等。

一、相干谬误

相干谬误（fallacies of relevance）也叫不相干谬误、相关谬误、关联性谬误。前面已述，一个好论证必须满足论证的相干性标准（standard of relevance），违背这一标准的谬误称为"相干谬误"，实际上指的是一个论证所依据的理由与其主张不相干，因此不能确立其主张为真而所犯的谬误。

所谓不相干就是逻辑上无关，也就是诉诸与主张无关的理由谬误，无关的证据或论据本身可以是真的，但其与主张无关。好的论证必须满足论证的相干性标准，应该立足于理由与主张的逻辑相干，即在逻辑上支持主张，由理由可逻辑地导出主张。相干谬误的实质是论证的理由与主张在心理上相干，而不是逻辑上相干。如果人们对论证中的心理相干与逻辑相干发生混淆，不是用逻辑的规范与标准审视、评价一个论证，而是受感情的左右，以感情代替逻辑和理性，就会犯相干谬误。

相干谬误的最大特点是，该论证所寻求的依据不是逻辑的、理性的。相干谬误论证的理由与主张常常在语言、心理上是相干的，论证者往往利用语言表达感情的功能，以言词激起人们心理上的恐惧、敌意、怜悯、热情，从而使人们接受其主张。

1. 诉诸无知

诉诸无知（from ignorance）的谬误也叫根据不知，犯的是这样的逻辑错误，它以某一命题的未被证明或不能被证明为据，而断言这一命题为真或假。诉诸无知的论证谬误，其实质是推卸证明责任，其结论是缺乏论证性的。

下列三例都分别存在两种论证，都是利用证据不足以来支持结论的正确性，都犯了诉诸无知的谬误。

【例1】　对"中医是否科学？"这个问题有以下两派说法。

说法一：科学不能证伪中医理论，所以中医理论是正确的。

说法二：科学不能证明中医理论，所以中医理论是错的。

【例2】　"占星术是否真的灵验？"这个问题有以下两派说法。

说法一：人们已经花了好几个世纪的时间试图为占星术的主张提供结论性的论据，却从未有人获得成功。所以我们得出的必然结论是：占星术是一派胡言。

说法二：人们已经花了好几个世纪的时间试图证明占星术的主张是假的，却从未有人获得成功。所以我们得出的必然结论是：占星术是真的。

【例3】　对"上帝是否存在？"这个问题也有以下两派说法。

说法一：有神论者的论证：你能证明上帝不存在吗？不能，所以上帝存在。

（牧师经常说："你们无法证明上帝不存在。因此，上帝一定存在。"）

说法二：无神论者的论证：你能证明上帝存在吗？不能，所以上帝不存在。

（若干世纪以来，人们都一直在努力证明上帝的存在，但迄今尚无人能够证明。因此，上帝并不存在。）

2. 诉诸情感

诉诸情感（appeal to emotion）是一种在论证中不依靠有充分根据的论证，而仅利用激动的感情、煽动性的言词去拉拢听众，去迎合一些人的不正当要求，以使别人支持自己论点而出现的谬误。

当然，并非诉诸情感的论证都是谬误，只有那些被滥用的诉诸情感的论证才是谬误。人是有情感的动物，但是在论证中不能用激发情感来替代逻辑论证，光靠宣泄情感并以此作为理由来表明某种观点和立场是站不住脚的。诉诸情感之所以是谬误，是因为它用表达性语言和其他有计划的手段以博取情感，激起兴奋、愤怒或憎恨，而不是致力于提出证据和合理论证。

诉诸情感谬误通常在群情激烈的公共讨论中比较盛行。在这些情况下，谁能成功地操纵听众（不管是积极还是消极）的感情、情绪或偏见，谁就拥有了立场被接受的最佳机会。诉诸积极感情的例子是诉诸听众的安全感、正义感或诚实感。诉诸消极情感的例子是诉诸听者的恐惧感、贪婪感和羞愧感。

在商业广告中经常见到诉诸情感的情况，广告的产品总是与我们渴望的或惹人好感的事物相联系。饮料常常与健美年轻、体魄健壮和精力充沛相联系，白酒往往与成功人士相联系，汽车则与浪漫、财富和性感相联系。广告中使用该产品的男人一般都是英俊而杰出的，女人都是漂亮而迷人的。当广告者声称他们的产品设计是为了赢得我们的情感共鸣时，当它表明我们应该购买，因为这些产品与情感相联系时，它就隐含地断言了该结论来自这种前提，而这是一种潜在的诉诸情感谬误。

诉诸情感有多种方式，也可以说人有多少种情感类型就会产生多少种利用它来作为依据的谬误。"诉诸情感论证"包括诉诸怜悯、诉诸厌恶、诉诸仇恨、诉诸谄媚、诉诸荒谬、诉诸自然、诉诸新潮等。

举个例子，美国夏威夷州立法院就一个取消该州堕胎法的议案举行听证会，议员们发生了激烈辩论，有一名不具姓名的工作人员替立法议员起草了一份"就堕胎问题与选民的答话"，请他们传阅，内容如下。

各位：你们问我对堕胎有什么看法？这里我清清楚楚地回答你们。如果"堕胎"是指谋杀毫无自卫能力的，剥夺我们最年幼的公民的权利，鼓励我们无知的青少年滥交，反对自由生存和幸福的话，那么我向各位保证，我永远反对堕胎。愿上帝帮助我们。

但是，如果"堕胎"指的是给予我们的公民平等的权利而不论他们的肤色、性别和种族，取消残害无助妇女的坏制度，使青年都有机会得到爱护，以及给予公民天赋权利去以良知行事，那么，身为一个爱国的和有人道精神的人，我向各位保证，我永远都替你们争取这些基本的权利，绝不放弃。

多谢你们问我对这个问题有什么看法。让我再次保证，我一定坚持自己的立场。

分析：这是"诱导性定义"，即炮制一个定义，里面充满了暗示性、情感性、偏向性的词汇，试图由此说服别人接受某种观点，属于诉诸情感的一种形式。

3. 诉诸怜悯

诉诸怜悯（appeal to pity）是一种诉诸情感的谬误，怜悯显然也是一种情感，这个谬误可以定义为：如果一个论题不用相关的证据来证实，而通过借助于打动人们的同情心，博得同情，激起人们的恻隐之心，诱使人相信其论题，这种以情感的乞求来获得论题的支持，这样的论证就是诉诸怜悯的谬误。

诉诸怜悯典型形式："因为 A 很可怜，所以 A 的所作所为没有错。"

当论证者只通过唤起读者或听者的同情心来试图支持其结论时，就会产生诉诸怜悯的谬误。这种同情可能是直接针对论证者的，也可能是针对第三者的。

当然，有些试图唤起读者或听者在情感上的共鸣的论证并不是谬误。如果表明议论中的人物是迫于情势的受害者，身陷可怕的困境而丧失了责任能力，所请求的帮助或特殊关照不是非法的或者不恰当的，而是真的需要帮助，在这种情况下，这种论证可以接受。相反，诉诸怜悯在论证中完全忽略了对这些情况的考虑，试图仅仅以唤起读者或听者的同情心来支持其结论。即如果所诉诸的怜悯与结论是不相干的，那么就犯了诉诸怜悯的谬误。

【例1】 学生："老师，请让我及格，否则我找工作的时候会有困难。"

【例2】 学生："我知道考试是依据答题结果给分的，但是我应该得 A，因为我的小猫病了，我的车抛了锚，我又得了感冒，所以我的学习是很艰难的！"

【例3】 有的犯罪嫌疑人在法庭上痛哭流涕地说："我上有年迈的失去自理能力的老母，

下有两个正在上小学的孩子，如果给我判刑，投入监狱，他们该怎么办呀!"

4. 诉诸偏见

如果一个论证使用了带有偏见的倾向性证据，使得这个论证的结论变成了无法进行讨论的论题，那么这个论证就犯有诉诸偏见的谬误。

诉诸偏见实质上是诉诸主观，即以主观代替客观的谬误，包括确认性偏见、一厢情愿、懒散归纳、诉诸信心、诉诸武断、诉诸传统、诉诸起源等。

（1）确认性偏见

确认性偏见（confirmation bias）是指一种选择性的思想，集中于支持相信的人已相信的证据，而忽略反驳他们观点的证据。确认性偏见常见于人们以信心、传统及成见为根据的信念。

【例1】 如果有些人相信祈祷的力量，相信的人只会注意到少量"有回应"的祈祷，而忽略大多数无回应的祈祷。

【例2】 赌场经理会响钟及鸣笛以公告胜利者，却永不会提及失败者。这令人觉得赌博胜出的机会看来颇大，但是事实却完全相反。

（2）一厢情愿

一厢情愿（wishful thinking）是指以自己单方面的想法作为论证根据。

【例】 一群孩子在谈论一只蛤蟆的雌雄，相持不下时，一个孩子突然说："我知道怎么辨认了"。老师很高兴，说："请讲"。孩子说："投票表决"。

（3）懒散归纳

懒散归纳（slothful induction）是以自己单方面的想法来否定归纳得出来的恰当结论。

例：即使有一万多个实验证明化学物质影响我们的感觉，我就是不相信。

（4）诉诸信心

诉诸信心（appeal to faith）是指依靠相信，并非靠逻辑或证据支持，也属于一种诸主观的谬误。

【例】 因为我希望明天在户外打球，所以明天一定天晴。

（5）诉诸武断

诉诸武断（appeal to arbitrary）是指既未提出充分的论据，也未进行必要的论证，就主观作出判断的一种谬误。

【例1】 旺发公司如此兴旺发达，完全是这个公司的名字起得好。

【例2】 1908年，清朝3岁的宣统皇帝继位，接受文武百官的朝贺，钟鼓齐鸣，三呼万岁，把宣统皇帝吓得直哭。抱着宣统皇帝的摄政王安慰小皇帝说："快完了，快完了。"后来，清王朝于1911年被辛亥革命推翻。清朝的遗老遗少怪罪摄政王说，就是他在登基大典上说："快完了"，所以把大清朝的江山给葬送了。

（6）诉诸传统

诉诸传统（appeal to tradition）是诉诸传统论证的一种滥用形式，是指仅以一种看法与传统的关系为依据，来判定它的真假或价值。这种论证模式通常是：a是旧的或传统的，因此，a是正确的、好的或真的。

诉诸传统论证并不总是谬误的。例如，尊老爱幼是中华民族的传统美德，因此，在公共汽车上应当主动给老人和小孩让座。这种诉诸传统显然与结论是相干的，因此，它没有犯诉诸传统的谬误。但是，如果诉诸传统与结论不相干，那就犯了诉诸传统的谬误。

【例1】 不少老人都认为，不需要定期做身体检查，而是等身体出了毛病才去看医生，他们认为上一辈没有定期做身体检查的习惯，问题也不大。

【例2】 交警说："这里是单行道，你逆行了，因此，罚款200元。"司机说："以前我这样走都没有问题呀？"

（7）诉诸起源

诉诸起源（appeal to origin）是指通过某个理论、观点、事物的来源来论证该理论、观点、事物的真或者价值。

【例1】 "他一定是坏人，因为他的父亲就是坏人"。

【例2】 "她出生于那样一个家庭，我们怎么能够指望她有好的品德、优雅的举止和高贵的气质呢？"

【例3】 "研究尼采的哲学是没有任何意义的，因为尼采自己最后就发疯了"。

【例4】 某人说："我知道这种药是用一种剧毒的植物提炼成的，尽管医生建议我服用它，但我决不服用，因为我害怕被毒死"。

5. 诉诸强力

诉诸强力（appeal to force）也叫诉诸势力、诉诸武力、诉诸暴力、诉诸威力，是指论证者借助强力、武力、威胁或恫吓等非理性的方式，迫使对方接受自己的观点或放弃他本人的观点。其谬误在于，人们接受一个论证的结论，不是依据论题本身的理由，而是因为这个结论不需要讨论，有一种外在的强制力量或者是对这个力量的恐惧保证了这个结论必须接受。

强力是多方面的，不一定都是武力的，它可能是军事的，还可能是政治的、法律的，也可能是经济的，如多数原则也是一种强制力。当然，并不是所有的强力或威胁都是谬误的。一些国家在法律中规定，要让人们深信酒后驾驶会受到严惩。虽然这种法律似乎确实规定了诉诸武力或武力干涉的威胁，但人们并不认为这是不合理的。

当论证者向他人提供一个结论时，含蓄地暗示或者明确地告诉对方，如果他或她不接受这个结论，就会受到伤害，这时就会出现诉诸强力的谬误。这种谬误总是包含着论证者向听者或读者所施加的将会受到身体或心理伤害的威胁，所威胁的对象可能是某个人，也可能是某个群体。显然，这种威胁与结论的内容在逻辑上是不相关的。所谓"秀才遇到兵，有理说不清""强权胜于公理""打棍子、扣帽子、抓辫子、装袋子"等都是诉诸强力的谬误，但依赖大棒或各种形式的强力威胁从理性上说都是不可接受的，是对理性的抛弃。

【例1】 乡长对各村长说："以后有谁再把村人均收入报到2000元以下，小心你头上的乌纱帽！"

【例2】 "你承不承认你偷了我的钱包？否则我就打断你的腿！"

【例3】 儿童对伙伴说：《泰勒塔贝斯》是最好看的电视片。如果你不信，我就去把我大哥叫来，让他痛揍你一顿。

6. 诉诸恐惧

诉诸恐惧（appeal to fear），也是一种诉诸强力，论据基于恐惧或威胁，用一些想象的、未经证实的副效应和有害效果来恐吓，从而获得支持。典型的诉诸恐惧的论证形式是：你有AB两个选择。A令你恐惧，所以选择B。

从心理角度而言，趋利避害，去危就安是人之常情，人们会本能地采取某些抵抗恐惧的措施或为了避免恐惧而接受某些观念。诉诸恐惧最常见的例子是，宣传者会警告受众可能面临的危险或灾难，比如对恐怖主义的恐惧、对犯罪的恐惧、对经济困顿、环境灾难、天灾、人口爆炸、侵犯个人隐私或歧视等的恐惧，如果受众不立刻跟随或改变观念，就会身陷于危难当中，希望受众借此改变行为或观念，以减少恐惧。

【例1】 "你再继续酗酒，就会跟你爸一样早死！"

【例2】 "如果你不信神，你将会下地狱被火烧。"

【例3】 "灾难的出现是因为神惩罚不信者，所以我们都应该信神。"

7. 诉诸众人

诉诸众人（popularity）也叫诉诸大众、诉诸公众、诉诸群众、以众取证、从众谬误、流行意见等，其谬误在于援引众人的意见、见解、信念或常识进行论证。

当然，并非诉诸众人的论证都是谬误，只有那些被滥用的诉诸众人的论证才是谬误，比如以众取证，利用人们期望受到他人的爱、尊重、赞赏、重视、承认、欢迎和接受以及符合主流的这种大多数人的心理，从而赢得受众支持自己的观点。

典型的诉诸众人论证是"大家都这么认为，所以某事可信"，这是一种利用从众效应进行论证的逻辑谬误。事实上，只因为很多人相信某些东西，与那是事实与否并无关系。众人一致的意见或看法未必就是真理，真理有时在少数人手里，而众人一致的看法有时却是谬见。诉诸众人最常被广告所用，运用群众心理，向群众诉诸感情来煽动群众，赢得群众支持。

【例1】 "看！人人都这样说，还会错吗？"

【例2】 "大多数人相信神，所以神一定存在。"

【例3】 "吸烟的人很多，所以吸烟不会有害健康。"

【例4】 "这一定是真的，不然为什么这么多人都这么说呢？"

【例5】 据央视《今日说法》报道，某法官判定某人有罪，其根据是"群众的议论"。其实，某人是否有罪，需要事实来断定，"群众的议论"与这个人"有罪"之间没有必然的关系。

8. 以人为据

以人为据也叫诉诸人身（ad hominem fallacy），其谬误是指以立论者或反驳者的人格或处境为根据，而不是以立论者或反驳者所提出的观点和理由为根据而进行辩护或反驳。这种谬误可分为因人纳言、因人废言等，都是从不同角度、在不同程度上，以"人"本身作为其立论或驳论的唯一根据。当然，并非所有针对人的论证都是谬误，只有那些被滥用的针对人的论证才是谬误。

（1）因人纳言。

因人纳言是指仅根据论证者个人的品德高尚、才华出众、处境优越或自己对论证者的好感就轻率地肯定其论断或观点，而不考虑其论断的内容是否真实或其论证过程是否正确，便对立论者的论点表示接受和赞同的一种谬误。其中，崇拜纳言的谬误根源在于对上级、领导、老师、学长或其他崇拜者的盲目信奉；私情纳言的谬误根源在于对亲属、朋友或其他有利害关系者的盲目信任。

人身保护的谬误属于典型的因人纳言，具体包括两类：一是，人格人身保护是以自己或他人的人格高尚为理由，诱使他人相信其论题为真，其实人格优秀的人坚持的看法未必就一定对；二是，处境人身保护是以自己或他人处境优越为理由，诱使他人相信其论题为真。

【例1】 他的功课很好，所以不会做坏事。

【例2】 根据某人是逻辑专家来论证这个人讲话一定符合逻辑。根据某人专门研究伦理学来论证这个人的言行一定符合道德规范。

【例3】 班级的一个同学讨论问题的时候，他经常会说：某某老师讲过，某某学长说过，某某教授就是这样认为的。

（2）因人废言。

因人废言是指仅仅根据论证者在品质、名声方面的缺陷，所处环境的特殊性，以往有过错等方面的原因或自己个人对立论者的厌恶态度，而不考虑立论者的论断内容是否真实，也不根据逻辑反驳的规则和要求，就对立论者的论点加以否定而表现出来的一种谬误。

这种谬误往往牵涉到两位论证者，其中一位（直接地或含蓄地）提出了一个具体的论证，第二位予以回应，第二位论证者在回应时关注的不是第一位论证者所给出的论证，而是第一位论证者本人。论辩者不是依靠客观证据来攻击别人的论证，而是转而攻击论证者本身，这样就是犯了人身攻击的错误，其论证当然是无效的。

【例1】 "以他一向对人的态度，他一定不会对你好的。"

【例2】 "Dworkin 出版了若干专著，认为色情会伤害女性。但是，Dworkin 是个丑陋的怨妇，因此不值得相信。"这句话对 Dworkin 的长相和性格的刻薄描述，与她的论证是否有力毫无关系。

【例3】 在某学校的招生会议上，甲老师提议："我觉得某学生不错，应该破格录取。"乙老师立刻提出了反对意见："我反对，像他们那样的小学校怎么可能培养出优秀的学生呢？"

9. 人身攻击

人身攻击（attacking the person）是属于典型的"因人废言"的谬误，具体是指攻击做出主张的这个人的品格、人格、动机、态度、地位、境况或行为，并以这个攻击为证据来证明被攻击者的主张不成立。

人身攻击是一种谬误性反驳，即它的抨击不是指向结论，而是指向断定结论或为结论辩护的人。其特点是论证不是针对对方的观点发表意见，而是针对提出观点的人的出身、职业、品德、处境等与论题无直接关系的方面进行攻击，以降低对方言论的可信度。当然，并非所有的人身攻击都是谬误，只有那些被滥用的人身攻击才是谬误。换句话说，只有当被攻击的品格、境况或行为与所要反驳的结论不相关时，该论证模式才犯了人身攻击的谬误。

（1）人格人身攻击

人格人身攻击也叫诽谤、恶意诋毁、诉诸他恶、毁谤型人身攻击、辱骂式的人身攻击，是指直接的针对人身，不去论证对方观点的对错，而用一些恶毒的言辞诋毁对方的人格和人品，通过诋毁对方的品行、人格、才智、技能来否定对方的论题。

【例1】 从某个人的品行不好，推出其人的理论研究成果不可信。

【例2】 "你们不要相信他的话，他因乱搞男女关系受过处分，并且经常说谎。"

（2）处境人身攻击

处境人身攻击也叫背景谬误、景况式的人身攻击，是指依靠攻击对方的处境、背景或景况来进行论证，由回应论点改变为攻击论点发起人的处境来搞臭对手的论证。

处境人身攻击的特点是仅仅根据某人的身份低微、所属集团或处境特殊而否定此人的观点或陈述。如果一个人接受或者拒绝一个论题仅仅是因为就这个论题作出论证的人的职业、国籍、政治派别或者其他一些景况方面的原因，而不是对论证的前提予以思考的结果，就固执地迫使对手接受或拒绝某个结论，那么这样的论证就是谬误的。

人的出身、经历、职业、地位等各种处境的优势或劣势都可以成为处境人身保护或处境人身攻击的借口。实际上，人们处境的优劣与当前所提的论题并无逻辑联系，只是在心理上相关，这些与心理相关的因素不能成为论证其论题为真的充足理由。

【例1】 "不要相信他的话，因为他是个酒鬼！"

【例2】 "你是石油公司的员工，为了利益，你当然会质疑全球变暖！"

【例3】 "某位记者并不是出生于农村，家里也没有亲人、亲戚在农村，他不了解农村的真实状况，他关于农民、农村、农业所说的话完全不可信。"

【例4】 甲："政府应该为最低工资进行立法以保障工人不被剥削。"乙："真是荒谬，你因为找不到一份好的工作才这样说吧。"

【例5】 张厂长反对陈主任增加成本会计部的建议："你当然说成本会计十分重要，因为你是会计主任。"

【例6】 一个老烟枪劝别人说，抽烟不好伤身体，可能会有人反驳说："他自己就抽得那么凶，他说的话不能听。"

10. 诉诸权威

诉诸权威（appeal to authority）的谬误，严格地说，是"诉诸不当权威"，是指这样一种谬误：在论证中滥用权威者的证言作为论据，以此论证某论题的思维错误。

当然，权威指的是在某个领域的某些方面成为结论性陈述或证明来源的个人或组织。权威是重要的置信因素。合理地诉诸权威，是指在论证中，恰当地使用权威的言论可以形成支持结论的良好理由。在专家的知识技能领域之内合理的相信权威是恰当的做法。但是，任何权威都不可能是一切领域中的内行，就是在他们所熟悉的领域里，也不可能做到"句句是真理"。如果在论证中只根据权威者的"权威"来断定某一命题的真或假，就会犯诉诸权威的错误。在现实生活中，这种论证模式运用得当与否是区别谬误与否的关键。换句话说，如果论证模式运用得当，它就不是谬误，否则就是谬误。

诉诸权威谬误通常的表现形式有以下几种。

（1）不相干权威

诉诸讨论的范畴以外的权威人士。在论证中，当某一权威超出了论题所属的专业知识领域，其言论的可信度就大打折扣。比如，达尔文是生物学专家，毕加索是绘画行家，显然达尔文谈生物，毕加索谈绘画的意见是有说服力的；但达尔文谈绘画，毕加索谈生物，这些意见就不一定那么可信。

【例1】 进化论是错误的，因为某著名球星反对进化论。

【例2】 经济学家都认为爱因斯坦的相对论是不可能的。

【例3】 有的医药企业请来一批并不是相关领域的名人、权威赴会论证，企图以他们的个人名望作为论证的根据，以证明他们所生产的某种新药效果好。

（2）绝对化权威

在诉诸权威的论证中，交际者未能自觉地把权威论证看成是归纳意义上的，而是当做演绎有效的论证形式来使用，把本来仅仅是或然性的结论当做必然性论断来处理，从而使权威的论断绝对化。

【例1】 "某院士都是这么说的，你胆敢有异议？"

【例2】 "某诺贝尔奖的获得者也持这个观点，难道还能有错？"

（3）滥用权威

滥用权威是指某人声称自己具有专门知识，但实际上他并不拥有这种知识或者他的专业知识与当前的问题是无关的。

【例1】 某人在没有提供实际论辩的情况下以教授自居，声称他拥有必要的专门技能而大谈核能威胁，而实际上他的专业领域是研究考古的。

【例2】 一位专攻埃及学的教授说："妇女的逻辑跟男子的逻辑是不同的。作为教授，我可以说这是完全正确的。"

（4）有问题的权威

有问题的权威包括匿名权威（匿名的权威人士使人不能确定其权威性）、过期的权威、有偏见的权威，开玩笑的权威等。

【例1】 "因为亚里士多德认为奴隶制是正确的，所以奴隶制是正确的。"

【例2】 "有香车自然有美人，某汽车公司董事长都这样说啦!"

【例3】 有位心理学家曾经说过，每个人都有犯罪倾向，所以你是有犯罪倾向的。

（5）不适当的权威

不适当的权威指在某些领域（如政治、道德和宗教方面）实际上是没有权威可言的。

二、论据谬误

前面已述，一个好论证必须满足论证的可接受性标准（standard of acceptability），即所有前提都必须是可接受的。违背这一标准的谬误统称为"前提谬误"。

前提的可接受性评价有以下三条规则。

规则1：一个好论证必须所有前提都同时可接受。

如果前提中隐含着逻辑矛盾，就违背了这条规则，就要犯"矛盾论据"的谬误。

规则2：一个好论证必须每个前提都是可接受的。

违背这条规则的谬误包括下列两种情形。

① 前提所描述的事件与客观事实不相符，就要犯"虚假论据"的谬误。

② 前提以未经证实的命题作依据，就要犯"预设谬误"（包括"预期理由""复合问题"和"非黑即白"）。

规则3：前提的可接受性不能依赖于结论的可接受性。

违背这条规则就犯了"乞题谬误"（包括"同语反复""循环论证"）。

这里，我们把其中的"矛盾论据"和"虚假论据"统称为"论据谬误"。

1. 矛盾论据

矛盾论据也叫自相矛盾、论据相左、前提不一致（inconsistency）等，就是在前提或理由中至少包含一组矛盾命题的谬误。在论证中不能同时断定两个互相反对或互相矛盾的命题为真，若论证中所使用的论据包含有逻辑矛盾，那么其可信度等于零，这一论证也就不能令人信服了。

在论证中，为了确立论题（结论）的真实性，必须断定论据的真实性，并由此展开推论。如果在断定论据的真实性时或者在展开推论的过程中，把一般原则或普遍命题绝对化，就会产生绝对命题的错误，而绝对命题是导致自相矛盾的根源。例如，韩非的"矛盾之说"清楚地表明了这一点。"吾盾之坚，物莫能陷也"和"吾矛之利，于物无不陷也"这两个绝对命题同出一人之口，因而导致了"自相矛盾"这种尖锐的矛盾形式。

【例1】 "提高邮票价格可以产生更多的收益，减少邮件流量。"

分析：提高邮票价格既然会减少邮件流量，那就很可能会减少收益，上述说法出现了目的与结果之间的矛盾。

【例2】 凯蒂：无论我们什么时候在一起，我们约定谁都不能与第三个人跳舞。可是，今天我不得不跟汤姆跳舞，因为他是我的一个老朋友。因此，我和汤姆跳舞并不违背我们的约定。

分析：上述论证的所有前提不能同时被接受。第一个前提说的是，他们两个人在一起时都不得和第三个人跳舞，而第二个前提说的是她不得不与第三个人——汤姆跳舞。这两个前提显然不能同时为真，如果这两个前提同时为真，那就得出"对我来说，这样做是对的，但对于你来说，与那个陌生人跳舞是不对的"这样的结果。因此，这个论证包含了不一致的前提。

【例3】　有一位读者在给编辑的信中说："这个节日期间，我们应努力恢复真正的奉献精神，每个人都应该赠送礼物而不是期望得到礼物，如果有人送给我们礼物，我们应该拒绝它并建议把它送给别人。这样，我们会充分体验到完全奉献的感受。"

分析：如果没有人接受礼物，那么任何人的给予将是不可能的。这封信中把对立面的一方绝对化，从而导致了逻辑矛盾。

【例4】　张女士打电话给李先生，李先生的小孩接了电话。由于种种原因，李先生并不想接张女士的电话，故小声地对小孩说，告诉她说我不在。小孩拿着话筒大声地说："我爸说他不在家。"

分析：小孩说的"我爸说他不在"这句话本身表明了"李先生在家"，因此，这个语句作为前提是不可接受的，是一个自相矛盾的语句。

2. 虚假论据

虚假论据（false reason）又称虚假原因、虚假理由、虚假前提等，它是违反充足理由律要求的逻辑错误。

论证就是要从人们认为真的东西或者是至少可接受的命题出发，在人们都是理性的、都讲道理的这个假设之下，通过逻辑的强制力，去证明某个另外的命题的真或者假。充足理由律要求在论证中对结论的断定必须以充足理由为根据。如果在论证中以虚假的理由为根据或者理由虽然是真实的，但理由与结论之间没有关系，形同虚设，就会犯虚假理由的错误。

【例1】　油条是食物，食物是好吃的，因此油条是好吃的。

分析：这个论证的问题在于：食物并不总是好吃的。

【例2】　切开人有罪，外科医生切开人，因此外科医生有罪。

分析：这个论证的问题在于：切开人并不总是有罪。

【例3】　所有的猴子都是人变的，金丝猴是猴子，所以金丝猴是人变的。

分析：这个论证所依据的理由"所有的猴子都是人变的"显然是虚假的。

【例4】　你说所有的人都是会死的，但据我所知，张果老、嫦娥都吃过长生不死药，他们就能长生不死；我是卖长生不死药的人，我担保凡是吃过我的长生不死药的人都会长生不死。所以，你的那种说法是假的。

分析：这个论证所依据的理由"张果老、嫦娥都吃过长生不死药，他们就能长生不死"显然是虚假的。这样的论证根本不能证明它的结论，根本起不到论证的作用。

三、预设谬误

"预设谬误"（fallacy of presumption）也叫"假设性谬误"，就是指这种以没有保证的假设来作为结论支持的论证。这类谬误的产生不是因为前提与结论不相关，也不是因为前提所提供的理由不足为信，而是论证中存在前提与结论之间的推理缺口是一种无根据的跳跃，在论证或推理过程中暗中利用了某些不当的假定、预设，当这些可疑的假设隐藏在论证之中作为对结论的主要支持时，该论证就成为坏论证。

预设指的是说话者在说出某个话语或句子时所做的假设，即说话者为保证句子或语段的合适性而必须满足的隐含前提。这些未经证实的假设常常暗含在论证的那些命题之中，这些假设或者是因为我们的失察或者是论证者的精心设计而让我们难以察觉。

避免此谬误的方法之一是把自己的论据及其结论按提纲形式一一列举出来，检查其中是否缺少某些环节、步骤，从而造成论据之间或者论据与结论之间的脱节；补上缺失的那些命题。如果这些命题存在争议，而又被含混敷衍过去，那就可能发生了预设谬误。

这里，狭义上的"预设谬误"只包括"预期理由""复合问题"和"非黑即白"，在一些教科书上，"预设谬误"还包括"乞题谬误"（包括"同语反复""循环论证"）等。

1. 预期理由

预期理由（anticipatory reason）是典型的"预设谬误"，是指用本身的真实性尚待证明的命题充当论据，而起不到证明的作用。

这种谬误较常见的形式是论证者通过遗漏一个可能假的（不可靠的）关键性的前提，通过在结论中重述这个可能假的前提，制造出一种错觉，这种错觉使得一个不充分的前提看起来好像为结论提供了充分的支持，对于确立该论证的结论来说，不需要再提供任何论据。如果论证者不能确定这些前提的真实性，其论证就等于没有证明任何东西。

"障眼法"就是指遮蔽或转移别人视线，使其看不清真相的手法。预期理由的谬误也包括在证明过程中利用"障眼法"，即隐藏某个错误前提，从而得出错误结论的无效论证。

【例1】 我不是国家公务员，所以我不应该遵纪守法。

分析： 这是日常论证中常见的省略式，省略的部分为"只有国家公务员，才应遵纪守法"，这是一个假命题。

【例2】 用望远镜观察火星，可以发现上面有不少有规则的条状阴影，而这就是火星人开凿的运河，因此得出结论说：火星上是有人的。

分析： 这个论证就犯了预期理由的谬误，因为上述论据火星上有规则的条状阴影是火星人开凿的运河，这个判断本身是否真实还未确定。

【例3】 杀人在道义上是错误的。因此，主动型安乐死在道义上是错误的。

分析： 这里略去了预设"主动型安乐死是杀人"，而这一预设是有争议的。

【例4】 谋杀是违反道义的行为。既然如此，那么堕胎也是违反道义的行为。

分析： 论证遗漏的有争议的预设是"堕胎是一种谋杀行为"。

【例5】 在过去的两个月中，每一次啦啦队队长戴着蓝色发带为球队助威时，篮球队都吃了败仗。所以，为了避免篮球队以后再吃败仗，啦啦队队长应当扔掉那倒霉的蓝色发带。

分析： 论证依赖的假设是，蓝色发带导致球队吃败仗。而这一假设是不成立的。

2. 复合问题

复合问题（complex question）也叫复杂问语、误导性问题，是一种常见的预设谬误，是指一个问题内往往包含两个无关的重点，是由于问题自身包含了不当的隐含前提而产生的。任何问句都包括两部分：一是所问的东西；另一是该问句已经假定的内容，叫做该问句的预设。而复合问题的预设是假的或者是有争议的。

复合问题实际上含有某种陷阱，对这种问题的贸然回答会使回答者陷入困境：承认他或她原本可能不愿意承认的东西。因为这类问题中预设着回答者不能接受的前提，即问题加入了不当假设，一旦回答便显示了一个暗示性的同意。不管对问题作肯定的回答或作不肯定的回答，都意味着回答者承认了该问题中所预设的前提。对复杂问题谬误的提防是在碰到这类命题时，不是简单地回答"是"或者"否"，而是要对问句之后隐藏的观点作出审视。

【例1】"作案后，你是回家还是去了其他地方？"

分析：预设了"你做案了"这个有争议的前提。

【例2】 法官询问嫌疑犯："你把赃物藏到哪儿了？"

分析：这句问话其实问了两个问题，法官预设了"有赃物"，也就是预设嫌疑犯真的偷了东西，再问"藏到哪儿去了"，即此谬误。

【例3】 家长想要问孩子有没有念书，而问"今天晚上某某节目好不好看？"

分析：家长其实是问了"今天晚上有没有看电视""节目好不好看"两个问题。

【例4】 你还干那非法勾当？

分析：简单的一句提问，其实隐藏了两个问题：你干过非法勾当吗？是否还在继续？你给予其中一条问题的答案，并不一定和另外一条的一样。例如你干了非法勾当，但未必等于你还在继续。

【例5】 你是否改掉了考试作弊的恶习？

分析：如果你回答说："改掉了"。这意味着你在以往的考试中经常作弊。如果你回答说："没改掉"，这意味着你仍然在考试中作弊。可见，该问句实际上包含着两个问题：你在以往的考试中作弊吗？如果你作过弊，现在改了吗？

3. 非黑即白

"非黑即白"也叫假两难推理（false dilemma）、黑白二分、虚假两分、假二择一、非此即彼、错误二分法，属于分散注意谬误（fallacies of distraction）的一种。

这种谬误就是在两个极端之间不恰当地二者择一，其所犯的论证谬误，实际上就是忽视了第三种情况的存在，机械地进行非此即彼的选择。这类论证只考虑了两个极端的情况，没有考虑可能存在的中间情况，这就像在黑与白之间本来有很多中间色，却非要人们或者选择黑或者选择白。论证中否定一个观点，从而就认可另一个相反的观点，就是非黑即白。其实，这两个极端的观点都有可能是错误的。

非黑即白的谬误实质是论证者所制造的错觉，这种错觉使人觉得其所提供的选言前提穷尽了所有可能的选择。如果一个选言前提穷尽了所有可能的选择，那么它就一定是真的。在非黑即白的谬误中，所提供的两种选择不但没有穷尽所有可能，而且所提供的两种选择都是不大可能的。所以其选言前提是假的或者至少可能是假的。对这种谬误，也可以说它制造了一个貌似真实的，实际上却是假的或可能假的前提。

【例1】 你中学毕业后如果考不上大学，下半生就要做清洁工人。

分析：事实上，就算考不上大学也不一定表示下半生只能做清洁工人。

【例2】 你再不煮饭，今天晚上我们便要挨饿。

分析：除了在家中吃饭外，还可以外出用餐。

【例3】 要么人类是上帝创造的，要么人是从猴子变成的。

分析：因为"上帝创造"及"猴子变成"并不是人类来源的所有可能。除非能证明除这两种可能以外，人类可能没有其他来源；否则该命题并不成立。

【例4】 萨达姆是邪恶的，所以美军是正义之师。

分析：除正邪之争外，还有邪邪之争及许多难分正邪的纷争，所以不能单以萨达姆邪恶便认定美军正义。

【例5】 你们要么支持我们，要么就是支持恐怖分子。

分析：除了支持你们和支持恐怖分子以外，还有其他可能。例如：支持你们也支持恐怖分子，或不支持你们也不支持恐怖分子。

四、乞题谬误

乞题谬误（begging the question）又叫丐题、乞求论题、窃取论题，是指一个原本要被论证的命题早已在前提中被假定为真。这是违反论证预设的相异律所导致的谬误。根据"相异律"，理由必须与其所支持的观点不同（断言或意义上的不同，而非形式上的不同）。否则，如果理由的真包含了对论题真的断定或理由的真是以假定论题真为前提的，那么就会产生"乞题"谬误。

这类谬误的实质就是论题的真实性是要靠论据来证明的，而论据的真实性又要靠论题去证明。这种谬误较常见的形式是论证者利用某些语言手段制造出一种错觉，这种错觉通过遗漏一个可能假的、关键性的前提来制造，并使人觉得，对于确立该论证的结论来说，不需要再提供任何论据。由于这样的论证事先假设了前提为真，因而乞求论题属于预先假设的谬误。

狭义的"乞题谬误"主要包括"同语反复"和"循环论证"，广义的"乞题谬误"大致等同于广义的"预设谬误"。

1. 同语反复

"同语反复"也叫"同义反复"或"重复论题"，是乞题谬误的简单形式，即用另一种与论题在表述方式有差异，但实质内容没有差异的命题做论据，实际上这种谬误是一种直接的循环论证。

同语反复的形式是：有 A 是因为有 A。

这种谬误的实质是论证的结论是对一个可能假的前提的重述，只是在语言表述上略有不同而已。这种重复主要是从内容、实质、意义上说的，其语言表达形式可能有所不同。正因如此，它才有一定的迷惑性，给人一种好像做出某种论证的假象，而实际上并没有进行论证。在这样的论证中，前提支持结论，结论通常只是对前提的强调。论证者用修饰性的措辞重述相同的内容，时常会给人一种错觉，好像所提供的前提是支持结论的独立论据，而事实并不是这样。

【例1】　吸鸦片能令人昏睡，因为鸦片有催眠效力。

分析："能令人昏睡"与"有催眠效力"是同语反复。

【例2】　所有基督徒都是品行端正的，因为所谓基督徒就是品行端正的人。

分析：这一论证显然犯了"同语反复"的谬误。

【例3】　所有宣传革命的人对未来都怀有梦想，理由很简单，如果一个人对未来没有梦想，他就不可能去宣传革命。

分析：此论证中，前提与结论说的是同一件事情。诉求的问题是"你怎么知道宣传革命的人的确对未来怀有梦想？"

【例4】　对谋杀和绑架的罪犯处以极刑是正当的，因为对那些犯有如此可恨而残酷罪行的人，处以死刑是非常合法和恰当的。

分析：这一论证的论据及结论分列如下。

论据：对那些犯有如此可恨而残酷罪行的人处以死刑是非常合法和恰当的。

结论：对谋杀和绑架罪处以极刑是正当的。

把这里的论据稍加变换，就能看出同一个意思重复了两遍："非常合法和恰当的"很大程度上也就是"正当的"，而"那些犯有如此可恨而残酷罪行的人"意思就是"谋杀和绑架的罪犯"。因此，该论据实际上与结论完全一样！对于为什么对谋杀和绑架的罪犯处以极刑是正当的，该论证并未给出任何真正的理由，反而难免让人质疑："呃，那么，你为什么认为对谋杀和绑架的罪犯处以极刑是正当的呢？"

2. 循环论证

"循环论证"（circular reasoning），是乞题谬误的复杂形式，是指论据间接重复论题。在论证中，必须用论题以外的其他命题作为支持论题的根据，论据的真实性必须独立于论题。

（1）循环论证的相对形式

循环论证的相对形式是：有 A 是因为有 B，有 B 是因为有 A。

即论据的真实性直接地依赖于论题，就会产生循环论证的错误。

【例1】　天气热是因为温度变高，温度变高是因为天气热了。

【例2】　鸡蛋难吃是因为你认为它不好吃，如果你认为它好吃它就不难吃了。

【例3】　他没有犯罪，我怎么会逮捕他？我逮捕了他，那么就说明他一定犯了罪。

【例4】　老师："小明，你今天为什么又迟到了？"

小明："因为我起晚啦。"

老师："那你为什么不早点起床？"

小明："因为我起床的时候就已经晚了。"

【例5】　甲："凡是女人都很心软。"

乙："不一定，你没听说'女人似蛇蝎'吗？"

甲："那种女人根本不是女人！"

乙："为什么？"

甲："因为女人心肠都软。"

（2）循环论证的间接形式

循环论证的间接形式是：有 A 是因为有 B，有 B 是因为有 C，有 C 是因为有 A。

论证者要证明 A，这要用到 B，证明 B 要用到 C，而证明 C 又要用到 A。在兜了一个圈子之后，又回到最初的出发点。循环论证等于没有证明。当然，诡辩者使用循环论证的时候会绕一个大圈子，使得其看起来并无破绽。

由于循环论证的推论过程构成一个或长或短的封闭链环，而不管其中间环节有多少，其最后的结论也就是最初的论据，即以论题为根据推出论题，等于没有论证，犹如一个在原地打转的车轮，没有进展，所以又称之为"无进展"的谬误。

【例1】　瘦子：你怎么这么胖啊？

胖子：因为我吃得多。

瘦子：那你为什么吃那么多呢？

胖子：因为我喜欢吃。

瘦子：那你为什么喜欢吃呢？

胖子：因为我胖，所以喜欢吃。

【例2】　某人是个好学生，因为他每门课成绩都很好。每门课成绩都很好是因为他喜欢读书，而他喜欢读书是因为他是个好学生。

【例3】　很清楚，福特汽车公司生产的轿车是美国最好的轿车。我们之所以知道他们生产的轿车是最好的，是因为他们的发动机设计是一流的。他们的发动机设计之所以是一流的，是因为他们在这方面付出的努力要比其他制造商多得多。很明显，他们之所以能付出这么多的努力，是因为他们造出了美国最好的轿车。

（3）循环论证的特殊形式

循环定义是循环论证的特殊形式，具体是指用 A 定义 B，再用 B 定义 A；或者用 A 定义 B，用 B 定义 C，用 C 定义 A。这种定义方法看似有用，但实际上是谬误。

【例 1】 甲："什么是松树？"

乙："松树是会长出松果的树木。"

甲："什么是松果？"

乙："松果是长自松树的果实。"

【例 2】 甲："什么是百度？"

乙："百度是一个搜索引擎"

甲："什么是搜索引擎？"

乙："像百度那样的网站就叫做搜索引擎。"

第三节 支持谬误

支持就是指在一个论证中，接受前提有利于接受结论；或者说，那些能够有利于从前提推出结论的前提对结论有支持关系。对论点的辩护是否成功，取决于理由对主张的支持力或支持强度。

"支持谬误"又被称为"推不出谬误"。这种谬误与下述论证评价的充分性标准有关。前面已述，决定好论证的三条基本标准简称为 RSA 标准，其中，对支持的批判性思考，必须检验是否满足好论证的充分性标准（standard of sufficiency）：前提给结论必须提供充分支持。违背这条规则，即前提没有给结论提供充分支持，就会犯"支持谬误"。

按照主流逻辑学的界定，前提与结论之间的支持关系要么是演绎支持关系，要么是归纳支持关系（广义归纳）。即，支持主要有两种：一是演绎支持，二是归纳支持。

对演绎支持关系而言，要用演绎有效性标准来进行评价，一个谬误是演绎谬误，是指该论证是非有效的，也即这种论证并没有从形式结构上保证前提给结论提供充分支持。

对归纳支持关系而言，要用归纳强度标准来评价，如果一个论证的前提与结论的支持关系是归纳，但其论证形式却不是归纳强的，即论据在内容上对论题的归纳支持不足，那么这个论证就犯了归纳谬误（包括概括、统计、因果、类比及合情等谬误）。归纳谬误的产生不是因为前提与结论在逻辑上不相关，而是因为前提与结论的逻辑关系不足以为结论提供有力的支持。归纳谬误属于论据不足的谬误，主要是针对论据对论题的证据支持关系而言的，即结论缺乏论据的充分支持或论据在内容上对论题支持不足。

针对支持强度进行评估，需要作出的批判性思考的问题如下。

① 论证运用了哪种推理类型？

② 演绎推理是否符合规则？

③ 用于归纳概括的样本或事例是否有代表性？

④ 统计推理是否正确？

⑤ 因果推论是否排除了其他有竞争性的假说？

⑥ 类比或比喻推理是否恰当？

⑦ 合情推理是否合理？

对支持的批判性思考，需要检查论证是否存在以下谬误。

① 演绎谬误：包括词项逻辑、命题逻辑等推理中的谬误；

② 概括谬误：包括特例概括、轻率概括等；

③ 统计谬误：包括以偏概全、数字陷阱、数据误用等；

④ 因果谬误：包括强加因果、因果倒置、混淆原因、复合原因、复合结果、错否因果、滑坡谬误等；

⑤ 类比谬误：包括类比不当、类推不当等；

⑥ 合情谬误：包括举证不全、以全贱偏、分解谬误、合成谬误等。

一、演绎谬误

演绎谬误也叫形式谬误，这种谬误只在具有可识别其形式的演绎论证中才能发现。演绎论证的评价标准是其有效性，如果一个论证的前提与结论的支持关系是一种演绎支持关系，但其论证形式却不是演绎有效的，那么这个论证就犯了演绎谬误。

演绎谬误包含所有违背各种演绎规则的谬误，本书不一一列举。［关于演绎推理的规则，这里不再介绍，有兴趣的读者可参看清华版《逻辑学导论——推理、论证与批判性思维》（周建武主编；清华大学出版社，2013 年）或介绍形式逻辑的其他教材。］

这里介绍最典型的两种演绎谬误，即：词项逻辑中的形式谬误和命题逻辑中的形式谬误。

1. 词项逻辑

词项逻辑中的形式谬误指的是违背词项逻辑的推理有效性规则而犯的形式谬误，包括违背直言命题及其直接与间接推理、直言三段论推理等规则所犯的逻辑谬误。

（1）直言推理中的形式谬误

直言推理中的形式谬误是指无效的直言推理，即违反直言命题的对当关系的推理规则所犯的谬误。比如，从"有些 S 是 P"推不出"有些 S 不是 P"，同样，从"有些 S 不是 P"推不出"有些 S 是 P"。

【例 1】 所有喜欢数学的学生都喜欢哲学，所以有些学生喜欢数学但是不喜欢哲学。

分析："所有喜欢数学的学生都喜欢哲学"与"有些学生喜欢数学但是不喜欢哲学"矛盾，因此上述推理错误。

【例 2】 死亡是我们共同的宿命，没有人能逃过这个宿命；所以并非人都不能逃过死亡的宿命。

分析：没有人能逃过死亡的宿命，这意味着所有人都逃不过死亡的宿命。并非人都不能逃过死亡的宿命，意思是有的人能逃过死亡的宿命。这两个意思矛盾，因此上述推理错误。

【例 3】 中国运动员有人获得法国网球公开赛（简称法网）的冠军。所以有的中国运动员不能获得法网冠军。

分析：上述论证的前提是有的中国运动员能获得法网冠军。"有的"表示存在，可以是全部，可以是有些，也可以只是一个。因此从这一前提推不出"有的中国运动员不能获得法网冠军"。

（2）直言三段论中的形式谬误

直言三段论中的形式谬误是指无效的直言三段论推理，即违反直言三段论的推理规则所犯的谬误。

直言三段论的推理规则可以概括为七条，违背其中任何一条三段论的推理规则都要犯相应的三段论谬误。现把违背这些规则所犯的逻辑谬误分述如下。

① 四概念错误。

三段论的推理规则 1：在一个三段论中必须有而且只能有三个不同的概念。

违背这条推理规则就要犯"四概念错误"。

【例 1】 中国人勤劳勇敢，我是中国人，所以我勤劳勇敢。

【例 2】 鲁迅的著作不是一天能读完的，《龙须沟》是鲁迅的著作，所以《龙须沟》不是一天能读完的。

② 中项不周延。

三段论的推理规则 2：中项在前提中至少必须周延一次。

违背这条推理规则就要犯"中项不周延"谬误。

【例 1】 有些政客是骗子，有些骗子是窃贼，所以有些政客是窃贼。

【例 2】 中国人是黄皮肤的，他是黄皮肤的，所以他是中国人。

③ 大项周延不当/小项周延不当。

三段论的推理规则 3：大项或小项如果在前提中不周延，那么在结论中也不得周延。

违背这条推理规则就要犯"大项周延不当"或"小项周延不当"谬误。

"大项周延不当"谬误举例如下。

【例 1】 老虎是食肉动物，狮子不是老虎，所以狮子不是食肉动物。

【例 2】 黄马是马，白马不是黄马；所以白马不是马。

【例 3】 所有的狗是动物，没有猫是狗，所以没有猫是动物。

"小项周延不当"谬误举例如下。

【例 1】 黄金是金属，黄金是货币。所以金属都是货币。

【例 2】 所有新纳粹分子都是激进主义者，所有激进主义者都是恐怖分子，所以所有恐怖分子都是新纳粹分子。

【例 3】 所有传统教徒都是原教旨主义者，所有传统教徒都是宽容堕胎行为的，所以所有宽容堕胎行为的都是原教旨主义者。

④ 两个否定前提。

三段论的推理规则 4：两个否定前提不能推出结论。

违背这条推理规则就要犯"两个否定前提"谬误。

【例 1】 中学生不是大学生，这些学生不是中学生，所以这些学生不是大学生。

【例 2】 没有种族主义者是公正的，有些种族主义者不是警察，所以有些警察不是公正的。

⑤ 不正确的肯定或否定。

三段论的推理规则 5：前提之一是否定的，结论也应当是否定的；结论是否定的，前提之一必须是否定的。

违背这条推理规则就要犯"不正确的肯定或否定"谬误。

【例 1】 所有说谎者都是骗人者，有些说谎者不是成年人，所以有些成年人是骗人者。

【例 2】 所有吸血鬼都是怪物，所有怪物都是上帝的造物，所以有些上帝的造物不是吸血鬼。

【例 3】 凡有效的经济合同必须采取书面形式，这份经济合同没有采取书面形式，这份经济合同是有效的。

【例 4】 没有诗人是会计，有艺术家是诗人，所以有艺术家是会计。

⑥ 两个特称前提。

三段论的推理规则 6：两个特称前提不能得出结论。

违背这条推理规则就要犯"两个特称前提"谬误。

【例1】　有的同学是运动员，有的运动员是影星，所以有的同学是影星。

【例2】　有的钓鱼爱好者是球迷，有的钓鱼爱好者是影迷，所以有的球迷是影迷。

⑦ 不正确的特称或全称。

三段论的推理规则7：前提之一是特称的，结论必然是特称的。结论是特称的，前提之一必须是特称的。

违背这条推理规则就要犯"不正确的特称或全称"谬误。

【例1】　所有大学生都是青年，有的职工是大学生，所以所有职工是青年。

【例2】　所有宠物都是家养动物，所有独角兽都不是家养动物，所以有的独角兽不是宠物。

2. 命题逻辑

命题逻辑中的形式谬误指的是违背命题逻辑的推理有效性规则而产生的形式谬误。

（1）不正确的选言三段论

相容选言推理的肯定否定式：或者 p 或者 q；p，所以，非 q。

【例】　李白或者是大诗人或者是唐朝人，李白是举世皆知的大诗人，所以李白不是唐朝人。

（2）否定前件谬误

否定前件谬误（denying the antecedent）指的是充分条件假言推理的否定前件式：如果 p 则 q，非 p，所以，非 q。

【例1】　"如果天下雨，那么我就不去；天没下雨，因此我一定会去"。

分析：天没下雨，我可能去也可能不去。

【例2】　"如果李鬼谋杀了他的老板，则他就是一个恶人，李鬼没有谋杀他的老板，所以李鬼不是一个恶人。"

分析：谋杀行为固然足以使某个人成为恶人，但恶人并不局限于谋杀者，还有许多其他的作恶形式。因此从"李鬼没有谋杀某个人"不能推出"李鬼不是恶人"，此推理无效。

【例3】　扁鹊见蔡桓公时，蔡桓公作了一个错误的推理：若体痛，则有疾；寡人未觉体痛，故寡人无疾。

（3）肯定后件谬误

肯定后件谬误（affirming the consequent）指的是充分条件假言推理的肯定后件式：如果 p 则 q，q，所以，p。

【例1】　如果王猛是网络发烧友，那么他会长时间上网；王猛确实长时间上网，所以王猛肯定是一位网络发烧友。

【例2】　某人无疑是罪犯。因为如果是罪犯，就一定去过作案现场；而此人去过作案现场。

【例3】　如果他在中环，他一定在港岛。因此如果他现在在港岛，他一定在中环。

分析：在港岛不一定要在中环，可以在金钟、湾仔、铜锣湾等。因为港岛包含了以上各项。

（4）肯定前件式谬误

肯定前件式谬误（affirming the antecedent）指的是必要条件假言推理的肯定前件式：只有 p，才 q；p，所以，q。

【例1】　只有年满十八岁，才有选举权；小张年满十八岁，所以小张有选举权。

分析：这个推理不正确，也许小张是个精神病患者，虽年满十八岁了，也没有选举权。

【例2】　多施肥才能多打粮；今年多施了肥，所以今年一定能多打粮。

分析：这一推理只肯定了"多打粮"的必要条件之一，没有肯定"多打粮"的全部必要条件，而要取得"多打粮"的结果，不能光依靠"施肥"这一个条件。所以这一推理无效。

（5）否定后件式谬误

否定后件式谬误（denying the consequent）指的是必要条件假言推理的否定后件式：只有 p，才 q；非 q，所以，非 p。

【例1】 只有年满十八岁，才有选举权；小张没有选举权，所以小张不满十八岁。

分析：这个推理不正确，小张虽然没有选举权，完全有可能是因为别的原因，而事实上他年满十八岁了。

【例2】 多施肥才能多打粮；今年没多打粮，所以今年没多施肥。

分析：这一推理通过否定"多打粮"的结果，就来否定"施肥"这个必要条件的存在，忽略了这样一种可能："今年没多打粮"的原因是由于没有选用良种或是由于自然灾害……

（6）互换条件谬误

如果 p 则 q，所以，如果 q 则 p。

只有 p 才 q，所以，如果 p 则 q。

【例1】 如果 x 是正偶数，则 x 是自然数，所以，如果 x 是自然数，则 x 是正偶数。

分析：上述论证显然犯了互换条件的谬误。

【例2】 如果警察的待遇不好，就不可能有一个良好的法律体系，所以如果警察的待遇好，就会有一个良好的法律体系。

分析：上述论证中的推理是不成立的，因为它没有证明结论所断定的：警察的待遇好是保证有良好法律体系的充分条件。

【例3】 宇宙中一定道德秩序（如善有善报、恶有恶报）的存在取决于人类的灵魂不灭。在一些文化中，这种道德秩序被视为一种掌管人们如何轮回转世的因果报应的结果，而另一些文化则认为它是上帝在人们死后对其所作所为予以审判的结果。但是不论道德秩序表现如何，如果人的灵魂真能不灭的话，那恶人肯定要受到惩罚。

分析：上述论证的前提：道德秩序的存在取决于人类的灵魂不灭。其意思是，"人类的灵魂不灭"是"道德秩序存在"的必要条件，而题干结论中却把"人类的灵魂不灭"当做"恶人肯定要受到惩罚"的充分条件。该论证的错误在于把必要条件当作了充分条件。

（7）不正确的逆否式

如果 p 则 q，所以，如果非 p 则非 q。

【例1】 如果中东各国解除武装，就会给该地区带来和平。所以如果中东各国没有解除武装，该地区就不会出现和平。

分析：上述论证显然犯了"不正确的逆否式"谬误。

【例2】 小张约小李第二天去商场，小李说："如果明天不下雨，我去爬山。"第二天下起了毛毛细雨，小张以为小李不会去爬山了，就去小李的宿舍找他，谁知小李仍然去爬山了。待两人又见面时，小张责怪小李食言，既然天下雨了，为什么还去爬山。小李却说，他并没有食言，是小张的推论不合逻辑。

分析：小李只是说自己不下雨就去爬山，并没有说下雨就一定不去（即下雨的话，去不去爬山都是可以的），所以小张的指责是没有道理的，是不合逻辑的。

二、概括谬误

在支持谬误中，除了演绎谬误外，其他谬误都可看作广义的归纳谬误（inductive fallacies）。

概括谬误也叫归纳不当，是指在运用简单枚举归纳法时，在没有积累到足以进行概括的材料的情况下，只根据少数的、粗略的事实，就草率地推出普遍性的结论，这样的结论往往是不可靠的。这类谬误的实质是严重忽视了与样本属性相反的事例存在，即没有充分地考虑到例外。

1. 特例概括

特例概括也叫举例不当，是指所举的例子无法代表总体，即仅由不具有代表性的例证（unrepresentative sample）就草率地对这个特例情形进行概括，得出包含该个体的群体具有的普遍性的结论，这种谬误以概括所依据事例的非典型性和偶然性为主要特征。

特例概括的谬误特点：由缺乏典型性的事例不恰当地引申出一般规律。

【例1】 我碰到的一个荷兰人是骗子，所以荷兰人都是骗子。

【例2】 我的父母吸了一辈子烟，但他们从未患过癌症，可见吸烟不会导致癌症。

【例3】 当许新与辩论队一起上台时，王教授安慰她说：缺一堂课没有关系，充分发挥才智，好好辩论。所以我说王教授根本不在乎我们这些人是否去听他的课。

2. 轻率概括

轻率概括（hasty generalization）也叫样本太小，是一种常见的归纳不当，以少数的事例就轻率地归纳出普遍性的事例。这种谬误通常是由于归纳总体的样本太小，不能满足在样本容量方面的要求，而使样本缺乏代表性，不足以概括出代表总体特征的结论。

需要注意的是，样本可能太小这一事实不一定意味着样本就是不典型的。反之，样本大不一定能保证样本就是典型的。如果较小的样本在一个很大的总体中具有典型性，这样的概括不是谬误。只有对样本容量太小而且不典型的样本进行概括，才犯了轻率概括的谬误。

【例1】 他父母的话不听，朋友的话不听，所以什么人的话他都不听。

【例2】 知识分子家庭出身的孩子都聪明，你看小珍、小强、小琴都很聪明，他们的父母都是知识分子。

【例3】 张三、李四、王五都是香港人，张三持械行劫，李四奸杀多女，王五屡次入室偷盗，可见香港人肯定有犯罪倾向。

【例4】 我问了十个人，有九个人说反对民主党。结论：原来九成选民反对民主党。

【例5】 在我们班，你不会讲德语，我不会讲德语，王刚不会讲德语，李白不会讲德语，余涌不会讲德语，所以我们班没有人会讲德语。

三、统计谬误

在现实生活中，人们常通过调查对象的统计性质来分析研究各种问题。在论证中，用统计数据作论据具有很强的证据支持效力。而一旦在所使用的统计数据方面产生谬误，就会动摇论证的基础。

统计谬误指的是在使用统计数据作论据时所产生的错误，即运用统计推理时未能满足特定的相关条件而导致结论的可信度降低的谬误。常见的统计谬误有错误抽样、样本太少、数据不可比、数字和结论不相关、平均数谬误、大小数字的陷阱、百分比谬误、赌徒谬误等。

统计三段论的谬误（fallacies involving statistical syllogisms）是从一个普遍性到关于一个个体的结论的过程。其论证过程如下：

（1）前提：比例为 Q 的总体 P 有性质 A。

（2）前提：个体 I 是 P 的成员。

（3）结论：个体 I 有性质 A 的概率相当于 Q。

1. 以偏概全

统计论证的关键在于样本的代表性，影响样本代表性的三个因素有，样本的大小、范围和抽样的随机性。错误抽样的谬误是指在做出归纳概括过程中抽样不合理（如抽样片面、样本不具有代表性等）而产生的谬误。

以偏概全就是统计中的特例概括、轻率概括，是指根据部分样本具有的属性概括了整体的属性而导致的谬误，这种谬误是由于忽视样本属性的异质性或者是根据有偏颇的样本所做出的概括。这种谬误主要有以下两种表现形式。

一种是小众统计或统计不全，是指以少数样本为根据，即只统计个别或少数数据，就引申出一般结论的错误论证。小的样本不足以反映总体的特性。仅根据几个具体事例就得出普遍的结论，这样的推论是极不可靠的。由于概括出一般结论所依据的样本太少，则发现反例的机会甚大，样本不足以支持一般性的结论。

另一种是样本偏颇，是由于抽样不当而导致的样本偏颇的谬误。影响统计推理结论的可靠性的不仅仅是调查对象的数量，调查对象的范围也很重要。就统计对象的整体而言，虽然在某个局部范围内的统计样本是有代表性的，但如果忽视了对其他部分的调查统计，则从统计对象的总体上看就是样本偏颇或不具有代表性。

【例1】 调查结果显示，某村78%的人对乡政府的工作表示满意。由此可知，这个乡政府是值得信赖的。

分析：某村的情况不能代表全乡的情况，这个论证犯了以偏概全的错误。

【例2】 在针对巴黎市民对垃圾食品偏好度的调查中，调查人员在巴黎的各麦当劳餐厅随机抽取了300人做调查，发现巴黎市民的喜欢程度高达75%。

分析：该调查的样本仅仅来自于巴黎的麦当劳餐厅，在巴黎麦当劳餐厅吃饭的人就餐偏好不能代表巴黎市民的就餐偏好。

【例3】 目前的大学生普遍缺乏中国传统文化的学习和积累。根据国家教委有关部门及部分高等院校最近做的一次调查表明，大学生中喜欢和比较喜欢京剧艺术的只占到被调查人数的14%。

分析：喜欢京剧艺术与学习中国传统文化不是一回事，不能以不喜欢京剧之"偏"而概对中国传统文化的态度之"全"。

2. 数字陷阱

统计数字包括平均数、百分比、相对数量与绝对数量、比率和概率等各类数据。在当代社会，各种数字、数据、报表可以说铺天盖地，频频出现在大众传媒之中，我们常常会想这些数字、数据准确、可靠吗？人们是如何得到这些数字和数据的？获得这些数字、数据的方法和途径是什么？这些方法和途径可靠吗？这些数字、数据的可信度高吗？这些数字、数据到底能说明什么问题？由于统计推理的结论性质具有或然性，因此在统计推理的过程中应注意数字陷阱的问题。对这些"精确"数字保持必要的怀疑，是一种明智的、理性的态度。

（1）平均数谬误

平均数谬误是指误用平均数，即将平均数的性质机械地分配给总体中的个体，从而基于平均数假象而引申出一般性结论的谬误。"平均数"的三种不同含义：算术平均数、众数和中位数。算术平均数是指一组数值的总和除以这组数值的个数所得到的数。众数是指调查对象中出现次数最多的数。中位数是指将所有数据从高到低排列起来，居于数列中间位置的那个数。

其中，算术平均数的谬误是最常见的平均数谬误，是指不恰当地使用算术平均数，以算术平均数的假象为根据，引申出一般结论的错误论证。算术平均数的特点是拉长补短，以大补小，以最终求得的结果代表对象总体的某种一般水平。算术平均数掩盖了实际上的不平均，通过算术平均数设计的数字陷阱主要是利用了算术平均数的这一特点。

【例1】 某村负责人向上级汇报工作：在上级领导的正确领导下，我村的经济有了飞速的发展，人民的生活水平有了大幅度提高。与前年相比，全村人均收入增加了一万元。

分析： 类似地，一个一千人的社区，如果要把人均收入从3000元提高10%，只需要向社区引进一个年收入30万元的小老板落户即可。虽然提高人均收入的"政绩工程"效果显著，但社区群众的收入水平并未发生明显变化。极端值可以将平均数向上拉，也可以将它向下拉。有首打油诗能说明上述谬误。"张村有个张千万，隔壁九个穷光蛋，平均起来算一算，人人都是张百万"，这首打油诗里的"张村"绝大部分是穷光蛋，但有一个张千万就把大家的收入平均上去了，而整个村子的实际状况其实很差。

【例2】 我国的平均人口密度只有每平方公里100多人，这比许多其他国家少多了。所以我们应该大力提倡生育。

分析： 平均人口密度是总人口与国土面积的比值，上述论证显然忽视了我国有大量国土不适合人居住的实情。

（2）数据的相对性谬误

数据的相对性主要指的是百分比、基数与绝对量三者之间的相对关系，数据的相对性谬误就是指忽视三者之间的相对变化而导致对数据的滥用。

Ⅰ百分比陷阱

百分比可以使人们了解某一类对象在全体对象中所占的比例。使用百分比的优点是可以使人们了解某一类对象在全体对象中所占的比例，统计结果简单明了，一目了然。使用百分比的缺点是无法反映一种非常重要的信息，即得出百分比所依据的绝对数字。百分比高不意味着绝对量大，还要看基数。误用百分比是指利用百分比眩人耳目，论证中使用了确切的百分比，却疏漏了一件重要的信息——百分比之所凭依的绝对数字。

百分比只是一个相对数字，它不能反映对象的绝对总量。如果在统计推理中遇到百分比，我们务必要问问自己，是否需要知道这些相对数字所依据的绝对总量。

有关百分比的批判性思维问题如下。

CQ1. 该百分比所依据的基础数据是什么？

CQ2. 该百分比所表示的绝对总量是多大？

使用百分比的陷阱类型。

① 使用小的分母（小的基数）加大百分比，可使人们相信夸大了的事实。

【例】 在过去20年中，美国国会议员中的黑人的数量增加了100%。照这样的速度发展下去，美国国会中黑人议员的数量会很快超过白人。

分析： 事实上到目前为止，白人议员的数量仍是黑人议员数量的很多倍，即使按这样的速度发展下去，美国国会中黑人议员的数量会在短时间内也不可能超过白人。

② 使用大的分母（基数）缩小百分比，可以使人相信某种现象并不重要或不值得重视，没有必要大惊小怪。

【例1】 我国绝大多数人都能自觉抵制毒品的诱惑。吸毒并不会给我国带来严重后果，目前我国吸毒的人数还不到总人口的1‰。

【例2】 限制工业废气的排放量并没有人们想像的那么重要，过去20年大气中的二氧化碳含量仅仅增加了2%。

③ 在不该使用百分比的情况下使用了百分比，对不同的百分数进行错误的比较，从而

误导对方。

【例1】 我们在小型机械的销售方面增加了 50％，而我们的竞争对手只增加了 25％。

【例2】 A 房地产公司的销售经理说：我们公司今年售出的房屋面积比去年增加了 50％，而 B 公司只增加了 25％。

【例3】 本市的治安形势急剧恶化，今年的恶性刑事案件较去年增加了 100％。

Ⅱ绝对数陷阱

绝对数难以反映对象的相对变化，一般来讲，绝对数与相对比例相结合才能有效地说明问题，而仅仅用绝对数或相对比例往往容易误导受众。

【例1】 某校今年本科上线人数达 500 人，比去年上线人数多了 50 人，所以某校今年高考可以说是喜获丰收。

分析： 这则论证的谬误在于没有考虑考生的总人数是否增长。

【例2】 郑兵的孩子即将上高中，郑兵发现，在当地中学，学生与老师的比例低的学校，学生的高考成绩普遍都比较好，郑兵因此决定，让他的孩子选择学生总人数最少的学校就读。

分析： 郑兵的想法是选择学生与老师的比例低的学校，但当他选择学校的时候只选择学生总人数最少的学校。可见，郑兵是把相对比例（学生与老师之比）和绝对数（学生人数）弄混淆了，也就是他的决定忽略了：一个学生总人数少的学校，如果老师人数也相应少，则学生与老师的比例不一定低。

（3）概率误解

概率又称或然率、机会率或几率，是表示随机事件发生可能性大小的量，是事件本身所固有的，不随人的主观意愿而改变的一种属性。如果一件事情发生的概率是 $1/n$，不是指 n 次事件里必有一次发生该事件，而是指该事件发生的频率接近于 $1/n$ 这个数值。

Ⅰ赌徒谬误

赌徒谬误是指根据一个事件在最近的过去不如期望的那样经常出现，推断最近的将来它出现的概率将会增加的统计推理谬误。

该谬误产生的根源在于人们误认为博彩游戏中相互独立的事件之间存在因果关联，由于赌徒们经常犯这种错误，故以此命名。赌徒们的错误在于误解了"大数定律"或"平均定律"。但是大数定律和平均定律的原理告诉我们，一种情况随机发生的频率有其稳定性。在大量重复进行同一试验时，这种情况发生的频率总是接近于某个常数。这个常数就被称为该情况随机发生的概率。当试验次数足够多时，随机情况发生的频率与它们的概率无限接近。

例如，在掷硬币的游戏中，每次出现正面或反面是偶然的，但在大量重复时，出现正面的次数与总次数之比，却必然接近于确定的数——1/2。但大数定律只告诉我们一个长远的概率，并没有告诉我们，在投掷第 $n+1$ 个硬币时将会出现什么样的概率。赌徒们没有注意到，每一次抛掷都是一个独立的事件，先前的抛掷对以后的抛掷没有因果上的影响。所以先前几次正面朝上的事实并不能增加下一次抛掷出现反面朝上的可能性。每次掷硬币正面向上的概率永远是 1/2。即便以往 10 次掷硬币时，都是正面向下，下次掷硬币时，其正面向上的概率仍然是 1/2。

再如，在盘子上有红、黑两色的轮盘赌中，每次出现红色的概率是二分之一，赌徒输一次就增加赌注，以为这一次输了，下一次赢的机会就会增大；赢一次就减少赌注，以为这一次赢了，下一次不大可能还会赢。一个赌徒在输掉几次之后，加大赌注，以期在"应该"要发生的事件到来时大捞一把。然而赌徒可能会输得更惨。

【例】 琼斯先生和琼斯太太有五个孩子，都是女儿。

琼斯太太：我希望我们的下一个孩子不是女孩。

先生：我亲爱的，在生了五个女儿之后，下一个肯定是儿子。

分析：虽然连续生了五个女儿之后，下一个生儿生女的概率仍各为50%。

Ⅱ条件概率谬误

条件概率是指事件 A 在另外一个事件 B 已经发生条件下的发生概率。条件概率表示为 P（A｜B），读作"在 B 条件下 A 的概率"。

条件概率的谬论是假设 P（A｜B）大致等于 P（B｜A）。

【例】　一种检测假币的仪器在检测到假币时灯会亮，制造商称该仪器将真币误认为是假币的可能性只有0.1%。因此，该仪器在1000次亮起红灯时有999次会发现假币。

分析：上述在讨论百分比时实际偷换了数据概念，该仪器将真币误认为是假币的可能性只有0.1%，是指"在检测一千次真币时红灯会亮一次"，而不是"在一千次亮起红灯时有九百九十九次会发现假币"。

3. 数据误用

数据误用是指因忽视统计数据的相关性、可比性而导致的谬误。在考察统计论证或运用统计数据推出结论时，应注意以下几个问题。

① 说话人或作者是从何种途径知道这些统计数据的？

② 说话人或作者是如何使用这些统计数据的？说话人或作者运用这些统计数据是如何得出结论的？

③ 说话人或作者运用这些统计数据得出的结论是否恰当？有没有对这些统计数据做出引申，引申的适当程度如何？

你可以尝试利用这些统计数据建构你自己的结论，若其与作者的结论不符，你或许便找到了某种不实之处。

（1）数据不相关。

数据误用主要包括数据不相关和数据不可比两类谬误：数据与结论不相关的谬误是指把不相关的统计数据误认为密切相关而做出的错误的统计论证。

在归纳论证中，归纳强度取决于样本与总体的相关性。统计概括的结论不但描述统计对象的性质，也描述统计对象之间的因果关系，人们在论证中时常常依靠统计相关来确认统计对象之间因果联系。当我们依靠统计数据来解释或者确认一种因果关系时，必须考虑其前提所选取的样本属性与结论所描述的总体属性是否相关，在很多情况下，统计推理的前提与其结论之间貌似相关，而实际上却不相关。

因此，在遇到一个统计论证时，我们应先将推理中出现的统计数字放到一边，考虑一下，这些统计数据和结论是否相关？什么样的统计数据可以证明推理的结论？然后，把证明结论所需要的数字与推理中所给出的数字比较一下。如果二者并不相关，就可由此发现论证的错误。

【例1】　某国牧师薪水增长率与该国朗姆酒消费增长率非常接近，有人由此提出结论说：当牧师有了多余的收入时，他们倾向于把多余的钱用来打酒喝。而事实是由于该国人均生活水平的提高导致了这两方面的同步增长。

【例2】　研究表明，严重失眠者中的90%爱喝浓茶。老张爱喝浓茶，因此，他很可能严重失眠。

分析：上述论证依赖的论据并不涉及爱喝浓茶的人中严重失眠者的比例。合理的论证应该是：爱喝浓茶者中的90%严重失眠，老张爱喝浓茶，因此，他很可能严重失眠。

【例3】　我国的戏剧工作者中，只有很小的比率在全国30多个艺术家协会中任职。这说明，在我国的艺术家协会中，戏剧艺术方面缺少应有的代表性。

分析： 上述论证有漏洞，因为我国的戏剧工作者中，只有很小的比率在全国30多个艺术家协会中任职，并不意味着在我国艺术家协会中戏剧工作者只占很小的比例。体现戏剧艺术在艺术家协会中的代表性，其依据应该是"在艺术家协会中任职的戏剧工作者的比率"，而不应该是"戏剧工作者中有多少比例在全国艺术家协会中任职"。

（2）数据不可比。

数据不可比的谬误指的是由于忽视统计对象和样本的实质差别而将两个数据机械进行比较而导致的错误。

比较或者对比是确定事物之间相同点和相异点的思维方法，它为客观全面地认识事物提供了一条重要途径。对比可以是两个对象之间的比较，也可以是同一对象自身前后不同阶段之间的比较，前者称为横向比较，后者称为纵向比较。

数据不可比谬误的主要表现：

①"对比不当"的谬误。

"对比不当"的谬误是指在不同的基础上进行比较或者把本来不可比的对象、数据拿来强行做比较。削弱统计论证常用的方式是通过指出比较的根据或基础不正确，来说明某一组数据不能说明问题或两组数据不可比。

一是，比较的对象不恰当。遇到统计数字时需要追问：说话人为什么要使用这些数字，他用百分比是不是更能说明这个问题？说话人是否有意地用令人印象深刻的大、小数从而隐瞒某些重要信息？

【例】 今年本公司的汽车销售了10万辆，这比我们的一个竞争对手的销量多出了一倍，看来我们最好的年头到底来了。

分析： 这则论证的谬误在于没有和本公司其他年份的销量对比，因而得不出结论。

二是两个样本有实质性差别。由于忽视统计对象和样本的实质差别，而将两组数据机械进行比较而导致的错误。即表面上这两组数据在进行比较，而实际上这两组数据根本就没有可比性。

【例1】 消防队员的工作并不比其他工作更危险。过去5年中，我市消防队员因工受伤的只有4人，而电工因工受伤的有8人，钳工有11人，汽车司机就更多了。

【例2】 A省出了1个世界冠军，B省出了3个世界冠军。可见B省的体育普及工作和训练水平比A省好得多。

【例3】 在美国与西班牙作战期间，美国海军曾经广为散发海报，招募兵员，当时最有名的一个海军广告是这样说的，美国海军的死亡率比纽约市民的死亡率还要低。海军的官员具体就这个广告解释说："根据统计，现在纽约市民的死亡率是每千人有16人，而尽管是战时，美国海军士兵的死亡率也不过每千人只有9人。"

分析： 由于这两个数据的统计对象和样本有实质的差别，海军士兵是经过体格检查选拔出来的身强力壮的年轻人，而纽约市民中则有婴幼儿、老年人和各式各样的病人，所以基于这样不同的调查对象所做出的统计数据是没有可比性的。

②"独立数据"的谬误。

独立数据是脱离比较基础的数据。在统计论证中，独立数据在论证中的证据效力是不能令人信服的。

一是没有设定供比较的对象。如果没有供比较的对象，那么这组数据表面上在进行比较，而实际上根本没有比较。

【例】 "本品牌的手机便宜500元"。就后一句而言，比谁便宜？是与该手机去年的价格相比？还是与同类型手机中质量最好因而价格最贵的相比？或者是与同类手机中最便宜的相比？不提供这样的背景信息，上述表面上的比较就毫无意义。

二是没有与相关的数据进行比较。若要使所列的数据成为有说服力的证据，就必须与相关的数据进行比较。比如，某人提出一个特殊群体具有某种行为的比例，因此，这种行为与这个群体的特殊情况有因果联系。为了证明题干的这种因果联系是否成立，我们就需要找出用于对比的另一个群体中具有该种行为的比例，并把这两个可对比的群体中具有该种行为的比例进行比较。

【例1】 据某国卫生部门统计，2004年全国糖尿病患者中，年轻人不到10%，而患者中的70%为肥胖者。这说明肥胖将极大地增加患糖尿病的危险。

分析：该论证所用的是独立数据，不具备说服力。从上述论证的前提可知，该年全国中老年糖尿病患者中，肥胖者约占60%～70%。仅由这一前提是不能得出肥胖会增加患糖尿病的危险这一结论的。如果事实上在2004年，肥胖者在该国中老年人中所占的比例超过60%，接近于肥胖的糖尿病患者在整个中老年糖尿病患者中的比例，这意味着，肥胖很可能与患糖尿病无关。

【例2】 美国有些州的法官是通过选举产生的。选举通常需要得到利益集团的资金支持，这有可能直接或间接地影响司法公正。一项研究表明，在涉案一方是自己的竞选资助人的案件中，路易斯安那州最高法院的法官有65%的判决支持了竞选资助人。这说明，给予法官的竞选资助与有利于资助人的判决之间存在相关性。

分析：上述论证仅凭65%的判决支持了竞选资助人就得出结论，给予法官的竞选资助与有利于资助人的判决之间存在相关性。这一论证的隐含假设是支持竞选资助人的案件数量高于事实上应该支持的数量，而该论证并没有给出竞选资助人在所有涉案当事人中所占的比例，所以题干论证的假设是存在疑问的。

四、因果谬误

事物的发生、发展都有它内在的因果关系。在自然界和社会中，各种现象之间是普遍联系，互相依赖，互相制约的。因果联系是普遍的和必然的联系，如果一个现象的出现必然引起另一个现象的出现，那么，这两个现象之间就有着因果联系。引起另一现象出现的现象叫原因，被引起的现象叫结果。原因与结果具有时间上的先后关系，但具有时间先后关系的现象并非都是因果关系；除了时间上的先后关系之外，因果关系还必须具备一个条件，即结果是由于原因的作用所引起的。

因果谬误（causal fallacies）也叫假性因果，是指在探究因果联系的过程中，由于忽视或错认了某些相关条件和相互关系而导致的谬误。其谬误在于在不具有因果联系的两个现象之间断定了一种因果关系，具体地说，就是前提与结论的联结依靠的是某些想象到的因果关系，而实际上可能不存在这些因果关系。假性因果有许多表现形式，如"轻断因果""强加因果""因果倒置"和"错为因果"等。

因果主张的解释如下：

若A与B时间相关或者统计相关，其因果主张的解释存在以下几种情况。

解释1：A与B时间相关或者统计相关，因为A导致B。

解释2：A与B时间相关或者统计相关，因为B导致A。

解释3：A与B时间相关或者统计相关，因为A与B互为因果。

解释4：A与B时间相关或者统计相关，纯属偶然的巧合，A与B并没有因果关系。

解释5：A与B可能时间相关或者统计相关，因为C导致了A和B。

解释6：A与B时间相关或者统计相关，因为A与C相结合导致了B，即A是导致B的部分原因。或者，因为B与C导致了A，也就是说，B是导致A的部分原因。

1. 强加因果

强加因果也叫嫁接因果、无关因果等，当人们把根本不是某些事物产生的原因当成这些事物产生的原因时，就会犯这种错误，具体是指论据与结论之间毫无因果关系，却被陈述者生拉硬拽在一起，即在明显不具有因果联系的现象之间强加或嫁接因果联系。

（1）轻断因果

轻断因果也叫巧合谬误（coincidental correlation）、后此谬误、事后归因、以时间先后为因果等，是指以时间关联为因果关系，把先后关系误认为因果关系的谬误。

轻断因果的论证模式是：仅仅因为A事件与B事件同时发生或先后发生就断定A事件与B事件具有因果关系。

在因果关系中，"原因在先而结果在后"这是必要条件。但这并不意味着"在先事件"就一定是"在后事件"的原因。显然，只凭因果关系在时间上具有的特征来确认一种因果关系，这是不充分的，有时时间上似乎相互关联的两件事实质上并不存在因果关系。换言之，时间关联并不等于存在因果关系。如果只根据时间先后这一表面特征就断定两个现象之间有因果关系，便易于产生"轻断因果"的错误。

尽管原因总是在结果之先发生，但先发生的现象不一定就是原因，最多只能列为可能的原因，究竟是不是真正的原因，还要做许多的调查研究工作。

【例1】 因为天气不好，所以心情不好。

【例2】 闪电之后常常接着打雷和下雨，所以闪电是打雷和下雨的原因。

【例3】 张大爷昨天夜里没了。我说怪不得前几天附近树林里总是有猫头鹰的叫声呢！

【例4】 她前几天感冒了，喝了好多橘子汁，两天后感冒就好了，可见橘子汁可以治疗感冒。

【例5】 在张三来我这里之后，我的某件贵重物品就找不到了。肯定是被他偷走了！

（2）错断因果

错断因果也叫错为因果，是指仅以表面具有的统计关联便断定两个现象之间存在因果关系的谬误。其谬误根源在于两类事件就某些统计数字上看好像是密切相关的，其实两者之间并不存在真正的因果关系。

【例1】 玩象棋的人中男性比女性多，所以男性棋艺也比女性高。

分析：男性棋艺也比女性高的原因很可能是男性更喜欢理性思维，而不应该是玩象棋的人中男性比女性多。

【例2】 在月圆时出生的人较多。结论：月圆引致出生率上升。

分析：是月圆引致较多出生，还是由于其他原因（可能是统计上的期望差异）？

【例3】 儿童观看电视的暴力场面，成长后会有暴力倾向。

分析：那是由于电视节目引致暴力，还是有暴力倾向的儿童喜欢观看暴力节目？真正引致暴力倾向的原因也可能完全与电视无关。

（3）虚假因果

虚假因果是指把表面的关联关系而无实质性关联的现象之间的关系看成因果关系的谬误。其谬误根源在于有些现象看起来似乎是发生作用的原因，但事实并非如此，在它们的背后才有产生它们的真正原因。

【例1】 你的老板语言比你丰富，这就是为什么他是老板、你是雇员的原因。

【例2】 妈妈对小女儿说：你不是想长成像那些令人惊艳的女孩子一样漂亮吗？那就赶

紧把猪肝和胡萝卜吃完。

【例3】 某学生一上课就头痛，不上课就不头痛，他抓住上课和不上课这个表面上的不同点，不恰当地得出上课是头痛原因的结论。后经医生检查，发现他上课时戴的眼镜不合适，这才是引起头痛的真正原因。

2. 因果倒置

因果倒置（wrong direction）是指认因为果或认果为因的谬误。

因果关系具有共存性。原因和结果在时空上是相互接近的，并且总是共同变化的，原因的变化会引起结果的相应变化，结果的改变总是由原因的改变所引起的。但因果之间的共存性也容易引起人们颠倒事件的因果关系，包括倒因为果（错把原因当结果）或倒果为因（错把结果当原因）。

【例1】 古代希伯来人观察到健康的人身上有虱子，而有病发烧的人身上没有虱子，便认为：虱子能使人身体健康。

【例2】 调查结果表明，工资高的销售人员工作业绩也比较好，反之，工资低的销售人员工作业绩就比较差。可见，提高销售人员的工资可以提高他们的工作效率。

【例3】 微生物侵入是造成有机物腐败的原因，而有人认为有机物腐败才导致微生物侵入，这是倒因为果。

【例4】 某种疾病常常表现出某些症状，有些庸医经常把症状当原因，不治病根，而只治那些症状。这也是因果倒置的一种类型。

【例5】 在19世纪的英国，勤劳的农民至少有两头牛，而好吃懒做的人通常没有牛。于是某改革者主张给没有牛的农民两头牛，以使他们勤劳起来。这是倒果为因。实际上是因为勤劳才有了两头牛，并不是因为有了两头牛才勤劳起来。

3. 混淆原因

因果论证是对因果关系的运用或确定，推理的前提或结论涉及到对因果关系的认识。如果对原因的类型认识错误，就会犯"混淆原因"的谬误，具体包括以下几种情况。

① 将导致某一结果产生的某一个原因或者部分原因当作导致这一结果产生的全部原因（即充分原因）。

② 将导致某一结果产生的一个必要原因当作导致这一结果产生的充分原因。

③ 将导致某一结果产生的必要原因或充分原因当作导致这一结果产生的唯一原因（即充要原因）。

【例1】 到目前为止，核威慑政策是成功的。第二次世界大战结束以后，对毁灭性的核战争的恐惧，使拥有核武器的超级大国都不敢轻易动用它。超级大国之间的第三次世界大战还没有爆发就足以证明这一点。

分析： 核威慑政策对抑制第三次世界大战来说，可能是一个原因，但未必是充分的原因。现在还不知道没有发生核冲突的原因是否真的就是核威慑的作用，也许还有其他一些因素的作用，如认识到保持和平的经济价值起了作用。

【例2】 富有经验的园艺专家不主张在四月的末期种植豌豆，因为豌豆在暖和的天气下不可能很好地生长。然而，今年直到六月的末期，天气仍异常地凉快，因此，尽管专家们已做出警告，但今年五月中旬种植的豌豆也不可能会生长不好。

分析： 豌豆在暖和的天气下就长不好，今年天气凉快，所以豌豆生长一定好。这一论证的错误在于混淆了充分原因与必要原因。

【例3】 洛杉矶这样的美国西部城市，几乎是和私人汽车业同步发展起来的，它的城市布局和风格明显带有相应的特点。由于有了私人汽车，住宅都分布在远离工作地点的地方；为了留出足够的停车空间，商业街的周边缺少林木绿化带。因此，如果当初不发展私人汽车，洛杉矶这样的城市会是另外一种完全不同的风貌。

分析：上述论证的理由是：私人汽车业的发展造成了洛杉矶现有的城市风貌。可见，"私人汽车业的发展"是"造成现有城市风貌"的充分原因。

结论是：如果私人汽车当初不发展，洛杉矶不会是现在的风貌（即会是另一种完全不同的风貌），可见，"私人汽车业的发展"是"造成现有城市风貌"的必要原因。

可见，上述论证不恰当地把充分原因当成了充分必要原因，即是唯一的原因。

4. 复合原因

复合原因（complex cause）谬误也叫一果多因，是指当一个特定的结果是由多种原因引起的时候，论证者只选择其中的一个原因作为对该结果产生原因的解释。

复合原因谬误包括单因谬误、遗漏主因等，其实各种因果谬误，本质上都忽略了他因，即没有考虑到其他可能原因的存在。

（1）单因谬误

单因谬误产生于论证过程中只认定某个结果是由某一个单一原因引起的，即将导致结果产生的多种因素简单地归结为其中的某一个因素。

在自然和社会生活中，很多事情是由很多因素共同造成的，在没有办法将其他因素一一排除的前提下，不能断然决定是某一个因素导致了结果的产生。如果只指出多个原因中的其中一个为事件主因或使人看起来好像是导致该结果产生的唯一原因，就犯了单因谬误。

【例1】 我在学校很受人欢迎，因为我每天穿的都很漂亮。

分析：穿的漂亮和受人欢迎并没有必然的联系，不能成为单一的因果关系。

【例2】 张明很胖，他一定很少做运动。

分析：张明的胖是多种原因一起构成的，不能断定仅仅是很少运动造成的。

【例3】 你一天到晚都只是玩游戏机而不温习，难怪你考试成绩那么差。

分析：除了玩游戏机而不温习外，还有其他原因，如考试期间一时大意或者试题太难，但它们和玩游戏机一样，不一定是主因。

【例4】 近年来，我们中小学的教育质量下降了。显然，我们教师近年来的工作是不称职的。

分析：教育质量的下降是由许多因素导致的，其中包括学生不能按时完成家庭作业、缺乏父母的管教、看太多的电视以及吸毒等。教师的教学质量差可能只是其中的因素之一。

（2）遗漏主因

遗漏主因也叫无足轻重谬误（genuine but insignificant cause），是指举出无足轻重的次要原因进行论证，而遗漏了真正的主因。

主要原因指的是导致结果最关键的原因。某种现象往往是由多种原因引起的，这时就必须分析和抓住其中的主要原因，提示引起结果的最本质的、最核心的因素。如果误把次要原因当成主要原因，就会导致遗漏主因的谬误。

【例1】 吸烟使北京空气质量每况愈下。

分析：导致北京空气质素差的主因是工业污染、交通车辆的尾气和天气情况，而吸烟只能是次要原因。

【例2】 （广告词）喝了"好记星"，学习就出众。

分析：学习成绩好的原因很多，其中最重要的应该是学生个人学习动力充足，学习刻苦努力，学习方法得当，教师指导有方等这些直接因素和关键因素。至于服用一些安神补脑的口服液都是次要的因素。

5. 复合结果

复合结果（joint effect）谬误也叫共同原因、一因多果，是指根据现象 A 和现象 B 存在时间相关或者统计相关，就误认为现象 A 和现象 B 具有因果关系，而事实是有一个共同原因 C 导致了现象 A 和现象 B 两个结果同时出现。

【例 1】　记者报道离乡背井的战争难民中的一家人："他们因为房子被毁而逃到这里。"

分析：战争的炮火导致这家人的房子被毁及离乡逃难，房子被毁并不是导致这家人离开原居住地的真正原因。

【例 2】　越来越多的有说服力的统计数据表明，具有某种性格特征的人易患高血压，而另一种性格特征的人易患心脏病，如此等等。因此，随着对性格特征的进一步分类研究，通过主动修正行为和调整性格特征以达到防治疾病的可能性将大大提高。

分析：上述论证是根据统计发现，A 现象（某性格特征）总伴随着 B 现象（某疾病）出现，因此推断，A 是 B 的原因。而事实上，A 和 B 可能是 C（某种生理因素）的共同结果。既然在性格特征和疾病之间没有确定的因果关系，那么通过主动修正行为和调整性格特征以防治疾病的设想就不具有可行性。

6. 错否因果

错否因果的谬误往往涉及间接原因或间接因果，指的是对表面上不相干或关系不紧密的两个现象，就断定这两个现象之间不存在因果关系而事实上其存在因果关系的谬误。在自然和社会生活中，对表面上不相干或关系不紧密的两个现象，如果用联系的眼光看问题，深入分析下去，有时候会发现在它们的背后存在着间接的因果关系，排除了表面现象的迷惑，就更加接近事物的本质。

下面列出几种常见的"错否因果"谬误。

① A 是 B 的原因，所以，A 不是 C 的原因。

而事实是：B 导致了 C，从而 A→B→C 形成因果链条，所以，A 是 C 的间接原因。

② A 是 C 的原因，所以，B 不是 C 的原因。

而事实是：B 导致了 A，从而 B→A→C 形成因果链条，所以，B 是 C 的间接原因。

③ A 和 B 貌似不相关，所以，A 不是 B 的原因。

而事实是：A 导致了 C，而 C 导致了 B。从而 A→C→B 形成因果链条，所以，A 是 B 的间接原因。

【例 1】　公共教育遭受到一种被诊断为过分控制的弊病。这种弊病否认了父母亲对其孩子所接受教育的控制，曾经被父母亲拥有的权力移到了专职的教育者身上。由于学校的越来越集中和官僚化，这种弊病被加重了。

分析：上述论证认为，P（父母亲）对 R（对孩子的控制）的影响转移到了 Q（专职的教育者）对 R（对孩子的控制）的影响。而事实上是，由于社会压力的影响，越来越多的学校管理员遵循父母的建议。这就表明，P（父母亲）影响了 Q（专职的教育者），这表明 P（父母亲）还是对 R（对孩子的控制）起主导作用的原因。

【例 2】　1988 年北美的干旱可能是由太平洋地区温度模式的变化导致的，因此，干旱不是由二氧化碳等大气污染引起的正在发生的长期全球变暖趋势所导致的。

分析：上述论证认为，P（温度模式）导致了 Q（干旱），因此，R（全球变暖）不导致 Q（干旱）。而事实上是，全球变暖趋势能够影响太平洋地区温度模式变化的频率和轻重程度。这意味着 R（全球变暖）导致了 P（温度模式），说明 R（全球变暖）是 Q（干旱）的间接原因。

【例3】 尽管在中星县森林周围的人口增加了，但是森林的总量并没有减少。因此，县里燕雀的减少不能归因于人口的增加。

分析：上述论证断定，县里燕雀的减少不能归因于人口的增加。而事实是，人口增加导致更多垃圾罐的存在，使更多浣熊得以生存，而浣熊无论在何时都要捕食燕雀蛋。可见，县里燕雀的减少还是由于人口增加间接导致的。

7. 滑坡谬误

滑坡谬误（slippery slope）也叫诉诸远因，是假性因果谬误的一种，是指忽视其他因素在原因长链中的影响而诉诸遥远的单一因素。

因果关系并不是一定能传递的，即 A 是 B 的原因，并且 B 是 C 的原因，却不一定能得出 A 是 C 的原因。即结果的原因的原因，不一定是结果的原因。若因果链条不包含实质性的因果传递关系而断定其具有因果关系，那就会犯"诉诸远因"或"滑坡论证"的谬误。

在滑坡论证中，结论的得出依靠的是靠不住的连锁反应链，没有充足的理由认为这种连锁反应将会在实际中发生。滑坡之滑在于用一连串弱关系、微相关的"或然"，在连环的推理中，推出一个不可靠的结论。滑坡论证总是从论证者接受的一个前提开始，通过一系列的步骤，形成一个论证链，逐渐地推理出不可信的结论。显然，这种论证，随着论证一步步推进，其确证性却一步步下降，最后，前提和结论的联系往往变得十分微弱，甚至毫无关系。

【例1】 "如果我们容许医生帮助安乐死，那么到最后，政府会控制我们如何死。"

【例2】 "如果你偷懒，就会令公司蒙受损失，公司赚不到钱，就要解雇员工，遭解雇而导致失业的人士因为失业而没有收入，就会打劫，如果打劫时遇到反抗，就会杀人。所以，如果你偷懒，你就是杀人犯。"

【例3】 "如果你买日本货，日本公司就会盈利；如果日本公司盈利，那么日本公司就会发展壮大；如果日本公司发展壮大，那日本国力就会成为世界第一；如果日本国力成为世界第一，那么日本就会侵略中国。所以如果你买日本货，你就是在帮助日本侵略中国。"

五、类比谬误

类比论证是根据两个对象在某些属性上的相同或相似，推论两者在其他属性上也有相同或相似。类比论证属于或然性推理，是一种从特殊到特殊、从个别到个别的推理方式，其结论不一定为真，只有一定程度上的可靠性。

1. 类比不当

类比不当（weak analogy）的谬误也叫谬比、假类比、弱类比、诉诸类比、虚假类比、机械类比、荒唐类比、类比失当的谬误，是指 A 与 B 不具有或者是缺少可比性，却被论述者简单地放在一起加以比较。具体是指把所论证的事物和一个表面与其相似、本质却不同的事物进行比较论证，从而得出荒谬的结论。

这种谬误貌似运用类比推理，但实际上却缺乏相关性的类比推理。使用类比推理所做出的论证，其结论依靠的是两种事物或情况之间可比的或相似的属性的存在。当论证中的类比推理不足以支持其结论时，就会出现谬误。

比较以下两则论证。

论证一：电流通过导线如同水流通过管道。由于大口径的管道比小口径的管道输送的流量大。所以较粗的导线比较细的导线输送的电量大。

论证二：电流通过导线如同水流通过管道。当水通过管道从高处流向低处时，低处的水压要大于高处的水压。所以当电流通过导线从高处向低处输送时，低处的电压也会大于高处的电压。

第一则论证是好的，第二则论证存在谬误。这两则论证都以水流通过管道与电流通过导线的相似性为根据，在两种情况下，管道或导线的直径与流量的大小有系统性的联系。在第一个论证中，这种系统性的联系为从前提得出结论提供了较强的支持，所以这个论证是好的。但是，在第二个论证中，对水流来说，在不同的高度与压力大小之间存在因果联系，而对电流来说则不存在这种因果联系。水分子在管道中流动明显会受到重量的影响，而在导线中输送电流则不受重量的影响。因此，第二则论证存在谬误。

【例1】　他对朋友这么好，对女朋友一定很好呢。

分析：　以两件不相似的事物作类比。

【例2】　"狗和人都是哺乳动物，吃人肉是违背道德的，所以吃狗肉是违背道德的。"

分析：　人与狗的共性是在生物学上，而非人类道德上。

【例3】　剪刀和手枪都是金属做的，而且都能伤人。但是手枪被禁止，而剪刀却不被禁止。显然手枪被禁止是错误的。

【例4】　哈伯的新车有鲜亮的蓝色和真皮内饰，还特别省油。克劳力的新车也有鲜亮的蓝色和真皮内饰，所以克劳力的新车也可能非常省油。

【例5】　熊猫和棕熊是近亲，他们都具有相似的牙齿和肠道结构，适应于肉食，所以熊猫常用的食物是肉类。

2. 类推不当

除了两个物体之间的类比，还有同一个物体或不同物体在不同时间的类比，在大部分情况下这种类比都是有问题的，因为当时间发生了变化，物体所处的环境也可能会发生变化，而且不能排除偶然性。

"类推不当"的谬误是指由于忽视时间因素对样本属性的影响，机械地以样本属性为根据，对一类事物的现在或未来做出的概括或类推。其谬误在于忽视已经发生的重要事件可能会随着时间的推移而发生变化，使得基于这类事件所归纳出来的结论变得不大可能。

【例1】　上次我打得赢他，我这次一定也打得赢。

分析：　上次打得赢，这次不一定能打得赢，世上没有常胜将军。

【例2】　在过去的50年间，波兰人的生活水平是相当低的。所以在未来的50年中，波兰人的生活水平可能会非常低。

分析：　这个论证忽视了以下事实，在过去50年间的大部分时间里，波兰是苏维埃的一部分。这个事实能对如此低的生活水平给出解释。不过，随着苏联的解体，波兰成了一个独立的国家，这个国家的经济在未来的50年可能会得到持续的改善。

六、合情谬误

支持谬误，即推不出谬误除了前述演绎谬误和归纳谬误（概括谬误、统计谬误、因果谬误和类比）之外，还有一类涉及论证的谬误，但它既不是演绎谬误也不是归纳谬误，我们把这类谬误叫做"合情谬误"，是指不合情的论证，包括举证不全、以全赅偏、合成谬误与分解谬误等。这类谬误的特点是前提与结论相干，而且前提的可接受性不是问题，关键在于根据这些前提推导不出结论。

1. 举证不全

举证不全的谬误是指证明或反驳的论证过程不完整，理由不足以支撑主张。举证不全具体包括证据不足、片面理由等。

（1）证据不足

证据不足是指论证所列出的证据不足以推出结论，其谬误的根源在于一个论证的前提与结论构成的支持关系不够充分。

【例1】"陈先生的演讲经常得到满堂彩，因此，他一定是个很有学问的人。"

分析： 其实演讲得到满堂彩不一定表明很有学问，有可能只是因为演讲者的个人魅力。

【例2】 某家的珠宝被窃，办案人员认为是张三盗窃的，因为资料显示他有窃盗前科。

分析： 不能就因有窃盗前科就确定这次珠宝遭窃是张三做的。

【例3】 年迈的福格森太太（她几乎已经失明）作证说：在朦胧的暮色中，她看见被告用刺刀刺伤了受害者，当时她就站在离事发地点约有100码的地方。所以陪审团的成员们一定会认为被告是有罪的。

分析： 这里，目击者缺乏对她所证明的事情的观察能力，所以她的证词是靠不住的。

（2）吹毛求疵

"吹毛求疵"又称为琐碎的谬误，就是故意挑剔，硬找差错，是指在论辩时，不是对对方的论题、论据或论证方式加以批驳，而是对某些非根本的、琐细的东西大加责难，并试图以此驳倒对方。

在进行论辩时，应对被反驳论证的主要内容加以认真分析，而对那些非根本性的错误只需附带指出即可。否则，不仅会分散人们对主要问题的注意力，而且会削弱反驳的力量。

【例】 姚雪垠在与郭沫若辩论明史的若干问题时，指出《甲申三百年祭》运用《明季北略》时，所引的卷数有问题，并由此得出结论说："连卷数与题目都看不清，当然谈不上辨别史料的真伪了。"

分析： 姚雪垠在这里不在明史的重要问题上与郭沫若讨论，而是抓住一个枝节问题，扩大其严重性，试图从根本上否定郭沫若的研究成果，这就犯了"吹毛求疵"的谬误。

（3）片面理由

片面理由的谬误也叫片面辩护、遮盖论据，是指展示论据时只展示对主张有利的论据，而忽视了一些不利的重要论据。

主张的成立与否经常有正反两面的理由，正确的做法应是将正反两方理由都一一列举并相比较，之后再进一步选择要赞成或反对。但常有人因为已经有预设的结论，因此只举出跟自己所支持主张有关的理由，这便是片面理由的谬误。

【例1】 神为何在世上创造这么多苦难？答案是：你必须明白，神自有他神奇的安排，我们没有特权去知道的。

【例2】 在家中家长不喜欢小孩看电视太多，为阻止小孩看电视便对小孩一一列举电视负面的影响，但其实看电视也有好的一面。预设看电视是不好的，而后以电视的负面影响为由阻止小孩看电视，那么此家长便是犯了这种谬误。

2. 以全赅偏

以全赅偏也叫偶然性谬误、不顾特例等，是指未对一般原则的应用情况和范围详加考察就进行特殊情况下的推广。

当人们将一个概括或一般规则应用于它所不适用的特殊事例时，就会产生偶然性谬误（以全赅偏）。反之，当我们无心或故意地把对一个特殊事例为真的东西直接看做对大量事例为真，我们就犯了逆偶然谬误（以偏概全）。

人们从经验的概括中获得普遍性通则，但是当这些普遍性的陈述应用到一个具体的特例时，我们就应该保持一点警惕，不要机械地去生搬硬套。特定的环境有可能让普遍性命题失效。因为概括，即使是那些广泛合适和有用的概括，往往也有例外，我们必须对之保持警惕。也就是说，普遍性都有例外，几乎每一个好的规则都有一些例外。当一个普遍的命题应用到一个特指个体情形的时候，这种普遍性并不一定适合说明该个体的情形。

区群谬误是一种以全贱偏，又称生态谬误，层次谬误，是一种在分析统计资料时常犯的错误。如果仅基于群体的统计数据就对其下属的个体性质作出推论，就是犯了区群谬误，这种谬误假设了群体中的所有个体都具有群体的性质。

【例1】 政府法规规定，行走此公路的汽车最高时速为七十公里。所以即使载着快要生产的产妇，亦不可超过七十公里。

【例2】 吗啡有多种用途，可以减轻病患的痛苦，但吗啡也算在毒品范围之中；若我们的通则是"对人体使用毒品是违法的行为"，而"吗啡是毒品的一种"，并得到"医生为减轻病患的痛苦而使用吗啡是违法的"这样的结论，便是犯了此谬误。

【例3】 我们要坚持，在规定有对所有人都有"此处不许游泳，违者罚款"的规则的地方，一个人在此处游泳就要罚款。但下水救人应该是其特例。因为规则总是和一定的场合相联系。

【例4】 人是有理性的，张教授的那个痴呆儿是人，所以张教授的那个痴呆儿是有理性的。

分析如下。

一般规则是：人是有理性的。

特殊事例是：张教授的那个痴呆儿。

在这种情况下，这一规则是不适用的。

【例5】 公民言论自由是受宪法保护的权力。所以约翰不应当为他上周煽动暴乱的言论而被捕。

分析如下。

一般规则是：言论自由在正常情况下是受保护的。

特殊事例是：约翰的言论。

由于这种言论是煽动暴乱的言论，因而对保护言论自由这个规则来说是不适用的。

偶然的特征是煽动暴乱的言论。

3. 合成谬误

类目错误（category errors）包括合成谬误和分解谬误两类。

合成谬误（composition）也叫合举、构成谬误，是指在论证中，以部分（个体）、元素所具有的某种属性不恰当地推出其整体或集合体也具有这种属性的结论所产生的谬误。合成谬误可以区分出以下两类。

下列都是合成谬误的例子。

【例1】 某人的心脏是健康的，由此推出这个人的身体也是健康的。

【例2】 由组成森林的每棵树都不怎么壮观，推出那片森林也不怎么壮观。

【例3】 由一个足球队的每一个球员都很优秀，推出该足球队一定很优秀。

【例4】 每艘战舰都做好了战斗准备，推出整个舰队做好了战斗准备。

【例5】 由于某一剧本的每一场都是艺术完美的典范，所以该剧本作为一个整体也是艺术完美的。

4. 分解谬误

分解谬误（division）也叫分举、分割谬误，指的是以总体符合某条件，推断总体的所有部分均符合某条件，即以整体或集合体所具有的某种属性推出其部分（个体）或元素也具有这种属性的谬误。

下列都是分解谬误的例子。

【例 1】 这支交响乐团非常出色。因此这支交响乐团的每一位乐师都非常出色。

【例 2】 某台机器沉重、庞大、复杂，而组成这台机器的零件也沉重、庞大、复杂。

【例 3】 人有意识，而人体和人脑都是由原子组成的，所以原子都有意识。

【例 4】 盐是无毒的化合物。所以盐的组成要素钠和氯也是无毒的。

【例 5】 沙特人普遍很富有，所以每一个沙特人都很富有。

第五章
论证分析

　　分析一个论证必须分析该论证采取了什么样的论证方式。论证方式是指论点和论据之间的联系方式，一般表现为一个推理系列。按照推理结构不同，大体上可以分为演绎推理、归纳推理和合情推理等不同的类型。演绎是否有效，归纳强度如何，推理是否恰当，是分析论证质量高低的重要指标。

　　按照论证所使用的推理方式不同，可以把论证分为演绎论证和广义归纳论证。演绎论证中各命题之间的关系是必然性的，其论证结构的严谨性是所有论证中最高的。广义归纳论证是根据一些特殊论断或常理得出结论的论证方式，其结论具有或然性，其前提真实不必然保证其结论真实。因此，对论证的分析重在分析广义归纳论证。广义归纳论证的范围很广，典型的包括归纳论证、统计论证、因果论证、类比论证和实践论证等，本章对这几类典型的论证提出批判性准则和相应的案例分析。

　　需要注意的是，本章的论证分析只是针对基础的典型论证，考试中出现的论证分析都是相对复杂和混合的论证，其论证有效性要从多个角度进行分析。

第一节　归 纳 论 证

　　归纳论证是一种由特殊到一般的论证方法。它通过许多个别的事例或分论点，然后归纳出它们所共有的特性，从而得出一个一般性的结论。

一、批判性准则

　　典型的归纳论证是枚举归纳论证，是指这样一种归纳论证：根据对某类事物部分对象的考察，发现它们具有某种性质，因而得出结论说，该类事物都具有这种性质。

　　（1）枚举归纳论证的型式

S_1——P

S_2——P

S_3——P

…

S_n——P

（S_1，S_2，S_3，…，S_n 是 S 类部分对象，枚举中未遇相反情况。）

　　所以，S——P

　　这种仅仅根据在考察中没有碰到相反情况而进行的不完全归纳推理，称为简单枚举归纳推理或简称枚举归纳推理。

（2）评估枚举归纳论证的批判性问题

（批判性问题的英文名为 Critical Question，以下统一简称为"CQ"）

CQ1. 结论是什么？得出的结论是否恰当？

有没有混淆或偷换了概念？需要洞察概念的不同解释对得出结论的关键影响。

CQ2：有无反例？

没有发现与结论相关的反例，结论的可靠性就较大。

CQ3：所举的例子或样本是否具有代表性？

① 前提中例子的数量是否足够大？样本容量越大，结论的可靠性就越大；

② 例子是否多样化？样本的个体之间差异越大，结论的可靠性就越大；

③ 观察到的事物和属性有什么关系？样本属性与描述属性具有同质性的概率越大，结论的可靠性就越大。

二、案例分析

■案例 1

分析下面的论证在概念、论证方法、论据及结论等方面的有效性。

（论证有效性分析的一般要点是：概念特别是核心概念的界定和使用是否准确并前后一致，有无各种明显的逻辑错误，该论证的论据是否支持结论，论据成立的条件是否充分等。作文要注意内容深度、逻辑结构和语言表达。）

自 1789 年乔治·华盛顿就任美国首任总统开始，一直到现在的 200 多年里，美国一共产生了 44 任总统，其中有 8 人死于任期。唯一一位非"0 年魔咒"死在任期的是第 12 任总统扎卡里·泰勒，1849 年 3 月 5 日上任，1850 年 7 月 9 日病逝。从 1840 年到 1960 年，几乎所有在以"0"结尾的年份竞选成功的美国总统居然都死在任期！一共有 7 人。7 人中有 4 人被暗杀，包括著名的第 16 任总统林肯。

美国历史上共有 11 位以"0"结尾的年份竞选成功的总统。除了前两位，即 1800 年的托马斯·杰斐逊、1820 年成功连任的詹姆斯·门罗，以及后两位，即 1980 年的罗纳德·里根、2000 年的乔治·布什，中间 7 人全部死于任期，无人摆脱"0 年魔咒"。

威廉·亨利·哈里森，1840 年竞选获胜。在职仅一个月，死于肺炎。从此开启了"0 年魔咒"。

亚伯拉罕·林肯，1860 年竞选获胜，1864 年竞选成功连任。1865 年 4 月 15 日遇刺身亡。

詹姆斯·加菲尔德，1880 年竞选成功。1881 年 9 月 19 日即被枪击暗杀。

威廉·麦金莱，1900 年成功竞选连任，1901 年 9 月 6 日遇刺受伤，14 日去世。

沃伦·哈定，1920 年大选获胜。1923 年 8 月 2 日突发心脏病，死在酒店的房间内，死因不明。

富兰克林·罗斯福，1940 年开始他的第 2 次连任。1945 年 4 月因大脑动脉瘤病逝于第四任期上。

约翰·肯尼迪，1960 年大选获胜，1963 年 11 月 22 日被刺身亡。

罗纳德·里根，1980 年大选中获胜。里根上任后的第 70 天，险些被暗杀，但最终逃过一劫，也终结了美国总统的"0 年魔咒"。

其后，2000 年大选成功的乔治·布什也已安然度过了自己的任期。

美国总统的"0年魔咒"源于印第安人的诅咒。根据美国民间传说，1811年，美国将军威廉·亨利·哈里森率领的军队在蒂皮卡诺大战中一举击溃了著名的美国印第安人首领特科抹人和他的军队，并对印第安人实施了残酷的屠杀。愤怒的特科抹人对美国人施加咒语说：我告诉你，哈里森将死。继他之后每隔20年，每个在尾数是0的年份当选的总统都无一例外地必须在任上死去。

【论证缺陷分析】

上文是通过枚举归纳论证，列举了7位"0"结尾年份竞选成功的美国总统都死在任期内，得出了美国总统存在"0年魔咒"这一结论，其结论的可靠是值得怀疑的。由于枚举归纳论证其结论所断定的范围超出了其前提所断定的范围，该前提与结论之间的联系不是必然的，因而，它的结论是或然的。其论证缺陷可从得出的结论不够恰当，以及存在反例等方面来考虑。

【参考范文】

《美国总统真的存在"0年魔咒"吗?》

上文通过枚举归纳论证，列举了7位"0"结尾年份竞选成功的美国总统都死在任期内，得出了美国总统存在"0年魔咒"这一结论，其结论的可靠是值得怀疑的。现把该论证的缺陷分析如下：

首先，"0年魔咒"充满了神秘色彩，无法通过上文的论证得出"0年魔咒"与"0结尾年份竞选成功的美国总统都死在任期内"之间存在因果关联。"0年魔咒"源于美国的民间传说，而传说未必是真的存在，也许是后人杜撰的故事。

其次，即使传说中的"0年魔咒"故事真的存在，但咒语本身往往意思含糊，充满解释的随意性。这个"0年魔咒"也不例外："0"结尾的年份竞选成功的美国总统是死于"0"结尾的年份竞选成功的那个任期，还是此后连任的任期都算在内，比较模糊，如果是后者，则明显扩大了咒语的适用范围。

再次，上述结论存在明显的反例。美国历史上共有11位以"0"结尾的年份竞选成功的总统。其中，7位死于任上，而4位并没有死于任上，这意味着"0年魔咒"未必起作用，也许纯属巧合。

最后，即使有7位美国总统死于任上，但"0年魔咒"也很可能是一种牵强附会，因为之前美国的历史相对动荡，美国总统作为一个矛盾集中点，风险相对较高，有一些总统死于任上也不足为奇。随着社会发展，很可能未来美国总统死于任上的概率会大大降低，"0年魔咒"的现象将不会存在或很少再出现。

总是，由于存在严重的逻辑漏洞，上文的论证是无法令人信服的。

■案例2

分析下面的论证在概念、论证方法、论据及结论等方面的有效性。

（论证有效性分析的一般要点是：概念特别是核心概念的界定和使用是否准确并前后一致，有无各种明显的逻辑错误，该论证的论据是否支持结论，论据成立的条件是否充分等。作文要注意内容深度、逻辑结构和语言表达。）

在一个抽象派画展上，一幅高50厘米、宽40厘米的作品吸引了众多观众驻足。观众A说："这是一个浪迹天涯的游子在沙漠中跋涉时留下的凌乱而又艰难的足迹。"观众B说："这是一场艰苦卓绝的战争结束后的场面，血腥而又惨烈。"观众C说："这是梁山伯、祝英台坟前化出的一对彩蝶，美丽、凄凉而又浪漫。"

这小小的一幅画，一个客观而又真实的存在，三个不同的人去感知，竟然有完全不同的理解！这说明，人们是从自己的想象出发对现实世界进行解释的。人们对生活中的是非曲直、正义邪恶的判断，完全取决于人们的偏好或者需要，而不是取决于客观的事实。对现实中管理问题的认识也是这样。由于管理问题的极端复杂性，每一项管理问题的研究成果都可能留下研究者自身知识、经验、研究视角、主观意向等方面的烙印。学者们自以为看到了真实的世界，发现了客观事实之间的因果联系。其实，他们所谓的发现，只不过是他们头脑中的主观意向的映射，而不是客观规律。

【论证缺陷分析】

上文是通过枚举归纳的论证方式说明对抽象画的感受完全是主观的，进而得出，人们对生活中的是非曲直、正义邪恶的判断，完全取决于人们的偏好或者需要，而不是取决于客观的事实，并认为对管理问题的认识也一样是完全主观的。这一论证是存在严重漏洞的，其逻辑缺陷主要有归纳不当、例子不具有代表性、类比不当以及结论片面等。

【参考范文】

《管理不是抽象画》

上文从对抽象画的感受来论述对管理问题的认识，但存在以下逻辑缺陷。

首先，作者枚举了三个人对同一幅抽象画的感受各不相同，从而认为，人们是从自己的想象出发对现实世界进行解释的，而不是取决于客观的事实。这一归纳论证的结论显然是不当的，事实上人们对世界的解释既有想像的成分，也取决于客观事实，不能片面强调前者。

其次，上述归纳论证的例子不具有代表性，抽象画只是绘画艺术的一个种类，强调的是想像力，并不能代表整个绘画艺术，比如，写实画就和抽象画完全不同，大多数人看到写实画，一般不会产生不同的理解。

再次，用抽象化来类比管理问题是不恰当的，绘画和科学研究分属不同领域。而且，抽象画是特殊的艺术种类，理解和感受的主观性很强。而管理的研究属于社会科学，研究的目的是在于揭示客观事物发展变化的规律，具有很强的客观性，不可能由主观感受类主导。

另外，作者认为"是非曲直、正义邪恶的判断，完全取决于人们的偏好或者需要，而不是取决于客观的事实"，这种说法过于片面和绝对化。尽管是非曲直、正义邪恶的判断有一定的主观性和变动性，但是在特定的时间和特定的地域，对是非曲直、正义邪恶的判断对当时的社会来说，是具有相对客观的衡量标准的。

最后，管理问题尽管复杂，也存在一定的主观性，但对包括管理问题在内的事物的映射，也是离不开客观世界，作者片面强调主观性是有失偏颇的。

总之，作者把错误归纳的结论进一步套用来解释管理问题，并把人类的认识成果仅仅看成是"他们头脑中的主观意向的映射，而不是客观规律"，严重歪曲了事实，其论证过程是十分荒谬的。

■案例3

分析下面的论证在概念、论证方法、论据及结论等方面的有效性。

（论证有效性分析的一般要点是：概念特别是核心概念的界定和使用是否准确并前后一致，有无各种明显的逻辑错误，该论证的论据是否支持结论，论据成立的条件是否充分等。作文要注意内容深度、逻辑结构和语言表达。）

下边材料摘自一篇谈家族企业的文章：

两年前，兰州一家典型的家族制企业发展到一定规模后即寻求上市，就从外面聘请了一个总经理，不料没过多久，这家企业的上亿元资产被这个总经理偷偷地转移一空。这一事件在私营企业界尤其是家族制企业中引起巨大震动。有一段时间，"忠诚比能干更加重要"成为很多民企老板信奉的至理名言。因此，有人认为，要在市场上有竞争力，家族化管理的体制还是有优势的，总结自己的经验，用自己的亲人，挖掘自己的人力资源、管理资源，既节省又靠得住，不必要雇佣更多的经理和员工来帮助把企业管理好。

【参考范文】

《难以令人信服的论证》

上文从"一家家族企业从外部聘请了一名总经理后，其资产被总经理偷偷转移一空"的事例中得出，"忠诚比能干更加重要"的用人标准，并进一步推论，家族化管理体制还是有优势的，还是自己人管理自己企业好。由于该论证存在着诸多逻辑缺陷，因此，其结论不具有说服力。

首先，该论证存在的第一个漏洞是，轻率概括。把一个公司发生的偶然现象当作了普遍现象。从该特例概括出外聘职业经理人不可靠，这种从个别推出一般的做法不可取。事实上，大部分外聘职业经理的家族企业并没有发生资产被外聘管理者转移的现象。

其次，该论证存在的第二个漏洞是，片面推论。上文断定"忠诚比能干更加重要"，这有把"忠诚"的重要性过分地夸大的嫌疑，"忠诚"固然重要，但仅凭"忠诚"是不能管理好企业的。只有忠诚而缺乏能力是不能管理好企业的，管理不好，企业就无法创造效益，而没有效益，企业就无法生存和发展。

再次，该论证存在的第三个漏洞是，固步自封。该论证只看到了一些家族式企业发展比较好，但没有看到，随着社会经济的发展，市场竞争的加剧，用人封闭的家族式企业，多数已经不适应当前的形势。当家族企业发展到一定阶段，家族企业就容易出现排外心理、任人唯亲、人情管理、滥用权利、缺乏激励、缺乏企业文化、缺乏科学决策等诸多弊端，从而阻碍企业发展。只有建立现代企业制度，外聘高层次人才，才能保证和促进企业的长远发展。

第二节　统 计 论 证

统计论证也叫统计概括，属于广义的归纳论证，是指由样本具有某种属性的单位频率（百分比）推出总体具有某种属性的概率（可能性）的论证。

一、批判性准则

统计推理是从样本过渡到总体的推理，属于不完全归纳推理，其结论所断定的范围超出了其前提所断定的范围，该前提与结论之间的联系不是必然的，因而，它的结论是或然的，不一定可靠。

（一）统计中的重要概念

1. 统计中的重要概念主要有：总体、抽样和样本的代表性

所谓"总体"，就是指统计推理的结论所涉及的对象的集合。总体又可分为对象总体和样本总体。对象总体是研究对象的全体，而样本总体是被考察的对象的全体。例如，要调查某城市3万名高二学生的平均身高，从中抽选500人进行调查，这3万名学生就是对象总体，而被调查的 500 名学生就是样本总体。统计推理的本质就是根据样本总体的性质来推断对象总体的性质。

"抽样"是指从对象总体中选取样本总体的过程。抽样的方法对于统计推理的结论来说至关重要。如果抽样方法不合理，统计数据再准确，它对统计推理的结论也没有说服力。

"样本的代表性"是指被调查的对象能够反映其他未被调查的对象的性质。要提高统计推理结论的可靠程度，关键在于从对象总体中抽选出的样本是否具有代表性。

2. 统计概括与统计属性

统计概括就是从样本的统计属性概括出总体的统计属性的推理，具体说是由样本具有某种属性的单位频率（百分比）推出总体具有某种属性的概率（可能性）的推理。

所考察的样本个体中，有些具有 P 属性，有些不具有 P 属性，我们把具有这部分特征的样本属性叫做样本的统计属性。

（二）统计推理的论证结构

1. 统计推理的一般结构

前提：样本有属性 P。

结论：总体有属性 P。

2. 统计概括的论证型式

前提：样本 S 的 $x\%$ 有 P 属性。

结论：总体 A 的 $x\%$ 有 P 属性。

在以上型式中，"$x\%$ 有 P 属性（$1<x<100$）"表示被考察样本 S 和总体 A 的统计属性。

增强统计推理（统计概括）可靠性的准则如下。

准则①：样本的规模越大，样本就越具有代表性。

准则②：样本与总体的相关性越大，样本就越具有代表性。

概率抽样这个概念可用来描述样本与总体的相关性，如果样本是根据总体的不同性质，选择恰当的随机抽样方法选取的，那么样本与总体就有相关性，并把它称为统计相关。随机抽样的方法包括：简单随机抽样、分层随机抽样和系统随机抽样。

准则③：结论中统计数值的参数区间越大，归纳强度就越高。

样本的统计值是总体估测值的一个参数，围绕这个参数有一个正负误差的区间，称之为参数区间。

3. 统计三段论的论证型式

统计三段论是统计概括的逆转形式。其推理结构如下。

前提：总体 A 的 $x\%$ 有 P 属性；

前提：这个（这些）a 属于总体 A。

结论：这个（这些）a 可能有 P 属性。

增强统计三段论可靠性的准则：

准则①：总体中的 x 越接近 100，结论为真的可能性就越大。

准则②：样本或样本个体应当在总体中具有代表性。

准则③：结论统计数值的参数区间越大，归纳强度就越高。

（三）评估统计论证的批判性问题

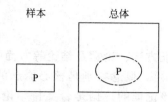

在进行统计推理（论证）时，需要考虑以下批判性问题：

CQ1. 明确结论问题：结论是什么？

① 论题说了什么和没说什么？

② 是否明确了结论中的具体概念？有人混淆或偷换概念了吗？

CQ2. 数据意义问题：统计数据有何含义？

① 数据能否说明问题？能说明什么问题？是否存在数据理解的陷阱？

② 是否遗漏了什么？——揭示相关因素和比较基础。

③ 这个资料是否有意义？——揭露统计数据赖以建立的未经证实的假设。

CQ3. 数据可信度问题：统计数据从何而来？

① 该统计数据是谁说的？——验证资料来源的正当性和权威性。

② 该统计数据是如何知道的？——检验样本。

CQ4. 样本代表性问题：样本是否能真正代表总体？

统计推理的可靠性主要取决于样本是否有代表性。只有从能够代表总体的样本出发，才能得到关于总体的可靠结论。通常从样本的容量和样本与总体的相关性两方面来保证样本的代表性。为了保证样本的代表性，人们一般从对抽样过程提出如下要求。

① 抽样规模应当尽可能地大。样本容量越大，结论的可靠性就越高。

② 抽样范围应当尽可能地广。样本范围越广，结论的可靠性就越高。

③ 样本的选取应当是随机的。选取样本时不应带有主观偏见。

CQ5. 反案例问题：有无未具有原样本属性的其他样本？

① 若没发现相反的案例，则结论的可靠程度就较高。

② 若存在相反的案例，相反的案例越多，则结论的可靠程度就越低。

CQ6. 数据应用问题：统计数据的应用是否合理？

分析统计推理的前提与其结论之间的相关程度，对统计数据与结论进行如下评估。

（1）数据的相关性

统计数据与结论是否相关？相关度如何？统计数据是否能支持结论？

数据的相关性表现在样本的归属问题上。对于不同的群体，某事在样本身上发生的可能性的大小通常是不一样的。所以，当我们衡量某事在一个样本身上发生的可能性时，必须确定这个样本属于哪个群体。

（2）数据的可比性

统计数据是否进行了比较？是否设定了供比较的对象？是否设定了比较的根据或基础。

统计概括的结论总是涉及总体的性质，也就是总体的规模和它的异质性程度，如果忽略总体性质的差异而对两个统计数据进行比较，并试图在此基础上得出某一结论，那么就犯了数据不可比的错误。其中，独立数据是指脱离比较基础的数据，这种缺乏比较的数据在论证中不具备令人信服的证据效力。

（3）结论的恰当性

要考察从这些统计数据中可以推出什么结论？得出的结论是否恰当？

二、案例分析

■案例1

分析下面的论证在概念、论证方法、论据及结论等方面的有效性。

（论证有效性分析的一般要点是：概念特别是核心概念的界定和使用是否准确并前后一致，有无各种明显的逻辑错误，该论证的论据是否支持结论，论据成立的条件是否充分等。作文要注意内容深度、逻辑结构和语言表达。）

随着总体人口寿命水平的上升，我国的老年人口数量在持续增长。例如，在我国某个人口较密集的地区，65岁以上的老人就占了20%，而过去6个月以来，该地区度假酒店的入住率大幅下降。有鉴于这两种趋势，一个谨慎的投资者最好放弃对酒店业的兴趣，把投资转向医院和老人护理院。

【论证缺陷分析】

上文是一则统计论证，但其论证的有效性值得怀疑，其主要逻辑缺陷在于：统计数据难以说明问题，其样本可能不具有代表性，甚至可能存在反例，以及结论的得出不合理等。

【参考范文】

《考虑欠周的投资建议》

上文基于老年人口数量持续增长的趋势和一个人口较密集的地区度假酒店的入住率大幅下降的趋势，得出了放弃酒店业转而加大医院和老人护理院的投资建议。由于其理由不充分且存在逻辑漏洞，因此其结论不可靠，现把主要论证缺陷分析如下。

首先，作者解释"我国的老年人口数量在持续增长"这一趋势，用了"我国某个人口较密集的地区，65岁以上的老人就占了20%"这一例子，这一论述是模糊且无效的。这20%的老人本身是否数量大是不得而知的，因为缺乏比较的基础；而且老年人口数量持续增长的趋势是否存在也不清楚，因为没有和过去进行比较。

其次，这个地区的代表性如何，很难说。由于这个地区的人口较密集，不一定能成为全国人口变化趋势的典型样本。如果该地区恰好是老人喜欢移入居住的地区，那以该地区作为样本就没有代表性了。

再次，全国范围内是否存在老年人口数量持续增长，同时度假酒店的入住率上升的反例呢？上文没有论述在适合养老度假的地区，可能这样的现象是存在的。因此，老年人口数量增多未必会导致度假酒店的入住率下降。

最后，即使上述两个趋势真的存在，那放弃对酒店业的兴趣，也不能轻易地提出要把投资转向医院和老人护理院。因为现有的医院和护理院也许闲置率很高，也许老年人更喜欢居家养老、康复和护理。

总之，该作者的投资建议是建立在不充分的论据以及没有内在联系的统计数据基础之上的，因此，其论证是缺乏说服力的。

■案例2

分析下面的论证在概念、论证方法、论据及结论等方面的有效性。

（论证有效性分析的一般要点是：概念特别是核心概念的界定和使用是否准确并前后一致，有无各种明显的逻辑错误，该论证的论据是否支持结论，论据成立的条件是否充分等。作文要注意内容深度、逻辑结构和语言表达。）

我公司研制开发的财务软件，自5年前投放市场以来，受到市场高度关注，目前，市场占有率一直保持在25％左右，市场占有率位居同类软件第二名。根据市场调研，我们与第一名"财信通"的差距主要表现在界面的易用性方面，有0.9％的客户反映"财信通"的软件界面比我们的产品界面更友好。我们经过慎重考虑，在新版产品中，并未对这一问题进行任何修改。我们认为，尽管有千分之九的客户对我们的产品界面提出了批评，但是，相反的方面，也就是说，99.1％客户是满意的。因此，保持独特的产品风格，保持软件的平稳升级，尊重广大客户的习惯应该是我们的选择，这样，老客户会更稳定，新客户会逐渐多起来，最终扩大我们的市场占有率，做到业内第一。

　　【论证缺陷分析】

　　上文是一则统计论证，其主要逻辑缺陷是统计数据应用不合理、没有提供数据间的比较、理由不充分、得出的结论不恰当等。

　　【参考范文】

《混乱的统计论证》

　　上文对其财务软件产品的竞争分析是基于统计论证的，由于该论证存在统计数据应用不合理等逻辑漏洞，因此其得出的结论不恰当。现把其主要逻辑缺陷分析如下。

　　首先，作者认为"我公司的财务软件受到市场高度关注"的理由是"市场占有率一直保持在25％左右，位居同类软件第二名"，这一论述的漏洞在于数据既没有提供比较也没有明确含义。一方面，该论述没有提供与第一名的比较，另一方面，25％的市场占有率指的是"整个财务软件市场"，还是该公司财务软件的细分市场？假如该公司5年前推出的财务软件只占整个财务软件市场的千分之一，虽然在本行业专用财务软件市场中占25％，而第一名的公司在去年才推出类似的软件，市场占有率就高于50％。如果是这样的情况，那么就很难说该公司的财务软件受到了市场的高度关注。

　　其次，作者认为他们与第一名"财信通"的差距主要表现在产品界面的易用性方面，得出这一结论的理由是，根据市场调研，有0.9％的客户反映"财信通"的软件界面比我们的产品界面更友好。这一理由是不充分的，关键是没有提供有多少比例的客户对该公司产品与"财信通"在其他方面差距的数据，没有比较是无法得出结论的。比如，有95％的客户反映"财信通"的软件性能比我们的产品性能更优，那么该公司软件产品与"财信通"的差距就主要在性能方面而不是界面的易用性。

　　再次，由"有千分之九的客户对我们的产品界面提出了批评"推不出"余下的99.1％的客户是满意的"。因为这些客户中也许有很多人对软件的界面并不满意，但只是未提出批评意见而已或者多数客户对软件的界面谈不上不满意，也谈不上满意。

　　最后，界面更友好些不一定就会影响我公司产品的"独特产品风格"，也不一定影响"软件的平稳升级"，没准还会更符合广大客户的习惯。所以不能武断地认为我们目前不作修改就是尊重广大客户的习惯。即使不升级用户界面，真的满足了老客户的要求，新客户是否会增加也是个未知数。由此，根本得不出"最终扩大我们的市场占有率，做到业内第一"的结论。

　　总之，作者思路混乱、推理机械，使得该统计论证的有效性受到严重质疑，其结论完全不具有说服力。

　　■案例3

　　分析下面的论证在概念、论证方法、论据及结论等方面的有效性。

　　（论证有效性分析的一般要点是：概念特别是核心概念的界定和使用是否准确并前后一

致，有无各种明显的逻辑错误，该论证的论据是否支持结论，论据成立的条件是否充分等。作文要注意内容深度、逻辑结构和语言表达。）

其实，坐飞机出行的安全系数是最高的。

统计表明，坐飞机出行的安全系数是远远高于乘坐火车、汽车等地面交通工具的。近10年，国际上飞机百万架次事故率的平均水平为1.03。按照这个比例计算，一个人每天坐一次飞机，要2660年才遇上一次空难。我们外出都要算里程，所以在安全的数据度量问题上，用路程比用时间更合适、更科学。自20世纪70年代中期以后，飞机每飞行1000公里死亡的人数大约为0.05个，这个数字远远低于铁路和公路。中国民航飞机的百万架次事故率只为0.23。在中国从1982～2004年算下来，22年有21起空难，遇难人数才1404人。

人们认为火车更安全，是一种偏见。一般各国的飞机事故都会及时报道，而火车事故报道就不是很及时或者不进行报道，这给我们一种错觉，飞机似乎总出事。

【论证缺陷分析】

上文是一则统计论证，统计数据需要比较才有意义，结论不能从单方面的数据来认定，上文只列举了一组与飞机相关的安全数据，没有列举与火车等地面交通的安全数据的对比。而且，该作者没有明确比较的基础，是不能笼统地得出"乘坐飞机出行的安全系数是最高的"这一结论的。

【参考范文】

《乘坐飞机出行真的最安全吗?》

作者试图通过一则统计论证来证明"坐飞机出行的安全系数是最高的"，但由于存在诸多逻辑问题，其论证是值得怀疑的，现把其中的逻辑缺陷分析如下。

首先，上文没有明确"安全系数"这一概念。因为按照不同的数据统计和理解，存在不同的比较方式，比如，有事故率方面的不同比较，包括百万架次（辆）事故率、百万乘客事故率，百万公里事故率等；也有死亡率方面的比较，比如每十亿次出行死亡人数、每十亿小时出行死亡人数、每十亿公里死亡人数等。不同的比较，结果可能是完全不同的。

其次，该作者用飞机百万架次事故率为1.03，推算出一个人每天坐一次飞机，要2660年才遇上一次空难。由此作为飞机出行安全的一个证据，理由也是存疑的。因为虽然飞机百万架次事故率很低，但一旦出现事故，死亡率是最高的，而且是死亡人数众多。而且，该作者没有提供同样出行次数的情况下，乘坐飞机和乘坐火车的出事故次数和死亡人数的比较，也许每百万次出行死亡人数，飞机是要高于火车的。

再次，该作者用"飞机每飞行1000公里死亡的人数大约为0.05个，这个数字就远远低于铁路和公路"来支持飞机出行安全的结论也是片面的。因为飞机速度快，按照公里数计算，事故率和死亡率确实相对较低。但是，如果按照出行次数或出行时间计算，乘坐飞机出行的死亡率很可能高于乘坐火车或汽车。

另外，上文笼统地认为，飞机比火车等地面交通工具安全，该结论是不成立的。因为人们对安全的理解各不相同，有人以出行次数为基础，有人以出行时间为基础，有人以出行路程为基础，不同比较的结果是不同的。按照任何单一指标比较飞行和地面交通的安全性都是不恰当的。

最后，作者认为"火车更安全，是一种偏见"，仅仅举出报道差异，这个理由是不充分的。很多人认为火车安全的理由可能很多，比如火车事故的死亡率低、火车出事后逃生的机会比飞机大得多、飞机出事后很少有生还者、有些人对高空恐惧的心理偏见等，如果该作者想证明自己的观点，这些都需要进行驳斥。

总之，由于上述统计论证存在诸多逻辑漏洞，因此其结论是值得商榷的。

■**案例 4**

分析下面的论证在概念、论证方法、论据及结论等方面的有效性。

（论证有效性分析的一般要点是：概念特别是核心概念的界定和使用是否准确并前后一致，有无各种明显的逻辑错误，该论证的论据是否支持结论，论据成立的条件是否充分等。作文要注意内容深度、逻辑结构和语言表达。）

下文出于一本为热衷创作的人撰写的指导。

新作者通常无法使著名的大型出版社相信他们的作品将畅销，因此他们必须首先找一家没有什么名气的小出版社出版他们的作品以便赢得一些销售记录。但《神话作家》杂志的编辑们为热衷创作的人带来了一则好消息：过去两年中，神话小说出版的数量增长。此外，去年出版的神话小说中，几乎一半的作品出自于首次写小说的人之手。由于神话小说的市场正在扩大，所有的出版社都会想要增加他们出版神话小说的数量。因此，新手们应该创作神话小说，以增加他们在著名大型出版社出版第一部小说的机会。

【参考范文】

《有待商榷的创作建议》

上文作者针对从事创作的新手们如何增加在大出版社出版自己的第一部作品的机会而提出建议，应该创作神话小说。然而其论证缺乏说服力，使得其建议有待商榷。

首先，作者所依据的第一个理由是，过去两年中，神话小说出版的数量增长。然而，作者没有提供其他类型小说的出版数量是否在增长，如果其他类型小说的出版数量的增长幅度更大，那么新手不应该创作神话小说，而应该创作其他类型的小说。

其次，作者所依据的第二个理由是，去年出版的神话小说中，几乎一半的作品出自于首次写小说的人之手。这一事实也没有和创作其他类型的小说来比较，如果去年出版的其他小说中，超过一半的作品出自于首次写小说的人之手，那么同样不应该建议新手创作神话小说。

再次，作者所依据的第三个理由是，神话小说的市场正在扩大，所有的出版社都会想要增加他们出版神话小说的数量。这一理由同样对作者建议的支持力不足，如果其他类型小说的市场扩大程度更大，出版社想要增加出版其他类型小说的数量更多，那就应该建议新手去创作其他类型的小说。

其实，作者建议是否可行的关键点在于，应该比较"新手创作的神话小说在著名大型出版社出版的数量"与"新手创作的神话小说在著名大型出版社投稿的数量"的比率与"新手创作的其他类型小说在著名大型出版社出版的数量"与"新手创作的其他类型小说在著名大型出版社投稿的数量"的比率，若前者大于后者，作者的建议就是合理的，若前者小于后者，则作者的建议就是不合理的。

最后，还要考虑的问题是，神话小说的市场热潮是否可以持续，若像别的时尚潮流一样来的快，去的也快，那么由于学习和创作神话小说通常需要一定的时间，等新手们创作完了神话小说时已很难得到出版的机会了。

总之，作者论证的理由不充足，存在明显的逻辑漏洞，以此为据而提出的建议也不能使人信服。

第三节　因果论证

因果论证指的是揭示因果联系的论证。在自然和社会中，因果联系是各种现象之间普遍联系的表现形式之一。所谓原因，指的是产生某一现象并先于该现象的现象；所谓结果，指的是原因发生作用的后果。因果关系总是先有原因后有结果，但除了时间的先后关系之外，因果关系还必须具备一个条件，即结果是由于原因的作用所引起的。

一、批判性准则

因果论证的前提或结论涉及对因果关系的认识，包括从因到果、从果到因以及从相关到因果的论证。

（一）从因到果的论证

从因到果的论证是指：预见一个事件将出现，因为其原因已经出现。

1. 从因到果的论证型式

顺序的因果逻辑：一般情况下，因为事件 A（因）发生，所以产生事件 B（果）。

前提：事件 A 已经发生了；

结论：事件 B 将要发生。

比如，如果水温达到了 100℃，那么水会沸腾；这壶水的温度即将达到 100℃；所以，这壶水即将沸腾。

2. 评估从因到果论证的批判性问题

CQ1. 说明原因问题：先行事件在某一情况下确实发生了吗？

即事件 A 是否真的发生了。

CQ2. 因果联系问题：前提中反映某因果联系的命题是否为真？

即事件 A 与事件 B 是否真的具有因果关系？假如前提中存在证明某因果联系的证据，那么这些证据足以证明某因果联系存在吗？

CQ3. 干扰因素问题：存在干预或抵消在此情形中产生那个结果的其他因素吗？

（二）从果到因的论证

从果到因的特点是从已知的结果出发，寻找其原因，从已知的推断出发，追溯其理由。如果说从因到果的论证是从过去到未来的预见性推理的话，那么从果到因就是从现在追溯过去的推理。比如，如果咽喉发炎，那么就会咳嗽；老王咳嗽；所以老王的咽喉发炎了。

1. 从果到因的论证型式

顺序的因果逻辑：一般情况下，因为事件 A（因）发生，所以产生事件 B（果）。

前提：在某一具体情况下，B 发生了；

结论：所以在某一具体情况下 A 可能发生了。

2. 评估从果到因论证的批判性问题

CQ1. 说明结果问题：结果在某一情况下确实发生了吗？

即事件 B 是否真的发生了。

CQ2. 因果联系问题：前提中反映某因果联系的命题是否为真？

即事件 A 和事件 B 是否真的具有因果关系？

CQ3. 其他原因问题：是否排除了其他原因的可能性？

即造成事件 B 的原因是否只有 A？有没有另一个事件 C 是事件 B 发生的原因？

（三）从相关到因果的论证

从相关到因果的论证就是根据两个事件之间存在一定的相关性，进而推断出它们之间存在着因果关系。

1. 从相关到因果的论证型式

相关性前提：A 和 B 之间存在正相关；

结论：A 引起 B。

要注意的是，除时间关联和统计关联外，两类因素要有因果关系还必须有实质性的相关。好的因果推论必须考虑如何排除其他可能的解释，确定相关性不是偶然的，甚至以具体的因果机制说明，显示"A 导致 B"是最佳的因果解释。

2. 评估从相关到因果的批判性问题

CQ1. 相关性存在问题：在 A 和 B 之间真的存在相关性吗？

存在 A 和 B 之间正相关的大量实例吗？在某些其他的情况下，在 A 和 B 之间是否依然存在正相关（负相关）的关系吗？在 A 和 B 之间的相关强度如何？

CQ2. 因果方向问题：是否存在证据可以表明 A 是 B 的原因，而不是 B 是 A 的原因？

A 和 B 之间真的存在因果关系吗？因果关系有没有可能是从 B 到 A，而不是从 A 到 B？

CQ3. 独立第三因素问题：A 和 B 之间的相关性有没有可能是由第三个因素造成的？

也即他因问题，B 的产生有没有可能是因为一个与 A 同时发生的 C 导致的？也即 C 同时导致了 A 和 B？或者有无可能 A 只是 B 的次要原因，C 才是导致 B 的主要原因？

CQ4. 因果间接性问题：是否存在能够表明 A 和 B 之间的因果关系是间接的干涉变量（A 和 B 之间的因果关系是其他原因起中介作用）引起的？

有没有可能是"A 导致了 C，然后 C 导致了 B?"或者"A 与 C 相结合导致了 B?"或者"B 与 C 相结合导致了 A?"

CQ5. 相关性范围问题：假如 A 和 B 之间的相关性在特定的范围之外不成立，那么，能否清楚地指明该限制范围？

二、案例分析

■案例 1

分析下面的论证在概念、论证方法、论据及结论等方面的有效性。

（论证有效性分析的一般要点是：概念特别是核心概念的界定和使用是否准确并前后一致，有无各种明显的逻辑错误，该论证的论据是否支持结论，论据成立的条件是否充分等。作文要注意内容深度、逻辑结构和语言表达。）

"社会经济"期刊刊文指出，自 2000 年以来，全世界的离婚率不断上升。因此，目前世界上的单亲儿童，即只与生身父母中的某一位一起生活的儿童，在整个儿童中所占的比例一定高于 2000 年。

【论证缺陷分析】

上文是一则从因到果的论证，该论证的结构如下。

一般规则：离婚率不断上升，单亲儿童的比例将上升。

因：离婚率不断上升。

果：目前单亲儿童的比例将上升。

评估这一论证可以从离婚率不断上升是否确实发生了，离婚率上升必然会导致单亲儿童的比例上升吗，是否存在导致单亲儿童的比例变化的其他因素等方面来考虑。

【参考范文】

《单亲儿童的比例将必然上升吗?》

上文根据离婚率不断上升，得出结论，目前单亲儿童的比例将上升。这一论证是值得商榷的，现把其逻辑缺陷分析如下。

首先，自 2000 年以来，全世界的离婚率是否真的不断上升？"社会经济"期刊的这篇文章所刊载的内容是否真实，该文章所依据的调查是否科学？该文章的观点是否客观？上文均没有交代，因此，"自 2000 年以来，全世界的离婚率不断上升"这一说法存疑。

其次，上述论证所隐含的假设是：一般来说，离婚率不断上升，单亲儿童的比例就上升。而这一假设没有得到验证，其真实性是存疑的。因为除了离婚率之外，导致单亲儿童的比例变化还存在其他因素，如已婚人士的死亡率、非婚生子的比例等因素。

再次，如果自 2000 年以来，相对和平环境的医疗技术的发展，使中青年已婚男女的死亡率极大地降低；或者非婚生子的情况大大减少，那么，即使自 2000 年以来，离婚率不断上升，目前世界上的单亲儿童在整个儿童中所占的比例也不一定高于 2000 年。

总之，由于这一论证存在以上逻辑漏洞，其结论不具有说服力。

■案例 2

分析下面的论证在概念、论证方法、论据及结论等方面的有效性。

（论证有效性分析的一般要点是：概念特别是核心概念的界定和使用是否准确并前后一致，有无各种明显的逻辑错误，该论证的论据是否支持结论，论据成立的条件是否充分等。作文要注意内容深度、逻辑结构和语言表达。）

某教育专家认为："男孩危机"是指男孩调皮捣蛋、胆小怕事、学习成绩不如女孩好等现象。近些年，这种现象已经成为儿童教育专家关注的一个重要问题。这位专家在列出一系列统计数据后，提出了"今日男孩为什么从小学、中学到大学全面落后于同年龄段的女孩"的疑问，这无疑加剧了无数男生家长的焦虑。该专家通过分析指出，恰恰是家庭和学校不适当的教育方法导致了"男孩危机"现象。

【论证缺陷分析】

上文是一则从果到因的论证，该论证的结构如下。

果："男孩危机"现象。

因果关系：家庭和学校不适当的教育方法会导致"男孩危机"现象。

因：家庭和学校不适当的教育方法。

评估这一论证可以从"男孩危机"现象是否真的客观存在，家庭和学校不适当的教育方法是否是导致"男孩危机"现象的主要原因，是否还存在其他因素影响了"男孩危机"现象等方面来考虑。

【参考范文】

《"男孩危机"现象的根源到底是什么?》

上文根据"男孩危机"现象，认为其原因是，家庭和学校不适当的教育方法所致。这一论证存在明显的逻辑漏洞，其结论是不具有说服力的。现把其逻辑缺陷分析如下。

首先，作者认为"男孩危机"现象的依据是"今日男孩为什么从小学、中学到大学全面落后于同年龄段的女孩"，这一看法是值得商榷的。因为这里所指男孩全面落后于同年龄段的女孩的"落后"，是指调皮捣蛋、胆小怕事、学习成绩这几个方面的落后？还是指各个方面的落后？如果仅指前者，而在学习能力、动手能力、运动能力、好奇心、探索精神等方面，男孩并不落后，甚至还领先于女孩，这就不能说明"男孩危机"的根源是教育方法问题了，反而说明了当今的教育理念和评价指标等方面存在问题。

其次，即使"男孩危机"现象属实，上述论证的隐含假设也是存疑的。作者的假设是，一般来说，家庭和学校不适当的教育方法会导致"男孩危机"现象。而这一假设没有得到验证。因为除了教育方法之外，导致"男孩危机"现象还存在其他因素，比如，男孩天性活泼好动、男孩身心发育上晚于女孩、社会上选秀文化盛行阴盛阳衰等因素的影响导致了"男孩危机"现象。

再次，很可能还存在其他因素影响"男孩危机"现象，比如，现代社会游戏泛滥，男孩天性比女孩更喜欢游戏，这耗去了他们大量的精力。这样，即使"男孩危机"现象真的存在，其根源也未必是家庭和学校不适当的教育方法所致。

总之，由于这一论证存在以上缺陷，其结论是存疑的。

■ 案例 3

分析下面的论证在概念、论证方法、论据及结论等方面的有效性。

（论证有效性分析的一般要点是：概念特别是核心概念的界定和使用是否准确并前后一致，有无各种明显的逻辑错误，该论证的论据是否支持结论，论据成立的条件是否充分等。作文要注意内容深度、逻辑结构和语言表达。）

一项关于婚姻的调查显示，那些起居时间明显不同的夫妻之间，虽然每天相处的时间相对较少，但每月爆发激烈争吵的次数，比起那些起居时间基本相同的夫妻明显较多。因此，为了维护良好的夫妻关系，夫妻之间应当尽量保持基本相同的起居规律。

【论证缺陷分析】

上文是一则从相关到因果的论证，该论证的结构如下。

相关性前提："起居时间不同"和"夫妻关系不和"之间存在正相关。

结论："起居时间不同"是引起"夫妻关系不和"的原因。

这一论证的有效性是值得商榷的，其可能存在的逻辑缺陷可从相关到因果的批判性准则来分析。

【参考范文】

《起居时间真的影响夫妻关系吗？》

上文根据"起居时间不同"与"夫妻关系不和"这两个现象存在统计相关，得出结论，为了维护良好的夫妻关系，夫妻之间应当尽量保持基本相同的起居规律。这一论证是值得商榷的，现把其逻辑漏洞分析如下。

首先，"起居时间不同"与"夫妻关系不和"之间真的存在相关性吗？那些起居时间明显不同的夫妻之间，每月爆发激烈争吵的次数是不是确实比起那些起居时间基本相同的夫妻明显较多？上文只是基于一项调查，其调查是否科学不得而知，应该基于更多的调查才能说明问题。

其次，即使"起居时间不同"与"夫妻关系不和"之间确实存在相关性，那也未必是前者影响后者，也许是后者影响了前者呢？事实上屡见不鲜的是，夫妻闹矛盾时，一方往往用不同起居的方式表示不满。

再次，"起居时间不同"与"夫妻关系不和"之间的相关性有没有可能是由其他原因引起的呢？比如，家庭负担过重、投资失败、事业发展受挫、子女教育观念不一致、赡养双方老人的态度不同等，这些都有可能同时导致"起居时间不同"与"夫妻关系不和"，而不一定是"起居时间不同"引起的"夫妻关系不和"。

最后，也许"起居时间不同"只是导致"夫妻关系不和"的多个因素中的一个而已，比如"起居时间不同"加上双方沟通不畅、家庭经济条件变差等因素综合起来共同导致了"夫妻关系不和"。

综上所述，仅仅根据"起居时间不同"与"夫妻关系不和"这两个现象具有相关性是不足以推出这两者存在因果关系的，所以上述论证的有效性值得质疑。

第四节 类 比 论 证

类比是一种常用的猜想方法，是一种扩展性的推理，属于广义的归纳推理。由于类比是一种主观的不充分的似真推理，因此，要确认其猜想的正确性，还须经过严格的逻辑论证。

一、批判性准则

类比论证是从两个或两类事物的某些地方的相似，推出它们在另外的地方仍相似的结论，其结论不具有必然性。

（一）类比论证的型式

A 有属性 a、b、c、d。

B 有属性 a、b、c。

所以 B 有属性 d。

在类比推理的形式结构中：第一，A 事物是我们熟悉的事物，B 事物是我们希望说明或深入了解的事物，并且它们在一些属性上具有相似性；第二，已知 A 事物的前提与结论具有真实的因果联系，因此 B 事物也应有相关的因果联系。

（二）评估类比论证的批判性问题

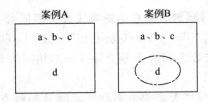

CQ1. 是否在同类对象或可比的对象之间进行类比。

世间几乎任何两个事物之间都有某种相似性，但不能简单进行类比。世界上具有某些相同属性或相似属性的事物是无穷多的，有的根本是风马牛不相及的，对它们进行类比，就缺乏说服力。

中国古代墨家曾提出"异类不比"的原则，他们把"木与夜孰长？智与粟孰多"之类的问题斥为荒谬，因为木头占据空间，夜晚涉及时间；智慧属于精神范畴，粟米属于物质范畴，不同类，不可比。如果硬要把它们拿来相比，就犯了"机械类比"或"荒唐类比"的谬误。

CQ2. 两类事物之间是否具有相似性？

辨别属性 a、b、c、…，确定这些属性为实体 A 和 B 所共有。前提相似属性越多，结论的可靠性程度就越高。

CQ3. 两类事物之间是否还具有相异性？

作类比的两个事物之间固然有相似之处，但也有所差别。相异的属性越关键越会降低类比论证的可靠程度。

CQ4. 类比的前提与结论之间是否具有相关性？

类比结论的可靠程度取决于很多因素，其中最重要的是它们的已知相同属性与推出的属性之间的相关程度，即确定结论提到的属性 a、b、c 与属性 d 之间的关系，若存在着因果上的联系或者系统上的联系，那么这个类比论证就是强的，否则它就是弱的。因此，明确哪些是与推出属性紧密相关的重要属性，再看所比较的两个事物是否都具备这些关键属性。

CQ5. 类比所得出的结论是否恰当？

对这些相似的事物我们还需了解什么？有无信息遗漏？

二、案例分析

■案例 1

分析下面的论证在概念、论证方法、论据及结论等方面的有效性。

（论证有效性分析的一般要点是：概念特别是核心概念的界定和使用是否准确并前后一致，有无各种明显的逻辑错误，该论证的论据是否支持结论，论据成立的条件是否充分等。作文要注意内容深度、逻辑结构和语言表达。）

狮子与野驴一起外出打猎，狮子力气大，野驴跑得快。他们抓获了许多野兽。狮子把猎物分开，堆成三份，说道："这第一份，该我拿，因为我是王。第二份也该是我的，把它算作我和你一起合作的报酬。至于第三份呢？如果你不准备逃走，也许会对你有大害。"狮子不仅把所有的猎物占为己有，并且差点把野驴也吃掉了。公司经营也是一样。如果想要吞并比自己实力弱的公司而联合比自己实力雄厚的公司，最后的结果就只能是和这只野驴一样，不仅自己一无所获，而且会面临自己被消灭的危险。所以企业最好的竞争战略不是和比自己强大的企业合作，而是应该和比自己弱的企业合作，一起来对抗更强大的企业。

【论证缺陷分析】

上文通过狮驴合作来类比大公司与小公司的合作，犯了类比不当的逻辑谬误，其逻辑缺陷可以从上述类比论证的批判性问题来分析。

【参考范文】

《类比不当的狮驴论证》

上文论述，狮子与野驴合作狩猎的结果是：狮子不仅把猎物占为己有，并且差点把野驴吃掉，由此作者认为，同样的情形也会发生在公司经营上，小公司最好的竞争战略不是同大企业合作，而是联合小企业与大企业抗衡。这一类比论证是有严重缺陷的，现试剖析如下：

首先，作者把小公司类比为野驴，大公司类比为狮子，由于大公司、小公司与狮子、野驴不是同类对象，把这两类对象进行类比是不恰当的。

其次，大公司、小公司与狮子、野驴除了大小之间的相似性外，没有本质上的相似性。野驴、狮子是动物，不存在理性思维，只有眼前和本能的需求，而大公司、小公司是由理性的人组成的，具有长远和整体的需求，因此这两者是不适合进行类比的。

再次，大公司、小公司与狮子、野驴存在明显的相异性，野驴与狮子的合作是建立在生存的需要上，甚至是不计风险和后果的。而公司经营完全不是这样。小公司与大企业的合作战略是公司管理层在战略理性思维的基础上，根据实际情况制定的，对其合作的目的、前景和可能的风险都有理性的预测和相应的对策。

另外，作者认为小公司与大企业合作的最终结果就是被消灭，这又犯了片面推论的错误。其实在当今的商战中，小公司可以通过细化市场、差异性战略，在强手如林的公司竞争中生存，很多时候选择与大企业合作，如负责大公司上下游的某个方面或者承包大公司的部分产品或零配件，是小公司得以壮大发展的必要手段，借此它也有机会成为大企业。上文只强调了小公司与大企业合作可能存在的风险，却忽略了其合作的价值，其推论不免过于片面。

最后，在经营上不是朋友就是敌人，这犯了绝对化的错误。其实公司的经营决策是根据自身与对方的状况、市场变化与未来走势等因素，从而适时地选择战略合作伙伴。上文过于强调了合作的风险，事实上，大公司与小公司合作也可以取得比较优势，也有利于自身的发展，如果能取得双赢，大公司没有理由要消灭小公司。小公司也不一定要选择比自己弱的企业合作来一起对抗大企业。

总之，由于上文类比不当，得出的结论是有失偏颇的，其论证是不合理且无效的。

■案例 2

分析下面的论证在概念、论证方法、论据及结论等方面的有效性。

（论证有效性分析的一般要点是：概念特别是核心概念的界定和使用是否准确并前后一致，有无各种明显的逻辑错误，该论证的论据是否支持结论，论据成立的条件是否充分等。作文要注意内容深度、逻辑结构和语言表达。）

实验人员先把一锅水煮沸，然后把一只青蛙扔进锅里，在这生死存亡的关头，这只青蛙的反应相当敏捷，它双腿一蹬，竟跳出锅外。隔了半小时，实验人员又架起一口锅，注满常温的清水，然后把那只青蛙扔进锅里。这一回，青蛙游得逍遥自在。实验人员则悄悄在锅下面加热，青蛙并不在意，仍然一副悠哉悠哉的样子。等到水不断升温、青蛙感到难以忍受时，它再也没有那一跃而起的力量，最终只得葬身锅底。

这个青蛙试验告诉我们，越是危险的市场环境，越是能激发企业的警觉和生命力，所以企业实际上也就越是安全。相反，越是舒适的环境，也就越是危险，因为置身于舒适的环境之中必然会丧失警觉，逐渐形成一种固定的习惯和模式。一个企业，一旦陷入了这种固定的习惯和模式之中，就会缺乏对环境的敏感度。由于环境每时每刻都在改变，所以不变的企业只会被变化了的市场所淘汰。因此，一个好的企业就必须有勇气打破和抛弃一切原有的习惯和模式，并自觉地把自己投入到危险的市场环境之中去。

【论证缺陷分析】

上文用青蛙实验来类比企业的经营之道，犯了类比不当的谬误，其论证缺陷可以从两类对象是否可比？是否具有相似性？是否还具有相异性？前提与结论之间是否具有相关性？类推出的结论是否恰当等角度进行评估。

【参考范文】

《企业不是青蛙》

青蛙实验发现，把青蛙扔进煮沸的锅中，因其危险环境的应急反应而敏捷跳出。第二次将青蛙放入温水中，由于青蛙对身处潜在的危险却难于察觉，最终丧失了一跃而起的力量，只得无奈葬身锅底。作者由此类推出企业的经营之道，由于其论证方法不当而导致其结论不可信，现把主要逻辑缺陷分析如下：

首先，上文论证是把企业类比为青蛙，企业所面临的环境类比为青蛙所处的锅，由于这两类事物不是同类对象，因此不具有可比性。

其次，由于青蛙是动物，其对环境的反应是一种本能的反应，完全是被动的；而企业是由人所组成的，企业对环境的反应更多的是理性反应，更多是主动的。因此这一类比论证欠妥当。

再次，作者通过青蛙实验类推出，越是危险的市场环境，越是能激发企业的警觉和生命力，所以企业实际上也就越是安全。这一结论是片面的。危险的市场环境诚然能激发企业的警觉和生命力，但市场是非常复杂的，如果企业的警觉不能带来有效的应对措施，企业不可能安全。

另外，作者通过青蛙实验进一步类推出，企业若处于危险环境中会自动变革，而处于舒适环境中会由于缺乏对环境的敏感度而被市场淘汰。这一结论是片面的，因为企业不是低等动物，在舒适环境中并不必然导致丧失对环境的敏感度，关键是取决于企业家等企业人员是否具备居安思危的素质，能否正确应对未来环境的变化。

最后，"一个好的企业就必须有勇气打破和抛弃一切原有的习惯和模式，并自觉地把自己投入到危险的市场环境之中去"，这一结论是不恰当的。好企业原有的习惯和模式是其成功的经历所形成的，有其合理性，市场的变化很多是渐进和相对的过程，企业难道需要完全摒弃所有的习惯和模式吗？适度和渐进的变革对企业成长来说是需要的，但完全抛弃原有的模式就犯了绝对化的错误。

总之，由于上文的类比论证存在诸多逻辑漏洞，其结论是缺乏说服力的。

■案例 3
分析下面的论证在概念、论证方法、论据及结论等方面的有效性。
（论证有效性分析的一般要点是：概念特别是核心概念的界定和使用是否准确并前后一致，有无各种明显的逻辑错误，该论证的论据是否支持结论，论据成立的条件是否充分等。作文要注意内容深度、逻辑结构和语言表达。）

下文摘自某杂货店的一份商业报告：
"自从我们在杂货店增加了药品部后，本年度总销售额增加了两成。显然，顾客图的是一条龙购物的便利。因此在接下来的两三年内增加利润最稳妥的办法是，陆续增添服装部、汽车配件和维修部。以后还要继续增添新部门和服务品种，如食府、园艺部等。作为本地区惟一一家拥有全套服务的商店，我们会比本地其他商店拥有更强的竞争优势。"

【参考范文】
《不靠谱的办法》

上述某杂货店的商业报告指出，由于增加了药品部后年度销售额增加了两成，据此提出增加利润的最稳妥办法是，决定陆续增加服装、汽配等新部门和维修、食府、园艺等服务品种。由于该报告的论证存在严重的逻辑缺陷，使得所提出的办法不能令人信服。

首先，该报告混淆了概念。该报告根据增加了药品部后年度销售额增加了两成，就断定只要增加新的部门和服务品种就能增加利润。然而"销售额"并不等同于"利润"，报告把这两个概念混为一谈了。一般来说，增加新部门新品种后"销售额"会增加，但同时也会增加成本，不一定就能增加"利润"。如果成本比销售额增加的幅度更大，利润反而会降低。

其次，该报告进行了不当类推。即使杂货店增加了药品部后使得年度利润增加了，也未必增加别的部分和服务就能增加利润。杂货店增加药品部产生盈利，这可能附近缺少药店，但附近可能并不缺少别的部门和服务，因此增加别的部门和服务就不一定能增加盈利。

再次，该报告认为成为"唯一一家拥有全套服务的商店"就会"拥有更强的竞争优势"，这两者并不具有必然的联系。竞争优势的关键是产品和服务是否满足市场需求，是否具有更高的性价比。一个商店，即便拥有全套服务，但如果服务不周到、服务质量不过硬，也不会具有更强的竞争力。

从上面的分析看来，该商业报告的论证缺乏有效性，因此所提出的办法并不靠谱。

■案例 4

分析下面的论证在概念、论证方法、论据及结论等方面的有效性。

（论证有效性分析的一般要点是：概念特别是核心概念的界定和使用是否准确并前后一致，有无各种明显的逻辑错误，该论证的论据是否支持结论，论据成立的条件是否充分等。作文要注意内容深度、逻辑结构和语言表达。）

内地某山村有一农民对自己的玉米收成很不满意，于是买来优质的玉米种子，果然当年大获丰收。邻人们在惊羡之余，纷纷请求其卖些种子给他们。可是这个农民为保全自己的优势，断然拒绝。可从第二年开始，他的玉米收成就开始差了，到了第三年，产量更是和邻人的相差无几。他的玉米产量为什么连年减少？原因一定是他的优质玉米接受了邻人田中劣等玉米的花粉。市场竞争的道理也是一样，封锁某种优良的技术种子，伪劣的仿造品就会如同劣等玉米的花粉一样将优质的玉米杂交得不成样子。所以更好的做法应该是，慷慨无私地把自己公司的先进技术公布出来，与人共享，这样通过利人的方式最终反而更能达到利己的目的。

【参考范文】

《不当的类比　荒唐的无私》

上文先论述了一则故事：一农民买来优质的玉米种子并大获丰收后，拒绝把种子卖给邻人，之后他的玉米产量为什么连年减少，作者认为其原因是他的优质玉米接受了邻人田中劣等玉米的花粉。由此类比类比企业经营之道，认为：企业应该慷慨无私地把自己的先进技术公布出来，与人共享，这样通过利人的方式最终反而更能达到利己的目的。这一类比论证是有严重缺陷的，现试剖析如下：

首先，玉米收成下降的原因未必就是邻人玉米花粉的影响，而可能是气候、施肥、除草等别的原因或者是多种原因的综合产物。

其次，即使玉米收成下降的原因确实是受到邻人玉米花粉的影响，上述类比论证也是不当的。文中作者把"优质的玉米种子"类比为"优良的技术种子"，把"劣等玉米"类比为"伪劣的仿造品"，既然玉米产量的减少的原因是"优质的玉米种子与劣等玉米的花粉杂交"，那么可类比推出，企业的优质产品会受到的负面影响是"优良的技术种子与伪劣的仿造品杂交"，而显然，这是荒谬的。可见，把上述两类对象进行类比是不恰当的。

再次，伪劣的仿造品可能会影响自己先进的技术产品，但要相信很多顾客还是可以区分好坏优劣的，从长远的角度看，先进的产品还是会战胜那些劣质的仿造品的。而且伪劣的仿造品如果非法地侵害了自己公司的利益，那么公司完全可以采取法律的手段来维护自己的利益，而没有必要非得采取公布先进技术的下策。

最后，就算决定采取公布技术的方法，也没有必要"慷慨无私"，因为企业毕竟要以盈利为目的，所以公司应该尽量考虑通过知识产权交易的方式能够把这种先进技术出售、转让或许可出去。

总之，作者没有有效地证明，"企业应慷慨无私地把自己的先进技术公布出来，与人共享，从而达到利人利己的目的"。相反，这反而会令人担心，这样做可能会毁了企业本身。

■**案例 5**

分析下面的论证在概念、论证方法、论据及结论等方面的有效性。

（论证有效性分析的一般要点是：概念特别是核心概念的界定和使用是否准确并前后一致，有无各种明显的逻辑错误，该论证的论据是否支持结论，论据成立的条件是否充分等。作文要注意内容深度、逻辑结构和语言表达。）

我国古代很多智慧结晶都表现在众多成语中。"蚍蜉撼树""以卵击石"都表明实力相差悬殊的搏斗只能是以弱小的一方失败而告终。这个规律在今天的经济生活中同样实用。大企业无论在资金、人才、技术、信息等各个方面都有着小企业无法比拟的优势。所以小企业若想生存，只能依托大企业，作为大企业的附庸而存在。那些不自量力，试图通过竞争与大企业分庭抗礼的做法，正是走上了一条自我毁灭的不归路。

【参考范文】

《小企业难道只能做大企业的附庸吗》

上文通过论证得出结论，小企业只能做大企业的附庸才能生存。由于其论证过程存在逻辑缺陷，因此其结论不能令人信服。

首先，该论证存在着类比不当的谬误。作者将成语"蚍蜉撼大树""以卵击石"与经济生活中小企业与大企业进行竞争来行类比，但缺乏类比的依据。一方面，合理的类比论证必须是，类比的事物与被类比的事物必须具有高度的相似性。"蚍蜉"是动物，"大树"是植物，"卵"是有机物的，"石"是无机物的，它们都是不同性质的事物，而大、小企业却是同性质的事物，用作类比不很贴切。另一方面，"蚍蜉撼大树""以卵击石"都是弱势一方挑战强势一方，结果都是以失败而告终，但作为企业，是有人构成的，而人是有智慧的，人们可以利用智慧战胜比自己强大的对手。

其次，该论证的概念不清晰。作者没有对论证中的核心概念"大企业"和"小企业"给于明确的界定。界定大、小企业依据的因素很多，包括人员规模、生产、设备、厂房、办公面积、销售量等等，既然作者没有明确界定这两个关键概念，就直接得出两者比较的结论显然是不妥当的。

再次，该论证的论据值得怀疑。作者认为，大企业在各方面都比小企业有优势。这一论据忽视了这样一个事实，大企业对小企业的优势并非是绝对的，比如，在社会变化加剧、市场竞争激烈和技术更新换代加快的当今时代，往往很多大企业的决策过程漫长，执行与运行程序化，从而导致大企业适应市场环境比小企业慢。再如，大企业往往机构臃肿，人工成本更高等。可见，小企业往往在很多方面反而可能比大企业有优势。那么，由此论据得出的结论是不可靠的。

最后，该论证的看法是片面的。作者认为，与大企业竞争的小企业，无疑是走上了一条自我毁灭的道路。这一结论显然是偏颇的，因为大企业不可能永远都大，小企业也不会永远都小，事物是发展变化的。

综上所述，由于该论证的论据不足以支持其论点，论证过程也存在严重的漏洞，所以其结论是不可信的。

第五节　实　践　论　证

实践论证在主体指向目标的行动的理智商议情形的范例中最为明显，表现为以下这些性质：目标、行动、知识、反馈、行动顺序的复杂性、行动描述的层级、预见后果、可塑性（不同的行动路线）、知识储存（知识库收回或添加新命题）、持续（当某个行动被阻碍时尝试其他的行动）和批评（批评或评估行动）。

一、批判性准则

常见的实践论证是方案论证，即为达到一个目的而提出一个拟采取的行动方案（方法、建议、计划），是一种从目标到实现该目标所需要的行动的论证。

（一）方案论证的型式

目标前提：有一个目标 G。

方案前提：主体 A 拟采取行动方案 a，作为实现 G 的手段。

结论：因此主体 A 应该执行行动 a。

（二）评估方案论证的批判性问题

CQ1. 有效性问题：方案能否达成目标？

即对主体 A 采取行动方案 a，证明它在理论上可行的理由存在吗？要考虑该方案（方法、建议或是计划）在理论上是否可行，是否能达到目标？所谓在理论上不可行是指执行该方案（计划、建议或方法）达不到目标、目的或要解决的问题。

CQ2. 操作性问题：方案可以操作吗？

即对主体 A 采取行动方案 a，证明它在实践操作上可行的理由存在吗？要考虑该方案（方法、建议或是计划）在实践上是否可行，是否真的现实，是否可操作？所谓在实践上不可行是指该方案（计划、建议或方法）不能执行，也就是无法操作。

CQ3. 否定性副作用问题：操作该方案是否会带来不好的副作用？

即是否存在主体 A 应考虑的产生行动方案 a 而形成的否定性副作用？要考虑该方案（方法、建议或是计划）是否可取，是否有副作用，优点是否大于缺点？所谓不可取是指，计划、建议或方法可能能达到目的，但有副作用，并且缺点往往大于优点（也就是不能那样做，如果那样做就会带来害处）。

CQ4. 选择手段问题：还有其他实现目标的方案吗？

即除了行动方案 a，有实现 G 的其他方案吗？那些与主体 A 采取方案 a 不同但也能实现 G 的其他行动应被考虑吗？

CQ5. 最佳选项问题：是否有更好的其他解决方案？

即对主体 A 来说，行动方案 a 是一个最佳的选择吗？在 a 方案和这些其他行动方案之中，哪个可被证明是最有效的？

CQ6. 冲突目标问题：是否有与目标冲突的其他目标？

除了目标 G，主体 A 有与实现目标 G 可能冲突的其他目标吗？

二、案例分析

■案例 1
分析下面的论证在概念、论证方法、论据及结论等方面的有效性。

（论证有效性分析的一般要点是：概念特别是核心概念的界定和使用是否准确并前后一致，有无各种明显的逻辑错误，该论证的论据是否支持结论，论据成立的条件是否充分等。作文要注意内容深度、逻辑结构和语言表达。）

某校由于学校的住房入住率比上学年有所下降，住房收入也相应减少。为解决这一问题，学校分管住房的官员提出建议，应该减少房源，以提高入住率。另外，要降低房租，吸引学生不在校外租房，从而扩大校内住房需求。

【论证缺陷分析】
上文中学校分管住房的官员所提出的建议方案，可以从能否达成目标？是否可以操作？是否会带来不好的副作用？是否有其他实现目标的方案等几个方面来进行评估。

【参考范文】
《难以奏效的建议》

学校为解决住房入住率下降而导致的住房收入减少这一问题，提出了减少房源并降低房租的建议，由于其考虑欠周，该方案缺乏可行性。现把其主要逻辑缺陷分析如下：

首先，该方案不能达成提高住房收入的目标。通过减少学校房源，表面上是提高了住房的入住率，而实际上这种入住率的提高只是一种相对入住率的提高，而不是绝对入住数量的提高，而实际入住的住房数量还有可能下降，反而有可能进一步降低住房收入。

其次，通过降低房租，确实能提高学校住房的入住率，而住房收入取决于房租和入住率这两个因素，因此，即使提高了入住率，但由于房租降低了，其住房收入是否能提高是个未知数。

再次，减少房源并降低房租这一措施，可能会导致只能解决一部分师生的住房需求，而使得其他需要解决住房需求的师生租不到房子，从而会导致产生一些不必要的矛盾。

最后，要分析住房入住率的降低是否存在着其他方面的原因，比如住房质量是否较差、服务态度是否好、房间设备是否陈旧等原因。因此，学校如果能对住房进行适当的翻新维修、提高服务质量，更新必要的房间设备，或许就能有效提高入住率，从而提高住房收入。

综上所述，靠减少学校房源、降低房租来提高住房入住率无益于学校住房收入的提高，如此解决问题的方法只能是徒劳无功，因此该建议方案不可取。

■案例 2
分析下面的论证在概念、论证方法、论据及结论等方面的有效性。

（论证有效性分析的一般要点是：概念特别是核心概念的界定和使用是否准确并前后一致，有无各种明显的逻辑错误，该论证的论据是否支持结论，论据成立的条件是否充分等。作文要注意内容深度、逻辑结构和语言表达。）

只要市民不直接施舍街头流浪乞讨者，流浪乞讨现象将会大大减少。不过，这样的做法，尽管会减少假乞丐的数量，但是对真正无家可归的乞丐无疑十分不利。因此，市流浪乞讨人员接济站认为，建议市民不直接施舍钱物的同时，必须有配套方案出台。应该在流浪乞讨者较集中的地段，摆放固定信息设施，如提示牌、灯箱，利用这些设施，让乞讨者可以得到《救助站指引卡》。卡片上写明救助站的地理位置、乘车方式和联系电话，流浪乞讨者可依据提示前往。这样，一方面加强了对流浪乞讨人员的管理，净化了市容市貌，另一方面不会伤害到这些弱势群体，实实在在地帮助了真正的无家可归者。

【论证缺陷分析】

上文是一则为达到一个目的而提出一个建议的实践论证，可简述为：为减少流浪乞讨现象，减少假乞丐，净化市容市貌，帮助真正的无家可归者，接济站建议市民不直接施舍钱物的同时，出台配套方案，即在流浪乞讨者较集中的地段摆放固定信息设施，让乞讨者可得到《救助站指引卡》，流浪乞讨者可依据指引卡的提示前往救助站。其主要逻辑缺陷可重点从上述评估方案论证的批判性问题来分析。

【参考范文】

《救助方案真的可行吗?》

认真分析上文所论述的市流浪乞讨人员接济站提出的配套救助措施，发现该方案没有经过充分的调查和研究，缺乏可行性，其逻辑缺陷分析如下。

首先，要考虑的是这一方案能否达成目标？其实真正的乞丐中很多可能并不愿意去救助站，他们的乞讨不一定是为了解决他们自身的生存，很可能是他们家中有人重病或者其他原因欠债需要钱，而救助站只能暂时提供他们最基本的食宿，解决不了他们的困难和愿望。

其次，要考虑这一方案是否可以操作？有可能很多真正的乞丐并不清楚救助站能提供什么，也许他们认为是收容所，会让他们丧失自由或担心受虐待而不敢去，因此，即使拿到《救助站指引卡》，他们也不会主动去，而且即使他们有些人愿意去，但可能有些人不识字，也不敢打电话，乘坐公交车也缺少车费，因此让这些人自行前往救助站也不是很现实。

再次，要考虑操作该方案是否会带来不好的后果？即使实行了这一方案，有些真正的乞丐去了接济站，他们可能也不会愿意长期呆在接济站，暂时解决温饱后，他们可能照样出来乞讨，并不能真正解决流浪乞讨的问题。

最后，要考虑是否有其他更好的解决方案。比如，要分清不同类型的乞丐，包括有年老或残疾，无工作能力又被家庭抛弃者、虽没有丧失工作能力但好吃懒做者、重度残疾并被黑社会组织所强迫乞讨者、患精神病而离家出走者等，针对不同类型的乞丐应采取不同的有针对性的办法，为这些流浪乞讨者解决生计问题，并重塑他们对生活的信心等。这样才能真正解决街头流浪乞讨问题。

综上所述，上述这个配套方案由于漏洞颇多，因此该救助方案可能形同虚设，根本就不会产生理想的救助效果。

下篇

写作精练

为有效地应对管理类联考和经济类联考的论证有效性分析试题，帮助考生掌握论证有效性分析的写作方法，本篇汇编历年试题及专项习题并提供相应的参考范文，供考生进行备考训练。这里需要说明以下两点注意事项。

第一，本书提供的参考范文对逻辑缺陷的分析写得比较全面，因此字数一般都在1000余字，目的是供读者参考。但按照试卷要求，考试只要求写到600字左右即可，因此在考试中的实际写作，不需要对逻辑缺陷的分析面面俱到，只要择要分析3~4个逻辑缺陷即可。

第二，前面上篇讲述的逻辑谬误的归类比较全面，对逻辑谬误的全面理解有利于进行论证缺陷的分析，有利于写作思路的展开，但在考试中实际进行论证有效性分析的写作时，对不常用或不够熟悉的逻辑谬误，考生最好避免使用标签式的谬误术语，尽量使用解释逻辑缺陷的通俗性语言。也即写作中不要拘泥于具体的逻辑谬误的标准说法，用自己的话把其逻辑缺陷大致描述出来即可。

第六章

最新试题

"管理类联考"是指管理类专业学位硕士研究生入学统一考试，是在 MBA 联考的基础上发展起来的，从 2011 年起统称为管理类专业学位联考。管理类联考的考试科目包括"管理类联考综合能力"与"英语二"两科，其中管理类联考的综合能力包括：数学、逻辑推理、写作（论证有效性分析、论说文），共三大部分。

"经济类联考"综合能力试卷首次出现在 2011 年中国人民大学研究生入学考试中，之后全国多所院校的经济类专业硕士专业入学考试中均使用了经济类联考综合能力试卷，该试卷包括：数学基础、逻辑推理、写作（论证有效性分析、论说文），共三大部分。

本章汇编了历年"管理类联考"和"经济类联考"综合能力试卷中的论证有效性分析试题，并提供了详尽的分析与参考范文。

第一节　历年管理类联考论证有效性分析试题及讲解

"论证有效性分析"这一篇写作在管理类联考综合能力试卷中占 30 分的分值，为更好地应对管理类联考的论证有效性分析试题，本节汇编了历年的试题并给出详细讲解。

一、2011 年管理类联考论证有效性分析试题及讲解

论证有效性分析：分析下述论证中存在的缺陷和漏洞，选择若干要点，写一篇 600 字左右的文章，对该论证的有效性进行分析和评论。（论证有效性分析的一般要点是：概念特别是核心概念的界定和使用是否准确并前后一致，有无各种明显的逻辑错误，论证的论据是否成立并支持结论，结论成立的条件是否充分等等。）

如果你要从股市中赚钱，就必须低价买进股票，高价卖出股票，这是人人都明白的基本道理，但是，问题的关键是在于如何判断股价的高低。只有正确地判断股价的高低，上述的基本道理才有意义，否则，就毫无实用价值。

股价的高低是一个相对的概念，只有通过比较才能显现。一般来说，要正确判断某一股票的价格高低，唯一的途径就是看它的历史表现，但是，有人在判断当前某一股价的高低时，不注重股票的历史表现，而只注重股票今后的走势，这是一种危险的行为。因为股票的历史表现是一种客观事实，客观事实具有无可争辩的确定性；股票的今后走势只是一种主观预测，主观预测具有极大的不确定性，我们怎么可以只凭主观预测而不顾客观事实呢？

再说，股价的未来走势充满各种变数，它的涨和跌不是必然的，而是或然的。我们只能

借助概率进行预测。假如宏观经济、市场态势和个股表现均好，它的上涨概率就大；假如宏观经济、市场态势和个股表现均不好，它的上涨概率就小；假如宏观经济、市场态势和个股表现不相一致，它的上涨概率就需要酌情而定。由此可见，要从股市获取利益，第一是要掌握股价涨跌的概率，第二还是要掌握股价涨跌的概率，第三也还是要掌握股价涨跌的概率。掌握了股价涨跌的概率，你就能赚钱；否则，你就会赔钱。

【论证缺陷分析】

上文的逻辑结构以及主要逻辑缺陷分析如下。

<table>
<tr><th colspan="2"></th><th>原文</th><th>逻辑缺陷分析</th></tr>
<tr><td colspan="2">论题</td><td>如何从股市中赚钱？</td><td></td></tr>
<tr><td rowspan="5">论证过程</td><td>1</td><td>要正确判断某一股票的价格高低，唯一的途径就是看它的历史表现</td><td>判断不准确，股票价格的高低是由诸多要素影响构成的，作者只强调了从历史表现看待股价的高低，而忽略了其他各种影响要素</td></tr>
<tr><td>2</td><td>股票的历史表现是一种客观事实，客观事实具有无可争辩的确定性；股票的今后走势只是一种主观预测，主观预测具有极大的不确定性，我们怎么可以只凭主观预测而不顾客观事实呢？</td><td>历史表现的客观事实是过去的客观事实，并不能代表未来的客观事实，作者有明显的故意混淆概念之嫌</td></tr>
<tr><td>3</td><td>股价的未来走势充满各种变数，它的涨和跌不是必然的，而是或然的。我们只能借助概率进行预测</td><td>与作者前面的看法自相矛盾</td></tr>
<tr><td>4</td><td>假如宏观经济、市场态势和个股表现均好，它的上涨概率就大；假如宏观经济、市场态势和个股表现均不好，它的上涨概率就小</td><td>诸多因素共同影响着股价的走势，"宏观经济、市场态势和个股表现"只是影响股票价格的部分因素，因此，他们之间的关系不大可能是简单的共变关系</td></tr>
<tr><td>5</td><td>掌握了股价涨跌的概率，你就能赚钱；否则，你就会赔钱</td><td>判断欠妥，概率具有或然性，不具有必然性，因此，得不出必然赚钱或赔钱的结论</td></tr>
</table>

【参考范文】

似是而非的股市赚钱逻辑

上文就如何从股市中赚钱发表议论，但其论证缺乏科学性，逻辑混乱，漏洞颇多，试剖析如下。

首先，作者认为，要从股市中赚钱，就必须低进高出，但问题的关键是在于如何判断股价的高低。在此基础上作者进一步论述，要正确判断某一股票的价格高低，唯一的途径就是看它的历史表现。这一论述显然是武断的，股票价格的高低是由诸多要素影响构成，最基本的判断方法是分析基本面和技术面，基本面包括该股票企业的市盈率、市净率等财务指标以及所处行业等信息，技术面分析就是看股价的历史表现并对该股票当前的 K 线走势情况进行分析判断。可见，作者只强调从历史表现看待股价高低，而忽略了其他各种影响要素。

其次，从"股票的历史表现是一种客观事实，股票的今后走势只是一种主观预测"，不必然推出"我们怎么可以只凭主观预测而不顾客观事实呢？"的结论。因为历史表现的客观事实是过去的客观事实，并不能代表未来的客观事实，作者有明显的故意混淆概念之嫌。股票的历史表现不能代表未来的走势，最多是预测未来走势的诸多依据中的一个因素而已。

再次，作者认为，股价的未来走势只能借助概率进行预测。这一判断本身是合理的，但却与作者前面所论述的"只注重股票今后的走势，这是一种危险的行为"这一看法自相矛盾。而且，作者所认为的"宏观经济、市场态势和个股表现"与"股价的上涨概率"的共变关系也是值得怀疑的，除前面分析到的股票的基本面和技术面外，股市的资金面、政策面、消息面等包含的诸多因素也共同影响着股价的走势，"宏观经济、市场态势和个股表现"只是影响股票价格的部分因素，因此，它们之间的关系不大可能是简单的共变关系。

最后，文章结尾中"掌握了股价涨跌的概率，你就能赚钱；否则，你就会赔钱"这一判断也欠妥当。概率是对随机事件发生的可能性的度量，具有或然性，不具有必然性，因此即使掌握了股价涨跌的概率，也只能得出具有较大可能性赚钱，而得不出必然能赚钱的结论。

综上所述，作者在论证过程中存在诸多问题，其观点不足为信，是一篇似是而非的论证。

二、2012 年管理类联考论证有效性分析试题及讲解

论证有效性分析：分析下述论证中存在的缺陷和漏洞，选择若干要点，写一篇 600 字左右的文章，对该论证的有效性进行分析和评论。（论证有效性分析的一般要点是：概念特别是核心概念的界定和使用是否准确并前后一致，有无各种明显的逻辑错误，论证的论据是否成立并支持结论，结论成立的条件是否充分等等。）

地球的气候变化已经成为当代世界的热点，这一问题看似复杂，其实简单，只要我们运用科学原理——如爱因斯坦的相对论——去对待，也许就会找到解决这一问题的方法。

众所周知，爱因斯坦提出的相对论颠覆了人类对于宇宙和自然的常识性观念，不管是狭义相对论还是广义相对论，都揭示了宇宙间事物运动中普遍存在的相对性。既然宇宙万物的运动都是相对的，那么我们观察问题时也应该采用相对的方法，如变换视角等等。

假如我们变化视角去看一些问题，也许会得出和一般常识完全不同的观点，例如，我们称之为灾害的那些自然现象，包括海啸、台风、暴雨等等，其实也是大自然本身的一般现象而已，从大自然的视角来看，无所谓灾害不灾害，只是当它损害了人类的利益，危及了人类生存的时候，从人类的视角来看，我们才称之为灾害。

再变换一下视角，从一个更广泛的范围来看，我们人类自己也是大自然的一部分，既然我们的祖先是类人猿，而类人猿正像大熊猫、华南虎、藏羚羊、扬子鳄乃至银杏、水杉等等一样，是整个自然生态中的有机组成部分，那为什么我们自己就不是了呢？

由此可见，人类的问题就是大自然的问题，即使人类在某一时间部分的改变了气候，也还算整个大自然系统中的一个自然问题，自然问题自然会解决，人类不必过多干预。

【论证缺陷分析】
上文的逻辑结构以及主要逻辑缺陷分析如下。

	原文	逻辑缺陷分析
论题	用相对论去对待地球的气候变化问题，会找到解决问题的方法	相对论是关于时空和引力的基本理论，用相对论去对待地球的气候变化问题是不合理的
论证过程 1	相对论揭示了宇宙间事物运动中普遍存在的相对性。既然宇宙万物的运动都是相对的，那么我们观察问题时也应该采用相对的方法，如变换视角等等	这一推理存在明显的逻辑漏洞，从运动的相对性不能合理地类推到观察问题的相对性，属于不恰当的类比推论。用变换视角的方法看待地球的气候变化问题，完全与相对论无关
论证过程 2	我们称之为灾害的那些自然现象，从大自然的视角来看，无所谓灾害不灾害，只是当它损害了人类的利益，从人类的视角来看，我们才称之为灾害	曲解了灾害这一概念。灾害一定是从人类的视角来看待的，不存在从大自然的视角来看待灾害问题
论证过程 3	从一个更广泛的范围来看，我们人类自己也是大自然的一部分	这一观点有其合理之处，但并不完善，没有指出人类与自然关系的另一面，即人类能认识和正确运用自然规律改造和影响大自然
结论	人类的问题就是大自然的问题，即使人类在某一时间部分的改变了气候，也还算整个大自然系统中的一个自然问题，自然问题自然会解决，人类不必过多干预	这一推理是有缺陷的，人类与大自然的关系上，人类是主动的，大自然是被动的，因此，不能笼统地说人类的问题就是大自然的问题。因为人类活动所造成的地球的气候变化问题，需要人类必要的干预

【参考范文】

《气候变化问题不必人类干预吗?》

文章试图利用相对论去看待并解决地球的气候变化这一问题，然而在其论证过程中多处令人质疑，有诡辩之嫌，现作如下分析。

首先，上文认为，根据相对论，既然宇宙万物的运动都是相对的，那么我们观察问题时也应该采用相对的方法，如变换视角等等。这一推理存在明显的逻辑漏洞，从运动的相对性不能合理地类推到观察问题的相对性，属于不恰当的类比推论。相对论中的"相对"是指时间与空间的相对性，而观察问题采用相对的方法中的"相对"指的是变换视角等等，由前者不能类推出后者，因此，作者用变换视角的方法看待地球的气候变化问题，完全与相对论无关，不应该认为可用相对论去看待并解决地球的气候变化这一问题。

其次，该作者论述，从大自然的视角来看，无所谓灾害不灾害，只是当它损害了人类利益，从人类的视角来看，我们才称之为灾害。这一论述主观地曲解了灾害这一概念，所谓灾害，是对能够给人类和人类赖以生存的环境造成破坏性影响的事物总称，因此，灾害一定是从人类的视角来看待的，不存在从大自然的视角来看待灾害问题。

再次，该作者认为，人类自己也是大自然的一部分。这一观点有其合理之处，但并不完，没有指出人类与自然关系的另一面。事实上，人类作为一个生物物种，的确是自然界的一部分，但人类能认识和正确运用自然规律改造或影响大自然，因此，人与自然的关系体现在两个方面，一是人类对自然的影响与作用，二是自然对人类的影响与反作用。

最后，该作者根据人类是大自然的一部分，进一步推出，人类的问题就是大自然的问题，自然问题自然会解决，人类不必过多干预。这一推理是有缺陷的，人类与大自然的关系上，人类是主动的，大自然是被动的，因此，不能笼统地说人类的问题就是大自然的问题。比如，人类把自然当作奴役的对象，破坏自然环境，改变了气候，引起气候灾害，反过来影响人类，这难道能说是大自然的问题吗？这显然是人类本身的问题。而且，即使自然问题自然会解决，但气候、环境等问题的自然解决需要漫长的时间，如果人类不进行反思并进行必要的干预的话，就有可能会影响到人类的生活甚至生存。所以，因人类活动所造成的地球的气候变化问题，需要从改变人类本身的观念和行为中才能找到解决问题的方法，也即需要人类必要的干预。

综上所述，该文借用相对论这一概念发表了具有诡辩特征的相对主义论调，夸大了认识的相对性，否认客观的是非标准，因此其论证有效性受到严重质疑。

三、2013 年管理类联考论证有效性分析试题及讲解

论证有效性分析：分析下述论证中存在的缺陷和漏洞，选择若干要点，写一篇 600 字左右的文章，对该论证的有效性进行分析和评论。（论证有效性分析的一般要点是：概念特别是核心概念的界定和使用是否准确并前后一致，有无各种明显的逻辑错误，论证的论据是否成立并支持结论，结论成立的条件是否充分等等。）

一个国家的文化在国际上的影响力是该国软实力的重要组成部分。由于软实力是评判一个国家国际地位的要素之一，所以如何增强软实力就成了各国政府高度关注的重大问题。

其实，这一问题不难解决。既然一个国家的文化在国际上的影响力是该国软实力的重要组成部分，那么，要增强软实力，只需搞好本国的文化建设并向世人展示就可以了。

文化有两个特性，一个是普同性，一个是特异性。所谓普同性，是指不同背景的文化具有相似的伦理道德和价值观念，如东方文化和西方文化都肯定善行，否定恶行；所谓特异性，是指不同背景的文化具有不同的思想意识和行为方式，如西方文化崇尚个人价值，东方文化固守集体意识。正因为文化具有普同性，所以一国文化就一定会被他国所接受；正因为文化具有特异性，所以一国文化就一定会被他国所关注。无论是接受还是关注，都体现了该国文化影响力的扩大，也即表明了该国软实力的增强。

文艺作品当然也具有文化的本质属性。一篇小说、一场歌剧、一部电影等等，虽然一般以故事情节、人物形象、语言特色等艺术要素取胜，但在这些作品中，也往往肯定了一种生活方式，宣扬了一种价值观念。这种生活方式和价值观念不管是普同的还是特异的，都会被他国所接受或关注，都能产生文化影响力。由此可见，只要创作更多的具有本国文化特色的文艺作品，那么文化影响力的扩大就是毫无疑义的，而国家的软实力也必将同步增强。

【论证缺陷分析】

上文的逻辑结构以及主要逻辑缺陷分析如下。

	原文	逻辑缺陷分析
论点	要增强软实力，只需搞好本国的文化建设并向世人展示就可以了	误把必要条件当成充分条件，一个国家的文化在国际上的影响力不见得是该国软实力的唯一组成部分

续表

		原文	逻辑缺陷分析
论证过程	1	文化有两个特性,一个是普同性,一个是特异性。所谓普同性,是指不同背景的文化具有相似的伦理道德和价值观念;所谓特异性,是指不同背景的文化具有不同的思想意识和行为方式	把普同性和特异性这两个特性绝对区分开来,二者也有其统一的一面 普同性,既可指不同背景的文化具有相似的伦理道德和价值观念,也可指不同背景的文化具有相似的思想意识和行为方式 特异性,既可指不同背景的文化具有不同的思想意识和行为方式,也可指不同背景的文化具有不同的伦理道德和价值观念
	2	正因为文化具有普同性,所以一国文化就一定会被他国所接受;正因为文化具有特异性,所以一国文化就一定会被他国所关注	有绝对化推理之嫌。文化即使具有了普同性,也未必意味着本国的文化会被他国所接受;即使文化具有了特异性也未必意味着该国文化就一定会被其他国家所关注。所以文化的传播不见得具有必然性,既然如此,增强软实力就不能仅仅依靠文化传播,不能把扩大文化影响力作为增强国家软实力的唯一手段了
	3	无论是接受还是关注,都体现了该国文化影响力的扩大,也即表明了该国软实力的增强	以偏概全。文化影响力的扩大至少需要搞好本国的文化建设并向世人展示这两个手段,而接受与关注只涉及向世人展示这一个手段。因此,仅仅靠接受和关注,恐难达到增强国家软实力的目的
	4	文艺作品中体现的生活方式和价值观念不管是普同的还是特异的,都会被他国所接受或关注,都能产生文化影响力	一部文艺作品要想被他国所接受和关注,至少需要一个隐含的假设,就是这部作品会被翻译和传播,而这一隐含假设是存疑的。即使一个文艺作品会被传播,也不意味着一定会被其他国家所关注,而且,即使被关注了也不见得就等于会被接受。由此推论,文艺作品不见得能产生文化影响力
	5	由此可见,只要创作更多的具有本国文化特色的文艺作品,那么文化影响力的扩大就是毫无疑义的,而国家的软实力也必将同步增强	创作更多具有本国文化特色的文艺作品,最多是扩大文化影响力的一个必要条件,而不是充分条件。而且文化影响力的扩大,也不见得是国家软实力增强的充分条件。总之,难以由此推论一个国家的软实力通过文艺作品的创作就能得到增强

【参考范文】

《扩大文化影响力不见得必然增强国家的软实力》

上文认为，要增强国家的软实力，只需扩大文化影响力就可以了。其论证过程看似有理，但存在诸多逻辑漏洞，由于该论证缺乏科学性，这一结论是不可信的。现择要分析如下。

首先，既然一个国家的文化在国际上的影响力是该国软实力的重要组成部分，那么，要增强软实力，只需搞好本国的文化建设并向世人展示就可以了。这一推论混淆了条件关系，误把必要条件当成充分条件。文化影响力是国家软实力的一个必要条件而非充分条件，一个国家的文化在国际上的影响力不见得是该国软实力的唯一组成部分，国家软实力除包括文化影响力外，还包括教育、法律环境、制度建设、国家的执政能力、管理能力、国民心态、国民形象、民族精神和凝聚力，以及语言等诸多要素。因此，要增强国家软实力，仅仅依靠搞好本国的文化建设并向世人展示，即仅仅扩大文化影响力是不够的。

其次，文章有绝对化推理之嫌。文化即使具有了普同性，也未必意味着本国的文化会被外国所接受，因为外国文化既然也已经含有了这方面的内容，何必再接受另外一国的文化呢？此外，即使文化具有了特异性也未必意味着某国文化就一定会被其他国家所关注，如果两种文化之间的特异性形成对立的话，很有可能导致外来文化受到排斥。所以，文化的传播不见得具有必然性。既然如此，增强国家软实力，就不能仅仅依靠文化传播，不能把扩大文化影响力作为唯一的手段了。况且，文化影响力的扩大至少需要搞好本国的文化建设并向世人展示这两个手段，而本国文化被他国接受与关注只涉及向世人展示这一个手段。因此，仅仅靠本国文化被他国接受和关注，恐难达到增强国家软实力的目的。

再次，文艺作品中体现的生活方式和价值观，不管是普同的还是特异的，都会被他国所接受或关注，都能产生文化影响力。这一推理是有疑问的，因为一部文艺作品，要想被他国所接受和关注，至少需要一个隐含的假设，就是这部作品会被翻译和传播，而这一隐含假设是存疑的，如果这一假设都不成立，这部作品就很难受到他国的关注和接受。而且，即使一个文艺作品会被传播，也不意味着一定会被其他国家所关注，而且即使这部作品被关注了也不见得就等于会被接受，因为文化的特异性可能会导致两种文化的冲突和抵触。所以由此推论，文艺作品不见得能产生文化影响力。

最后，创作更多具有本国文化特色的文艺作品，最多是扩大文化影响力的一个必要条件，而不是充分条件。所以，仅仅靠这个条件，不能推出就必然能扩大本国的文化影响力；而且，文化影响力的扩大，也不见得是国家软实力增强的充分条件，所以，即使文化影响力扩大了，国家的软实力也未必能够得到增强。总之，难以由此推论一个国家的软实力通过文艺作品的创作就能得到增强。

综上所述，由于该论证存在上述种种逻辑问题。所以该论证是难以令人信服的。

四、2014 年管理类联考论证有效性分析试题及讲解

论证有效性分析：分析下述论证中存在的缺陷和漏洞，选择若干要点，写一篇 600 字左右的文章，对该论证的有效性进行分析和评论。（论证有效性分析的一般要点是：概念特别是核心概念的界定和使用是否准确并前后一致，有无各种明显的逻辑错误，论证的论据是否成立并支持结论，结论成立的条件是否充分等等。）

现代企业管理制度的设计所要遵循的重要原则是权力的制衡与监督。只要有了制衡与监督，企业的成功就有了保证。

所谓制衡，指对企业的管理权进行分解，然后使被分解的权力相互制约以达到平衡，它可以使任何人不能滥用权力；至于监督，指对企业管理进行严密观察，使企业运营的各个环节处于可控范围内。既然任何人都不能滥用权力，而且所有环节都在可控范围之内，那么企业的运营就不可能产生失误。

　　同时，以制衡与监督为原则所设计的企业管理制度还有一个固有特点，即能保证其实施的有效性，因为环环相扣的监督机制能确保企业的内部各级管理者无法敷衍塞责。万一有人敷衍塞责，也会受这一机制的制约而得到纠正。

　　再者，由于制衡原则的核心是权力的平衡，而企业管理的权力又是企业运营的动力与起点，因此权力的平衡就可以使整个企业运营保持平衡。

　　另外，从本质上来说，权力平衡就是权力平等，因此这一制度本身蕴含着平等观念，平等观念一旦成为企业的管理理念，必将促成企业内部的和谐与稳定。

　　由此可见，如果权力的监督与制衡这一管理原则付诸实践，就可以使企业的运营避免失误，确保其管理制度的有效性、日常运营的平衡以及内部的和谐与稳定，这样的企业一定能够成功。

【论证缺陷分析】

上文的逻辑结构以及主要逻辑缺陷分析如下。

<table>
<tr><td colspan="2"></td><td>原文</td><td>逻辑缺陷分析</td></tr>
<tr><td colspan="2">论点</td><td>权力的监督与制衡能确保企业的成功</td><td>这个结论推不出，混淆了条件关系</td></tr>
<tr><td rowspan="4">论证过程</td><td>1</td><td>所谓制衡，指对企业的管理权进行分解，然后使被分解的权力相互制约以达到平衡，它可以使任何人不能滥用权力</td><td>权力分解使任何人不能滥用权力，未免是主观臆断，因为被分解的权力可能会互相制约，也可能会相互勾结，一起滥用权力</td></tr>
<tr><td>2</td><td>权力监督对企业管理进行严密观察，使企业运营的各个环节处于可控范围内，企业的运营就不可能产生失误</td><td>严密观察使企业运营不可能产生失误，明显是论据不足。企业未必能控制住所有环节，如外部环境

即便各个环节都处于可控范围内，其执行过程未必能有效控制。即使所有环节都在可控范围之内，企业也不一定能避免失误</td></tr>
<tr><td>3</td><td>监督机制能确保企业的内部各级管理者无法敷衍塞责，从而保证企业管理制度实施的有效性</td><td>这一判断过于绝对，因为即使有了制衡与监督机制，也不能确保所有管理者不敷衍塞责

即使管理者不敷衍塞责，也不能保证企业管理制度实施的有效性</td></tr>
<tr><td>4</td><td>制衡原则的核心是权力的平衡，权力的平衡可以使整个企业运营保持平衡</td><td>企业管理权力的平衡未必能使整个企业运营保持平衡。运营保持平衡还取决于其他因素，如企业的内部要素和企业的外部环境之间的平衡</td></tr>
</table>

续表

	原文	逻辑缺陷分析
论证过程	5 权力平衡就是权力平等,平等观念必将促成企业内部的和谐与稳定	"权力平衡"与"权力平等"是不同的概念,两者不能混淆。平等也未必就能导致和谐和稳定
	6 如果权力的监督与制衡这一管理原则付诸实践,就可以使企业的运营避免失误,确保其管理制度的有效性、日常运营的平衡以及内部的和谐与稳定,这样的企业一定能够成功	企业运营不失误、管理制度有效、日常运营平衡以及内部和谐稳定,这些还不足以保证企业一定能够成功,因为企业的成功不仅取决于企业的内部因素,还取决于企业的外部环境,如政治、经济、社会和技术等外部因素

【参考范文】

《权力的监督与制衡就能确保企业的成功吗?》

上文的论点是,权力的监督与制衡能确保企业的成功,这一推论混淆了条件关系,在逻辑上是难以成立的。因为"权力的监督与制衡"是"企业成功"的一个因素,所以前者是后者的必要条件,而非充分条件。其论证过程更是有待商榷。现择要分析如下。

首先,权力分解使任何人不能滥用权力,未免是主观臆断,因为被分解的权力可能会互相制约,也可能会相互勾结,一起滥用权力。而且严密观察使企业运营不可能产生失误,明显是论据不足,因为观察者和控制者本身是有限理性,也可能会犯错误。

其次,企业未必能控制住所有环节,如外部环境。即便各个环节处于可控范围之内,其执行过程也未必都能有效控制。比如我们有各个环节的规章制度,但是其执行过程之中也会有偏差。即使所有环节都在可控范围之内,企业也不一定能避免失误,因为企业运营失误与否还取决于管理团队的管理水平等条件。

再次,监督机制能确保企业内部的各级管理者无法敷衍塞责,这一判断过于绝对,因为即使有了制衡与监督机制,也不能确保所有内部管理者不敷衍塞责。而且,即使管理者不敷衍塞责,也不能保证企业管理制度实施的有效性,因为有效性包括有效果、有效率、有效益等方面,管理制度实施的有效性还要受管理制度本身制定得是否科学,管理者水平是否高等诸多因素的影响。

另外,企业管理权力的平衡未必能使整个企业运营平衡。运营平衡还取决于其他因素,如企业的内部要素和企业的外部环境之间的平衡。也许企业所有的权力拥有者都一致同意今年企业扩大市场,但很可能这种产品在市场上不受欢迎而造成大量积压,这样的供需关系不平衡的企业能称之为运营平衡吗?而且,"权力平衡"与"权力平等"是不同的概念,两者不能混淆。平等也未必就能导致和谐和稳定,比如法律面前是人人平等的,但有了法律并不必然就能使社会达到和谐与稳定。

最后,即使权力的监督与制衡这一管理原则付诸实践,即使能使企业运营不失误、管理制度有效、日常运营平衡以及内部和谐稳定,这些还不足以保证企业一定能够成功,因为企业的成功不仅取决于企业的内部因素,还取决于政治、经济、社会和技术等企业的外部环境。所以,权力的监督与制衡并不能确保企业的成功。

五、2015 年管理类联考论证有效性分析试题及讲解

论证有效性分析：分析下述论证中存在的缺陷和漏洞，选择若干要点，写一篇 600 字左右的文章，对该论证的有效性进行分析和评论。（论证有效性分析的一般要点是：概念特别是核心概念的界定和使用是否准确并前后一致，有无各种明显的逻辑错误，论证的论据是否成立并支持结论，结论成立的条件是否充分等等。）

有一段时间，我国部分行业出现了生产过剩现象。一些经济学家对此忧心忡忡，建议政府采取措施加以应对，以免造成资源浪费，影响国民经济的正常运行。这种建议看似有理，其实未必正确。

首先，我国部分行业出现的生产过剩并不是真正的生产过剩，道理很简单，在市场经济条件下，生产过剩实际上只是一种假象。只要生产企业开拓市场，刺激需求，就能扩大销售，生产过剩马上就会化解。退一步说，即使出现了真正的生产过剩，市场本身也会进行自动调节。

其次，经济运行是一个动态变化的过程，产品的供求不可能达到绝对平衡状态，因而生产过剩是市场经济的常见现象，既然如此，那么生产过剩就是经济运行的客观规律，因此，如果让政府采取措施进行干预，那就违背了经济运行的客观规律。

再说，生产过剩总比生产不足好，如果政府的干预使生产过剩变成了生产不足，问题就会更大，因为生产过剩未必会造成浪费，反而会增加物资储备以应不时之需，而如果生产不足就势必造成供不应求的现象，让人们重新去过缺衣少食的日子，那就会影响社会的和谐稳定。

总之，我们应该合理定位政府在经济运行中的作用，政府要有所为，有所不为。政府应管好民生问题，至于生产不足或生产过剩，应该让市场自动进行调节，政府不必干预。

【论证缺陷分析】

上文的逻辑结构以及主要逻辑缺陷分析如下。

		原文	逻辑缺陷分析
论点		政府不必干预生产过剩,应该让市场自动进行调节	这个结论未必能推出
论证过程	1	生产过剩只是一种假象	这一判断不准确
	2	只要生产企业开拓市场,刺激需求,就能扩大销售,生产过剩马上就会化解	这一推理不成立
	3	即使出现了真正的生产过剩,市场本身也会进行自动调节	市场本身也会进行自动调节,推不出不需政府干预
	4	生产过剩是市场经济的常见现象,既然如此,那么生产过剩就是经济运行的客观规律	生产过剩是市场经济的常见现象,推不出生产过剩就是经济运行的客观规律。"常见现象"和"客观规律"是两个概念
	5	生产过剩总比生产不足好。生产过剩未必会造成浪费,反而会增加物资储备以应不时之需	这一观点不成立。如果生产过剩储备的都是没用的物资,有可能造成巨大的浪费

		原文	逻辑缺陷分析
论证过程	6	如果生产不足就势必造成供不应求的现象，让人们重新去过缺衣少食的日子，那就会影响社会的和谐稳定	即使生产不足，也推不出，人们缺衣少食，更推不出，必然会影响社会的和谐稳定。这有绝对化推理之嫌
	7	政府应管好民生问题，至于生产不足或生产过剩，应该让市场自动调节，政府不必干预	既然按照作者所说生产不足会导致民生问题，那么按照作者的意思应该由政府管好，这与其所持的政府不应干预的观点自相矛盾，而且生产过剩同样会严重影响民生问题

【参考范文】

《生产过剩真的不需要政府干预吗?》

上文的观点是政府不必干预生产过剩，应该让市场自动进行调节。这一论证看似有理，但存在颇多的逻辑问题，其论证过程和结论都有待商榷。现择要分析如下。

首先，生产过剩只是一种假象判断不准确。生产企业开拓市场，刺激需求，未必能真正化解生产过剩，还需要政府采取相关措施加以应对。如果企业创新不足，生产的不是适销对路的产品，再怎么开拓市场，也化解不了生产过剩。柯达、索尼、诺基亚、惠普等业界巨擘都因此而黯然败退，如柯达公司长期依赖相对落后的传统胶片部门，而对于数字科技反应迟钝，即使该公司努力开拓传统胶片市场，扩大销售，该公司的胶片生产过剩也无法化解。

其次，即使市场会自动调节生产过剩，也推不出不需要政府进行干预。因为市场自我调节的功能是有限的，而且市场调节具有滞后性，等到市场调节到供需平衡之时，大量生产过剩也许已造成了巨大的资源浪费，并严重地影响到了国民经济的正常运行。

再次，由生产过剩是市场经济的常见现象，推不出生产过剩就是经济运行的客观规律，其不当假设了常见现象就是客观规律，有偷换概念之嫌。既然生产过剩不能认为是客观规律，政府干预有何不可呢?

另外，生产过剩总比生产不足好，这一观点是武断的。如果生产过剩储备的都是没用的物资，那怎能应对不时之需? 如我国 50 年代末的全民大炼钢铁运动，生产出了大量不合格的钢铁，造成了极大的浪费。还有，并非生产不足就会导致人们缺衣少食，只要人的基本生活需求得到了满足，其他需求（如奢侈品）即使没有完全得到满足，也影响不到社会的和谐与稳定。

最后，既然按照该作者所说，生产不足会导致缺衣少食，这是严重的民生问题，那么按照该作者的意思应该由政府管好，这与其所持的政府不应干预的观点自相矛盾。特别是，既然政府管好民生问题是大事，但对于生产过剩等经济问题也不能任凭市场自行调节，比如一些行业的生产过剩导致产品价格大跌，效益大幅滑坡，亏损和倒闭企业增加，从而使许多工人失业，这难道不影响民生问题吗? 所以政府对市场经济进行适度的调控，对生产过剩进行必要的干预，是有利于经济的良性发展的。

综上所述，该论证不严谨，存在诸多逻辑缺陷，所以其论证有效性受到严重的质疑。

六、2016年管理类联考论证有效性分析试题及讲解

论证有效性分析：分析下述论证中存在的缺陷和漏洞，选择若干要点，写一篇600字左右的文章，对该论证的有效性进行分析和评论。（论证有效性分析的一般要点是：概念特别是核心概念的界定和使用是否准确并前后一致，有无各种明显的逻辑错误，论证的论据是否成立并支持结论，结论成立的条件是否充分等等。）

现在人们常在谈论大学毕业生就业难的问题，其实大学生的就业并不难，据国家统计局数据，2012年我国劳动年龄人口比2011年减少了345万，这说明我国劳动力的供应从过剩变成了短缺。据报道，近年长三角等地区频频出现"用工荒"现象，2015年第二季度我国岗位空缺与求职人数的比率均为1.06，表明劳动力市场需求大于供给。因此，我国的大学生其实是供不应求的。

还有，一个人受教育程度越高，他的整体素质也就越高，适应能力就越强，当然也就越容易就业，大学生显然比其他社会群体更容易就业，再说大学生就业难就没有道理了。

实际上，一部分大学生就业难，是因为其所学专业与市场需求不相适应或对就业岗位的要求过高。因此，只要根据市场需求调整高校专业设置，对大学生进行就业教育以改变他们的就业观念，鼓励大学生自主创业，那么大学生就业难问题将不复存在。

总之，大学生的就业并不是什么问题，我们大可不必为此顾虑重重。

【论证缺陷分析】

上文的逻辑结构以及主要逻辑缺陷分析如下。

		原文	逻辑缺陷分析
论证过程	1	其实大学生的就业并不难，据国家统计局数据，2012年我国劳动年龄人口比2011年减少了345万，这说明我国劳动力的供应从过剩变成了短缺	统计数据距今已有三年，就业形势变化大，难以说明最新情况 "劳动年龄人口"和"劳动力的供应"存在混淆概念之嫌
	2	据报道，近年长三角等地区频频出现"用工荒"现象，2015年第二季度我国岗位空缺与求职人数的比率均为1.06，表明劳动力市场需求大于供给。因此，我国的大学生其实是供不应求的	长三角地区的"用工荒"不一定具有全国普遍代表性 统计数据反映出的第二季度劳动力市场需求大于供给这一事实可能仅是一年中的阶段性现象 "用工荒"现象的出现还存在另有他因的可能
	3	一个人受教育程度越高，他的整体素质也就越高，适应能力就越强，当然也就越容易就业，大学生显然比其他社会群体更容易就业，再说大学生就业难就没有道理了	一个人的受教育程度与其整体素质、适应能力、就业难易之间并不具有必然的因果联系

续表

		原文	逻辑缺陷分析
论证过程	4	实际上，一部分大学生就业难，是因为其所学专业与市场需求不相适应或对就业岗位的要求过高。因此，只要根据市场需求调整高校专业设置，对大学生进行就业教育以改变他们的就业观念，鼓励大学生自主创业，那么大学生就业难问题将不复存在	大学生就业难的问题受多种因素的影响，不能简单地认为专业设置不佳和就业观念问题是决定性因素 就业市场需求也在变化之中，即便根据当前需求调整专业设置也未必可以适应未来变化 自主创业不具有普适性，难以从根本解决就业难问题
结论		大学生的就业并不是什么问题，我们大可不必为此顾虑重重	结论存疑，大学生就业真的不是问题吗

【参考范文】

《大学生就业真的不是问题吗？》

上文根据相关材料得出"大学生的就业不是什么问题，我们大可不必为此顾虑重重"的结论，其论证过程和结论都是值得商榷的，现把其中的逻辑问题剖析如下：

首先，文章由"2012 年我国劳动年龄人口比 2011 年减少了 345 万"，得出"这说明我国劳动力的供应从过剩变成了短缺"的结论是存在疑问的。一方面数据是三年前的，难以说明最新状况；另一方面，"劳动年龄人口"和"劳动力的供应"是两个不同的概念，不能由"劳动年龄人口减少"必然得出"劳动力供应减少"。

其次，由"今年长三角地区频频出现用工荒，2015 年第二季度我国岗位空缺与求职人数的比率为 1.06"，是不能有力地得出"劳动力市场需求大于供给"这一结论的。这是因为，第一，长三角地区频频出现的"用工荒"可能仅为地域性现象，不一定具有全国普遍代表性；第二，统计数据反映出的第二季度劳动力市场需求大于供给这一事实，可能有其特殊性，不能说明全年的情况。第三，上述"用工荒"现象的出现，还可能存在薪酬过低、劳动环境恶劣等其他原因导致部分劳动力未就业，而并非是"劳动力市场需求大于供给"这一原因所致。

再次，从"一个人受教育程度越高"不能合理地得出"越容易就业"。因为一个人受教育程度高，最多说明其知识和专业素养高，但未必说明整体素质高。而且，其品格、意志、吃苦耐劳等精神与受教育程度没有必然的关系，因此，受教育程度高未必适应能力就强，况且，受教育程度高对薪酬、岗位的期望值往往就高，也就未必容易就业。

最后，大学生就业难的问题受多种因素的影响，不能简单地认为专业设置不佳和就业观念问题是决定性因素。一部分大学生所学专业与市场需求不相适应或者就业岗位的要求过高，可能并不是就业难的唯一原因，也许有学生自身的品德、性格缺陷或者专业素质和能力不足等其他原因。另外，人才培养也具有滞后性，就业市场需求也在变化之中，现在热门的专业未来不一定就热门，即使根据当前市场需求调整专业设置也未必可以适应未来变化。而且，自主创业也许只适合少量大学生，可能并不具有普遍可推广性。所以只要调整专业设置、改变就业观念、鼓励自主创业未必能从根本上解决大学生就业难问题。

综上所述，由于上文存在着诸多漏洞，从而使得论证缺乏有效性，因此其得出的结论不具有说服力。

七、2017年管理类联考论证有效性分析试题及讲解

论证有效性分析：分析下述论证中存在的缺陷和漏洞，选择若干要点，写一篇600字左右的文章，对该论证的有效性进行分析和评论。（论证有效性分析的一般要点是：概念特别是核心概念的界定和使用是否准确并前后一致，有无各种明显的逻辑错误，论证的论据是否成立并支持结论，结论成立的条件是否充分等等。）

如果我们把古代荀子、商鞅、韩非等人的一些主张归纳起来，可以得出如下一套理论：

人的本性是"好荣恶辱，好利恶害"的，所以人们都会追求奖赏，逃避刑罚。因此拥有足够权力的国君只要利用赏罚就可以把臣民治理好了。

既然人的本性是好利恶害的，那么在选拔官员时，既没有可能也没有必要去寻求那些不求私利的廉洁之士，因为世界上根本不存在这样的人。廉政建设的关键其实只在于任用官员之后有效地防止他们以权谋私。

怎样防止官员以权谋私呢？国君通常依靠设置监察官的方法，这种方法其实是不合理的。因为监察官也是人，也是好利恶害的，所以依靠监察官去制止其他官吏以权谋私就是让一部分以权谋私者去制止另一部分人以权谋私。结果只能使他们共谋私利。

既然依靠设置监察官的方法不合理，那依靠什么呢？可以利用赏罚的方法来促使臣民去监督。谁揭发官员的以权谋私，就奖赏谁，谁不揭发官员的以权谋私就惩罚谁，臣民处于好利恶害的本性，就会揭发官员的以权谋私。

【论证缺陷分析】

上文的逻辑结构以及主要逻辑缺陷分析如下。

		原文	逻辑缺陷分析
论题		只要利用赏罚就可以把臣民治理好了	
论证过程	1	把古代荀子、商鞅、韩非等人的一些主张归纳起来，…人的本性是"好荣恶辱，好利恶害"的	以偏概全
	2	人们都会追求奖赏，逃避刑罚。因此拥有足够权力的国君只要利用赏罚就可以把臣民治理好了	绝对化错误
	3	选拔官员时，既没有可能也没有必要去寻求那些不求私利的廉洁之士，因为世界上根本不存在这样的人。廉政建设的关键其实只在于任用官员之后有效地防止他们以权谋私	过于偏激。因为人的道德层次还是有明显的差别的。廉政建设既包括在任用官员之后有效地防止他们以权谋私，也要进行理想信念和道德教育，更要在选拔任用官员时就尽量考虑品性廉洁之士
	4	依靠监察官去制止其他官吏以权谋私就是让一部分以权谋私者去制止另一部分人以权谋私。结果只能使他们共谋私利	这一论述是武断的，即使监察官也是好利恶害，但也未必与其他官吏共谋
	5	可以利用赏罚的方法来促使臣民去监督	这一办法是否有效值得商榷

【参考范文】

《只要利用赏罚就可以治理好吗?》

上文就古人的一些主张归纳起来得出结论,国君只要利用赏罚就可以把臣民治理好了。但其论证存在诸多缺陷,使得该结论不具有说服力。

首先,根据古代荀子、商鞅、韩非等人的一些主张归纳起来,得出人的本性是"好荣恶辱,好利恶害"的。这犯了以偏概全的错误,因为不同的人对人的本性的主张都不尽相同,比如,有些人主张人性本善,而有些人主张人性本恶。

其次,即使人们都会追求奖赏,逃避刑罚。也不能必然推出,拥有足够权力的国君只要利用赏罚就可以把臣民治理好了。这存在绝对化的错误,只能推出,赏罚是治理的一个手段,要把臣民治理好,除了赏罚之外,还需要信仰、民主、道德等多种手段。

再次,基于好利恶害的人性,作者认定"寻求不求私利的廉洁之士"对于选拔官员而言既没可能也没必要,这一论证过于偏激。因为人的道德层次还是有明显的差别的,也许不求任何私利的人并不存在,但公而忘私、先公后私的清正廉洁之士是存在的。而且,廉政建设的关键并非仅限于防止官员以权谋私,廉政建设内涵丰富,应该标本兼治、惩防并举、多管齐下。既包括在任用官员之后有效地防止他们以权谋私,也要进行理想信念和道德教育,更要在选拔任用官员时就尽量考虑品性廉洁之士。

另外,文章认为,具有好利本性的监察官去制止其他官吏以权谋私,唯一结果就是双方共谋私利。这一论述是武断的,即使监察官也是好利恶害,但也未必与其他官吏共谋。如果监察制度设计合理,同时对监察官也进行有效的监督,并加强理想道德教育,就可以使多数监察官做到职尽其责,从而起到有效的检察作用。

最后,文章提出的利用赏罚促使臣民监督,这一办法是否有效值得商榷。因为臣民是否揭发官员受主客观多重因素影响,比如臣民的知情权如何,是否容易得到官员以权谋私的证据,揭发检举程序是否复杂,是否会受到被检举人的打击报复等等,因此,对不揭发者给予惩罚这样的举措是不合理的。

总之,上文逻辑混乱,漏洞颇多,整篇论证缺乏有效性。

八、2018 年管理类联考论证有效性分析试题及讲解

论证有效性分析:分析下述论证中存在的缺陷和漏洞,选择若干要点,写一篇 600 字左右的文章,对该论证的有效性进行分析和评论。(论证有效性分析的一般要点是:概念特别是核心概念的界定和使用是否准确并前后一致,有无各种明显的逻辑错误,论证的论据是否成立并支持结论,结论成立的条件是否充分等等。)

哈佛大学教授本杰名·史华普(Benjamin L Schwartz),在 20 世纪末指出,开始席卷一切的物质主义潮流将极大冲击人类社会固有的价值观念,造成人类精神世界的空虚,这一观点值得商榷。

首先,按照唯物主义物质决定精神的基本原理,精神是物质在人类头脑中的反映。因此,物质丰富只会充实精神世界,物质主义潮流不可能造成人类精神世界的空虚。

其次,后物质主义理论认为,个人基本物质生活条件一旦得到满足后,就会把注意力转移到非物质生活,物质生活丰裕的人,往往会更重视精神生活,追求社会公平、个人尊严等。

还有,最近一项对高校大学生抽样调查表明,69%的人认为物质生活可以丰富精神生活,22%的人认为物质生活与精神生活没什么关系,只有 9%的人认为物质生活的丰富反而

会降低精神追求。

总之,物质生活决定精神生活,社会物质生活水平的提高会促进精神世界的发展。担心物质生活的丰富会冲击人类精神世界,只是杞人忧天罢了。

【论证缺陷分析】

上文的逻辑结构与及主要逻辑缺陷分析如下:

		原文	逻辑缺陷分析
观点		开始席卷一切的物质主义潮流将极大冲击人类社会固有的价值观念,造成人类精神世界的空虚,这一观点值得商榷	"物质丰富"不等于"物质主义",两者不可一概而论,作者的论证偷换或混淆了关键概念
结论		物质生活决定精神生活,社会物质生活水平的提高会促进精神世界的发展。担心物质生活的丰富会冲击人类精神世界,只是杞人忧天罢了	
论证过程	1	首先,按照唯物主义物质决定精神的基本原理,精神是物质在人类头脑中的反映物质丰富只会充实精神世界,物质主义潮流不可能造成人类精神世界的空虚	由"物质决定意识"推出"物质生活决定精神生活"属不当类推 作者的论断过于绝对化。因为物质丰富未必只会充实精神世界,倘若处理不当,导致社会生活价值观变成"物质主义"潮流,则极有可能对人们的精神世界带来消极的负面的影响
	2	其次,后物质主义理论认为,个人基本物质生活条件一旦得到满足后,就会把注意力转移到非物质生活,物质生活丰裕的人,往往会更重视精神生活,追求社会公平、个人尊严等	即使基本物质生活条件得到满足,并不等于物质生活的丰富,人们也未必会将个人的注意力转移到非物质生活。而且,即使物质生活丰富的人也不必然更加重视精神生活,这是因人而异的
	3	还有,最近一项对高校大学生抽样调查表明,69%的人认为物质生活可以丰富精神生活,22%的人认为物质生活与精神生活没什么关系,只有9%的人认为物质生活的丰富反而会降低精神追求	抽样调查未必科学,其结论未必准确,而且调查仅以大学生为对象也不足以充分代表社会整体成员的真实态度,有以偏概全之嫌

【参考范文】

《物质生活的丰富不等于物质主义潮流》

上文通过论证"物质生活的丰富会冲击人类精神世界,只是杞人忧天"这一结论来反驳"开始席卷一切的物质主义潮流将极大冲击人类社会固有的价值观念,造成人类精神世界的空虚"的观点。由于其论证过程存在诸多逻辑缺陷,使其整个论证不能令人信服。

首先,"物质丰富"不等于"物质主义",两者不可一概而论,作者的论证偷换或混淆了关键概念。"物质丰富"是指客观存在的东西都是极大丰富的;而"物质主义"则是指,全心沉迷于追求物质的需求与欲望，导致忽视精神层面的生活方式。

其次，作者由"物质决定意识"推出"物质生活决定精神生活"实属不当类推。前者为哲学问题，后者为社会问题，两者分属不同层面，不可简单类推。而且，"物质丰富只会充实精神世界，物质主义潮流不可能造成人类精神世界的空虚"这一观点是非常武断的，作者的论断过于绝对化。因为物质丰富未必只会充实精神世界，倘若处理不当，导致人们对物质和精神的态度、认知、生活方式、行为方式等社会生活价值观变成"物质主义"潮流，则极有可能对人们的精神世界带来消极的负面的影响，从而造成人类精神世界的空虚。

再次，后物质主义只是在一定的社会阶段，对一定人群范围有效的理论，并非放之四海而皆准。因为即使基本物质生活条件得到满足，并不等于物质生活的丰富，人们也未必会将个人的注意力转移到非物质生活。而且，即使物质生活丰富的人也不必然更加重视精神生活乃至对社会公平、个人尊严等方面的追求，这是因人而异的，往往取决于具体个人的世界观、人生观、价值观等诸多要素。

最后，关于这项对高校大学生的抽样调查，其抽样范围、调查方式、样本数量等关键信息均不明确，其调查结论未必准确、严谨、科学，而且调查仅以大学生为对象也不足以充分代表社会整体成员的真实态度，推论有以偏概全之嫌。

总之，"物质生活的丰富"并不必然导致"物质主义潮流"的兴盛。由于该上文存在严重的逻辑漏洞，使得作者的论证有效性受到严重的质疑。

第二节　历年经济类联考论证有效性分析试题讲解

"论证有效性分析"这一篇写作在经济类联考综合能力试卷中占 20 分的分值，为更好地应对经济类联考的论证有效性分析试题，本节汇编了历年试题并给出详细讲解。

需要注意，与管理类联考有所差异的是，经济类联考的论证有效性分析经常涉及双方的辩论，对于此类论证有效性分析，考生不需要表明自己的态度，只需要找出文章中各方的逻辑缺陷并进行分析即可，而且，分析逻辑缺陷不能集中在其中一方，应对辩论双方存在的逻辑缺陷都进行分析。

一、2011 年经济类联考论证有效性分析试题及讲解

论证有效性分析：分析下列论证中存在的缺陷与漏洞，选择若干要点，写一篇 600 字左右的文章，对该论证的有效性分析和评述。（论证有效性分析的一般要求是：概念特别是核心概念的界定和使用是否准确并前后一致，有无明显的逻辑错误，论证的论据是否支持结论，论据成立的条件是否充分等等。）

2010 年 9 月 17 日，北京发生"惊天大堵"。当日，北京一场细雨，长安街东西双向堵车，继而蔓延至 143 条路段严重堵车，北京市交管局路况实时显示图几乎通盘红色。央视著名主持人白岩松以"令人崩溃""惨不忍堵"的字眼来形容。全国工商联房地产商会理事陈宝存在接受媒体采访时称，北京"首堵"已成常态，不"迁都"已经很难改变城市的路况。

12 月 13 日，上海学者沈晗耀在接受媒体采访时表示：要解决北京集中爆发的城市病，迁都是最好的选择，并提出未来的新首都应选在湖南岳阳或河南信阳。有人将其表述称之为"迁都治堵"。12 月 15 日，沈晗耀告诉《郑州晚报》记者，媒体"曲解"了他迁都的本意，

他的设想是在中部与西部、南方和北方连接处的枢纽地区建设"新首都"，培育符合市场经济规律的"政策拉力"，以此根本改变中国生产力分布失衡的状况。治疗北京日益严重的城市病，只是迁都后的一个"副作用"。沈晗耀说，他所认为的新都选址，不应该是一个已经成型的大中型城市，而是再造一个新城。与大多数建议者一样，沈晗耀将"新都"的选址定在了中原地区或长江流域，他认为较好的两个迁都地址是："一个是湖南岳阳，一个是河南信阳。距离武汉二三百公里的地方都是最佳的选择。"他的理由是，这些地方水资源充沛、交通便利、地势平坦。更重要的理由是，迁都能够带动中西部的发展，有利于经济重心的转移。

其实，1980 年就有学者提出将首都迁出北京的问题。1986 年，又有学者提出北京面临迁都的威胁，一度引起极大的震动。2006 年，凶猛来袭的沙尘暴将"迁都"的提议推向高潮。当年 3 月，参加全国人大会议的 479 名全国人大代表，联名向全国人大常委会提出议案，要求将首都迁出北京。此后，北京理工大学教授胡星斗在网上发出酝酿已久的迁都建议书："中国北方的生态环境已经濒临崩溃。我们呼吁：把政治首都迁出北京，迁到中原或南方。"并上书党中央、全国人大、国务院，建议分都、迁都和修改宪法。2008 年，民间学者秦法展和胡星斗合作撰写了长文《中国迁都动议》，提出"一国三都"的构想，即选择佳地建立一个全新的国家行政首都，而上海作为国家经济首都，北京则只保留文化职能，作为文化科技首都。

网络上，关于迁都引发的争议，依旧在热议，甚至已有"热心人士"开始讨论新首都如何命名。但现实是，每一次环境事件都会引发民间对于迁都的猜想和讨论，不过，也仅仅限于民间。（摘自中国新闻网《大堵车引中国迁都争论多地掀民间选都热》，2010 年 12 月 17 日）

【论证缺陷分析】

上文的逻辑结构以及主要逻辑缺陷分析如下。

		原文	逻辑缺陷分析
观点		关于迁都引发的争议	值得商榷
论证过程	1	北京"首堵"已成常态，不"迁都"已经很难改变城市的路况	即使北京"首堵"已成常态，也并不能得出必须"迁都"的结论。针对北京的交通拥堵问题，"迁都"并非"治堵"的唯一办法，还有很多其他方法可以考虑
	2	要解决北京集中爆发的城市病，迁都是最好的选择	在没有足够论证的前提下，得不出要"迁都"是解决北京"城市病"最好的选择这一结论
	3	在中部与西部、南方和北方连接处的枢纽地区建设"新首都"，培育符合市场经济规律的"政策拉力"，以此根本改变中国生产力分布失衡的状况	利用"迁都"改变中国生产力分布失衡的状况，未必就能达到其预期目的。政治和经济中心的转移虽然可以刺激转入地区的经济发展，但也会给北京，甚至华北地区的经济带来负面作用，同时还要考虑"迁都"后新首都地区的环境承载力，否则会得不偿失

续表

		原文	逻辑缺陷分析
论证过程	4	较好的两个迁都地址是:"一个是湖南岳阳,一个是河南信阳。距离武汉二三百公里的地方都是最佳的选择。"他的理由是,这些地方水资源充沛、交通便利、地势平坦	将"水资源充沛、交通便利、地势平坦"作为迁都的理由,显然这一理由是不充分的。首都的确定要受到政治与国防安全因素、地区与区域平衡因素、都市综合症因素以及自然地理因素等多方面因素的影响,绝非水资源、交通和地势这三个因素能决定的
	5	中国北方的生态环境已经濒临崩溃。我们呼吁:把政治首都迁出北京,迁到中原或南方	"中国北方的生态环境已经濒临崩溃"缺少事实论据,更何况中原或南方的自然条件是否适合建都还有待论证,如地质灾害、洪水灾害、自然环境承受力等
	6	提出"一国三都"构想,即选择佳地建立一个全新的国家行政首都,而上海作为国家经济首都,北京则只保留文化职能,作为文化科技首都	"一国三都"的构想是否符合中国国情也值得商榷,中国的历史、文化以及在人们心目中的地位,首都是政治、经济、文化,甚至交通、科技的中心,即便行政机构迁到新地点,也未必能发挥出首都所应起到的作用,毕竟首都的地位和功能不是短期可以形成的
	7	每一次环境事件都会引发民间对于迁都的猜想和讨论,不过,也仅仅限于民间	"迁都"的猜想和讨论已不能认为仅仅限于民间了,尤其是 2006 年,人大代表向全国人大常委会提出的议案,此举证明了该讨论已经进入官方机构和一定的官方程序了

【参考范文】

《"迁都"真有必要吗?》

上文综述了各方关于迁都的热议,现就各种观点进行逻辑分析如下。

首先,北京"首堵"已成常态,不"迁都"已经很难改变城市的路况,陈宝存的这一观点值得质疑。即使北京"首堵"已成常态,也并不能得出必须"迁都"的结论。针对北京的拥堵问题,"迁都"并非"治堵"的唯一办法,还有其他很多方法可以考虑,如进行科学的城市规划,有效的交通管理,重新定位北京的首都功能,疏散市中心人口,控制人口增长,建设卫星城市等办法。

其次,上海学者沈晗耀的"迁都"观点值得商榷。第一,要解决北京集中爆发的城市病,迁都是最好的选择。这一观点不具有说服力,在没有足够论证的前提下,得不出要"迁都"是解决北京"城市病"最好的选择这一结论,而且,"迁都"是一项国家的重大决策,应该慎之又慎,否则将严重影响国家的政治基础和社会稳定。第二,利用"迁都"改变中国生产力分布失衡的状况,未必就能达到其预期目的。政治和经济中心的转移虽然可以刺激转入地区的经济发展,但也会给北京,甚至华北地区的经济带来负面作用,同时还要考虑"迁都"后新首都地区的环境承载力，否则会得不偿失。第三，将"水资源充沛、交通便利、地势平坦"作为迁都的理由，显然这一理由是不充分的。首都的确定要受到政治与国防安全因素、地区与区域平衡因素、都市综合症因素以及自然地理因素等多方面因素的影响，绝非水资源、交通和地势这三个因素能决定的。

再次，"中国北方的生态环境已经濒临崩溃"缺少事实论据，更何况中原或南方的自然条件是否适合建都还有待论证，如地质灾害、洪水灾害、自然环境承受力等。况且，是因为首都功能所在导致了首都地区的环境恶化，还是首都地区的环境本来就差而导致必须迁都，如果是前者，即使迁都到新地点，也势必导致新一轮的环境恶化。另外，"一国三都"的构想是否符合中国国情也值得商榷，中国的历史、文化以及在人们心目中的地位，首都是政治、经济、文化，甚至交通、科技的中心，即便行政机构迁到新地点，也未必能发挥出首都所应起到的作用，毕竟首都的地位和功能不是短期可以形成的。

最后，"迁都"的猜想和讨论已不能认为仅仅限于民间了，尤其是 2006 年，人大代表向全国人大常委会提出的议案，此举证明了，该讨论已经进入官方机构和一定的官方程序了。事实上，"迁都"是一项重大的国家战略，实施起来需要耗费大量的人力、物力和财力，绝不是简单把行政机构搬离就算迁都了。从国家发展和军事战略来看，北京符合定都的规律，虽然北京目前遇到一些难题，但这些问题总是有多种办法可以解决的。比如，对北京城市结构和职能作调整，减少一些不必要的功能，让首都的功能更加简洁；约束权力并减少权力干扰经济市场，确保资源在全国其他地方得以更加公平的均衡分布；在北京近郊或周边建设"副都"等。

综上所述，针对北京的环境问题和大城市病，"迁都"真的是最好的选择吗？由于上文中各方观点的理由均不够充足，其结论也不足为信。

二、2012 年经济类联考论证有效性分析试题及讲解

论证有效性分析：分析下述论证中存在的缺陷和漏洞，选择若干要点，写一篇 600 字左右的文章，对该论证的有效性进行分析和评论。（论证有效性分析的一般要点是：概念特别是核心概念的界定和使用是否准确并前后一致，有无各种明显的逻辑错误，论证的论据是否成立并支持结论，结论成立的条件是否充分等等。）

汉语能力测试怎么看？

从今年开始，教育部、国家语委将在某些城市试点推出一项针对国人的汉语水平考试——"汉语能力测试（HNC）"。该测试主要考察以汉语为母语的人的听、说、读、写四方面的综合能力，并将按照难度分为各个等级，其中最低等级相当于小学四年级水平（扫盲水平），最高等级相当于大学中文专业毕业水平。考生不设职业、学历、年龄限制，可以直接报考。公众对于这项新事物，支持和反对的意见都有。

支持者认为，在世界各地掀起学习汉语热潮的今天，孔子学院遍地开花，俨然一个"全世界都在说中国话"的时代就要来临。但是国人的汉语能力，如提笔忘字，中英文混杂，网络用语不规范等现象普遍存在。目前大家都感到母语水平下降，但是对差到何种程度，差在哪里，怎么入手解决无人能言。而汉语能力测试有一个科学的评测标准，可以帮助应试者了解其汉语水平在特定人群、地域中的位置。这样的测试一定会唤起大家对母语文化的重视。

以下几种是代表性的反对观点。观点一，汉语学习更多的是培养一种读书氛围，养成良好的阅读习惯，不能太功利；汉语要保存，要维系，需要培养的是修养而不是一种应试能

力；在当前汉语衰退的环境下，要让汉语重新"热"起来，应从维系汉语文化的长远发展着手，营造一种大众的、自由的、向上的母语学习环境。观点二，中国的孩子在中国的土地上学习母语有完整的教育体系，在这种情况下，这项测试的诞生不仅是一种浪费，还严重干扰了当前的汉语教学；汉语的综合水平量化，就是使得原来丰富生动的语言扭曲化，简陋化。观点三，对于把汉语作为母语的中国人来说，汉语会用会说就可以了，不是人人都要成为作家，汉语类的能力测试更适合外国人来考。

（摘编自《汉语考试族群成员汉语能力测试怎么看？》，《人民日报（海外版）》，2011 年 8 月 8 日；《国家汉语能力测试 10 月份在江苏等地试点》，《中国日报》，2011 年 8 月 14 日）

【论证缺陷分析】

上文的逻辑结构以及主要逻辑缺陷分析如下。

		原文	逻辑缺陷分析
论题		汉语能力测试有无必要	值得商榷
支持者的观点	1	国人的汉语能力，如提笔忘字，中英文混杂，网络用语不规范等现象普遍存在。目前大家都感到母语水平下降，但是对差到何种程度，差在哪里，怎么入手解决，无人能言	国人的汉语应用方面也许确实存在问题，但语言是活的，语言能力的标准是随着时代的变化而变化的，不能必然地得出大家的母语水平在下降。而且，即使国人的汉语能力有下降，但差到何种程度，差在哪里，怎么入手解决等问题，也不见得一定要用考试的方式来检测和解决。母语是否要用考试来规范也值得斟酌
	2	汉语能力测试有一个科学的评测标准，可以帮助应试者了解其汉语水平在特定人群、地域中的位置。这样的测试一定会唤起大家对母语文化的重视	即使要通过考试来检测，也不见得汉语能力测试是最好的方式，平时在学校里考语文，社会上也有国家职业汉语能力测试、普通话考试等方式。况且，考试未必是唤起大家重视母语文化的有效办法
反对者的观点	1	观点一，汉语学习更多的是培养一种读书氛围，养成良好的阅读习惯，不能太功利；汉语要保存，要维系，需要培养的是修养而不是一种应试能力；在当前汉语衰退的环境下，要让汉语重新"热"起来，应从维系汉语文化的长远发展着手，营造一种大众的、自由的、向上的母语学习环境	第一，营造良好的母语学习环境与"汉语能力测试"并不矛盾。只要这个测试设计得科学，重在考查汉语言文字应用能力，注重实践性，紧扣实际应用，不与升学、就业直接挂钩，就可以尽可能消除这种考试的负面影响，发挥其正面的促进作用，从而有效地推进汉语的学习和应用

续表

		原文	逻辑缺陷分析
反对者的观点	2	观点二,中国的孩子在中国的土地上学习母语有完整的教育体系,在这种情况下,这项测试的诞生不仅是一种浪费,还严重干扰了当前的汉语教学;汉语的综合水平量化,就是使得原来丰富生动的语言扭曲化,简陋化	第二,即使中国的孩子有母语学习的教育体系,但这一教育体系是否科学,是否足够有效都值得探讨,而且社会上以及网络语言对汉语的干扰也相当严重,为了下一代,汉语能力测试也许很有必要,不能说是一种浪费。若该测试能普及,肯定会影响教学,但只要该测试设计科学,能有效评估以汉语作为生活、学习、工作基本用语人群的语言应用能力,那对当前的汉语教学就不是一种干扰,而是一种促进,不仅不会使汉语扭曲化,简陋化,而且会促进汉语的规范化,丰富化
	3	观点三,对于把汉语作为母语的中国人来说,汉语会用会说就可以了,不是人人都要成为作家,汉语类的能力测试更适合外国人来考	第三,虽然国人都能说汉语,但说的优劣程度不一,而且,汉语的用处除了听说以外,即使不当作家,基本的阅读、写作能力也非常重要。现在很多走上工作岗位的大学生,不用说写复杂的报告,就是写个简单的请示,也是词不达意、条理不清、语病和错别字连篇。因此,采取汉语水平测试等措施,来规范汉语运用,强化国人的汉语能力是有必要的

【参考范文】

《汉语能力测试有无必要?》

针对教育部、国家语委推出一项针对国人的汉语水平考试——"汉语能力测试(HNC)",支持者和反对者都给出了各自的看法,虽然各有道理,但仔细分析双方的看法,都存在一定的逻辑问题,现试剖析如下。

首先,分析支持者的看法。第一,国人的汉语应用方面确实存在问题,但语言是活的,语言能力的标准是随着时代的变化而变化的,不能必然地得出大家的母语水平在下降,如现代人都很少用古文,但也不能笼统地认为现代人的汉语能力就一定不如古人。而且即使国人的汉语能力有下降,但差到何种程度,差在哪里,怎么入手解决等问题,也不见得一定要用考试的方式来检测和解决。母语是否要用考试来规范也值得斟酌。虽然国人从小到大,都在用汉语,基本的汉语能力肯定是存在的,而且在学校也一直学着汉语、考着汉语,再增加一个汉语测试,也许是一种重复和浪费。而且,考试成绩具有偶然性,很难全面、客观地体现出参试者的真正汉语水平。第二,即使要通过考试来检测,也不见得汉语能力测试就是最好的方式,平时在学校里考语文,社会上也有国家职业汉语能力测试、普通话考试等方式。况且，考试只能短期强化汉语水平，而平时的运用才是关键。语言是融于生活的，不是考出来的，难道只有汉语考试才能证明汉语能力吗？再说，考试未必是唤起大家重视母语文化的有效办法，复兴母语文化最有效的办法也许是通过立法规范汉语的使用，尤其是媒体要规范使用汉语，这样才能从根本上传承好母语文化。而且，一旦语言考试成为一种规范工具，往往会使考试走向"功利化"。很多人只要有考试，就以高分、拿证为目的，催生出一系列与考试相关的利益链条。这样反而有可能会让人失去对汉语的学习兴趣，从而违背汉语能力测试的初衷。

其次，分析反对者的看法。第一，营造良好的母语学习环境与"汉语能力测试"并不矛盾。只要这个测试设计得科学，重在考查汉语言文字的应用能力，注重实践性，紧扣实际应用，不与升学、就业直接挂钩，就可以尽可能消除这种考试的负面影响，发挥其正面的促进作用，从而有效地推进汉语的学习和应用。第二，即使中国的孩子有母语学习的教育体系，但这一教育体系是否科学，是否足够有效都值得探讨，而且社会上以及网络语言对汉语的干扰也相当严重，错别字，甚至庸俗、低俗的语言比比皆是，为了保护和传承汉语，也为了下一代，汉语能力测试也许很有必要，不能说是一种浪费。若该测试能普及，肯定会影响教学，但只要该测试设计科学，能有效评估以汉语作为生活、学习、工作基本用语人群的语言应用能力，以考促学，以评促学，那么对当前的汉语教学就不是一种干扰，而是一种促进，不仅不会使汉语扭曲化、简陋化，而且还会促进汉语的规范化，丰富化。第三，虽然国人都能说汉语，但说的优劣程度不一，而且，汉语的用处除了听说以外，即使不当作家，基本的阅读、写作能力也非常重要。现在很多走上工作岗位的大学生，不用说写出复杂的报告，就是写个简单的请示，也是词不达意、条理不清，语病和错别字连篇。因此，采取汉语水平测试等措施来规范汉语运用，强化促国人的汉语能力也许是很有必要的。

综上所述，由于上述支持者和反对者的观点在论证过程中都存在各自的逻辑漏洞，导致其各自的论证及其观点都缺乏说服力。

三、2013 年经济类联考论证有效性分析试题及讲解

论证有效性分析：分析下述论证中存在的缺陷和漏洞，选择若干要点，写一篇 600 字左右的文章，对该论证的有效性进行分析和评论。（论证有效性分析的一般要点是：概念特别是核心概念的界定和使用是否准确并前后一致，有无各种明显的逻辑错误，论证的论据是否成立并支持结论，结论成立的条件是否充分等等。）

是否应该彻底取消"黄金周"？

1999 年 10 月开始实行的"黄金周"休假制度，在拉动经济，为国人带来休闲度假新概念的同时，也暴露出很多问题。因此，于 2006 年起，陆续有人提出取消"黄金周"的建议。2008 年，"五一"黄金周取消，代之以清明、端午、中秋等传统节日"小长假"。2012 年"国庆黄金周"后，彻底取消"黄金周"的声音再次引起公众的注意。

支持取消者认为：第一，"黄金周"造成了景区混乱和资源调配不合理、浪费社会资源、打乱正常生活秩序，不利于经济长期可持续发展。第二，"黄金周"人为地将双休日挪在一起，使大家不得不连续休假七天，同时又要连续工作七天，这在很大程度上是一种"被放假"的安排，体现了一种群众运动式的思维，是计划经济的产物，不符合自主消费的原则。第三，当初实行"黄金周"是一种阶段性的考虑，随着带薪休假制度的落实，应该彻底取消"黄金周"。

反对取消者则认为：第一，"黄金周"对旅游业的成熟和发展起到了极大的促进作用，

对经济的拉动也功不可没。任何事物都有利有弊，不能只看到弊端就彻底取消。第二，随着消费者出游经验的不断丰富，旅游消费必将更加理性。错峰出游、路线选择避热趋冷等新的消费习惯会使一些现有问题得到解决。第三，目前我国可享受带薪休假的职工仅有三成，年假制度不能落实，"被放假"毕竟比"被全勤"好，实在的"黄金周"毕竟要比虚无缥缈的带薪休假更加现实。

（改编自《旅游界反对取消十一黄金周，新假期改革效果尚不明确》，《南方日报》，2008年9月9日；《黄金周假期惹争议，最终取消是必然》，凤凰网资讯，2012年10月8日；《彻底取消黄金周高估了带薪休假环境》，东方网，2012年10月5日。）

【论证缺陷分析】

上文的逻辑结构以及主要逻辑缺陷分析如下。

		原文	逻辑缺陷分析
论题		彻底取消"黄金周"	值得商榷
支持者的看法	1	第一，"黄金周"造成了景区混乱和资源调配不合理、浪费社会资源、打乱正常生活秩序，不利于经济长期可持续发展	即使"黄金周"长假存在一些负面影响，但可以通过有效管理来逐步消除，而且从积极方面看，"黄金周"的正面作用更大
	2	第二，"黄金周"人为地将双休日挪在一起，使大家不得不连续休假七天，同时又要连续工作七天，这在很大程度上是一种"被放假"的安排。体现了一种群众运动式的思维，是计划经济的产物，不符合自主消费的原则	"黄金周"除旅游外，尤其在全家休闲、探亲访友等活动中有其不可替代的作用。而且，取消"五一"黄金周后，清明、端午、中秋三个传统节日通过双休日的拼接，形成了三天小长假，同样是一种"被放假"的安排
	3	第三，当初实行"黄金周"是一种阶段性的考虑，随着带薪休假制度的落实，应该彻底取消"黄金周"	目前，在我国完全落实带薪休假依然不现实，很多中小民营企业管理制度依然不够完善，员工休假难，取消"黄金周"，反而会伤害很多人休假的权利。而且，"黄金周"的社会效益不容忽视，其他休假方式都很难满足"全家出游"等社会活动的需求
反对者的看法	1	第一，"黄金周"对旅游业的成熟和发展起到了极大的促进作用，对经济的拉动也功不可没。任何事物都有利有弊，不能只看到弊端就彻底取消	"黄金周"很难说对经济具有真正的拉动作用。"黄金周"本身是刺激消费、拉动内需的重要手段，但这一周的消费量也许是很多社会民众近期乃至近几个月的集中消费，很可能全年的消费总量并未提高

		原文	逻辑缺陷分析
反对者的看法	2	第二，随着消费者出游经验的不断丰富，旅游消费必将更加理性。错峰出游、路线选择避热趋冷等新的消费习惯会使一些现有问题得到解决	即使将来旅游消费更加理性会使"黄金周"的一些负面问题得到解决，但人为造成的旅游供给设施的常年性、稳定性与"黄金周"旅游需求的集中性、跳跃性之间的矛盾是难以彻底解决的。即使部分民众错峰出游、路线选择避热趋冷，但出行人数的总量难以减少，按照"黄金周"的需求量建设交通、住宿等旅游供给设施，势必造成常年性的过剩，不利于可持续经营
	3	第三，目前我国可享受带薪休假的职工仅有三成，年假制度不能落实，"被放假"毕竟比"被全勤"好，实在的"黄金周"毕竟要比虚无缥缈的带薪休假更加现实	即使我国目前带薪休假的年假制度尚未得到很好的落实，但不等于在将来不能逐步落实，关键还是要加快落实带薪休假。"黄金周"集中放假的方式毕竟会带来交通拥堵等负面作用，而且挪假的方式也会打乱人们正常的工作和生活秩序

【参考范文】

《辨析是否应该彻底取消"黄金周"》

针对是否应该彻底取消"黄金周"，支持者和反对者都给出了各自的看法，虽然都有一定的道理，但仔细分析，发现其各自的论证都存在逻辑漏洞，现对双方的观点试分析如下。

首先，分析"黄金周"支持者的看法。第一，即使"黄金周"长假存在一些负面影响，但可以通过有效管理来逐步消除，而且从积极方面看，"黄金周"的正面作用更大，如扩大了民众的休闲、旅游的消费需求，促进了交通、景区、餐宿、购物、娱乐等服务设施的配套组合，推动了旅游产品的优化，带动了各相关行业的建设，若能有利引导，还可以促进国民经济的长期可持续增长。第二，虽然"黄金周"人为地将双休日挪在一起，但"黄金周"除旅游外，尤其在全家休闲、探亲访友等活动中有其不可替代的作用。而且，取消"五一"黄金周后，清明、端午、中秋三个传统节日通过双休日的拼接，形成了三天小长假，同样是一种"被放假"的安排。第三，目前在我国完全落实带薪休假依然不现实，很多中小民营企业管理制度依然不够完善，员工休假难，取消"黄金周"，反而会侵害很多人休假的权利。而且，即使未来能完全落实带薪休假，"黄金周"也有其特殊作用，"黄金周"的社会效益不容忽视，其他休假方式都很难满足"全家出游"等社会活动的需求。

其次，分析"黄金周"反对者的看法。第一，确实"黄金周"对旅游业的成熟和发展起到了促进作用，但"黄金周"很难说对经济具有真正的拉动作用。"黄金周"本身是刺激消费、拉动内需的重要手段，但这一周的消费量也许是很多社会民众近期乃至近几个月的集中消费，很可能全年的消费总量并未提高。第二，即使将来旅游消费更加理性会使"黄金周"的一些负面问题得到解决，但人为造成的旅游供给设施的常年性、稳定性与"黄金周"旅游需求的集中性、跳跃性之间的矛盾是难以彻底解决的，景区在"黄金周"内人满为患而节后车马稀少是常见的现象。即使部分民众错峰出游、路线选择避热趋冷，但出行人数的总量难以减少，按照"黄金周"的需求量建设交通、住宿等旅游供给设施，势必造成常年性的过剩，导致了旅游企业的运营成本提高，不利于可持续经营。第三，即使我国目前带薪休假的年假制度尚未得到很好的落实，但不等于在将来不能逐步落实，关键还是要加快落实带薪休假。"黄金周"集中放假的方式会带来交通拥堵等负面影响，而且挪假的方式也会打乱人们正常的工作和生活秩序。

换个角度考虑，是否应该彻底取消"黄金周"的问题的症结在于民众休闲需求和假期供给不足之间的矛盾，随着国民经济发展到一定程度，一方面要彻底落实带薪休假制度，另一方面要适当增加假期，在增加假期的前提下，可保留或增加"黄金周"，同时保留三个传统节日休假，但不人为挪假形成小长假，到那个时候，"黄金周"将不再是个问题了。

综上所述，由于上述"黄金周"的支持者和反对者在各自的论证过程中都存在诸多逻辑缺陷，导致其各自的论证都缺乏有效性。

四、2014年经济类联考论证有效性分析试题及讲解

论证有效性分析：分析下述论证中存在的缺陷和漏洞，选择若干要点，写一篇600字左右的文章，对该论证的有效性进行分析和评论。（论证有效性分析的一般要点是：概念特别是核心概念的界定和使用是否准确并前后一致，有无各种明显的逻辑错误，论证的论据是否成立并支持结论，结论成立的条件是否充分等等。）

如何看待高考英语改革

2013年10月，北京市教育委员会公布的《2014—2016年高考高招改革框架方案》（征求意见稿）显示，从2016年起，该市高考语文由150分增至180分，数学仍为150分；英语由150分减为100分，其中听力占30分，阅读写作等占70分。这一举措引发了各方对高考改革的热烈讨论。

支持者的理由如下。第一，语文高出英语分值80分，有助于强化母语教育，因为不少学生对外语所投入的时间、精力和金钱远远超过语文。第二，母语是学习的基础，只有学好母语才能学好包括英语在内的其他科目。第三，很多中国人从幼儿园就开始学习英语，但除了升学、求职、升职经常需要考英语外，普通人在工作、生活中很少用到英语。第四，此举可以改变现有的"哑巴式英语"教学的状况，突出英语作为语言的实际应用作用。

反对者的理由如下。第一，没必要那么重视语文，因为我们就生活在汉语环境中，平时说的、看的都是汉语，喊着"救救汉语"的人实在是杞人忧天。第二，普通人学习英语时不可能像学习母语时那样"耳濡目染"，若还要在学校里弱化英语教学，那么英语就更难学好了。第三，中学生学习负担沉重并不全是因为英语，英语改革需要有周密的调研，高考改革也应从全局考虑。第四，这一举措把中小学英语教学的负担推给了大学，并没有考虑到学生今后的发展，因为学生在读大学时还得参加四六级英语考试，而检验教育成果的一个重要方面就是学生毕业以后的就业情况。

（改编自《北京高考改革方案：降低英语分值提高语文分值》，人民网，2013年10月28日；《英语特级教师：反对高考英语改革的九点理由》，中国教育在线，2013年10月24日。）

【论证缺陷分析】

上文的逻辑结构以及主要逻辑缺陷分析如下。

		原文	逻辑缺陷分析
论题		高考改革征求意见稿显示,将增加语文分值,大幅减少英语分值	是否合理,值得讨论
支持者的理由	1	第一,语文高出英语分值80分,有助于强化母语教育,因为不少学生对外语所投入的时间、精力和金钱远远超过语文	语文高出英语分值80分,并不一定有助于强化母语教育。因为学生对英语的投入并不一定会因为分值的下降而减少;即使学生们减少了对英语的投入,但不一定就会增加对语文的投入
	2	第二,母语是学习的基础,只有学好母语才能学好包括英语在内的其他科目	学好母语并不一定是学习其他科目的必要条件,当然,从个人成长上有母语基础是需要的,但学习语言本身并没有先后之分,即使没有母语基础,也是完全有可能学好英语的
	3	第三,很多中国人从幼儿园就开始学习英语,但除了升学、求职、升职经常需要考英语,普通人在工作、生活中很少用到英语	即使普通人在工作、生活中很少用到英语,并不等于不需要学好英语,而且对于专业技术人员来说,阅读外文文献、参加学术交流和国际交流等少不了英语这一工具
	4	第四,此举可以改变现有的"哑巴式英语"教学的状况,突出英语作为语言的实际应用作用	降低英语分值并不能得出"哑巴式英语"教学状况的改变,考"听力"和"阅读"与说英语是不同的概念,英语考试分值减少并不一定导致实际应用增多,分值减少反而有可能会降低学生对学英语的重视程度
反对者的理由	1	第一,没必要那么重视语文,因为我们就生活在汉语环境中,平时说的、看的都是汉语,喊着"救救汉语"的人实在是杞人忧天	没必要那么重视语文的理由不充分,因为生活在汉语环境中,未必就能够精通汉语文字和文化。况且,平时对汉语的学习和使用可能不够准确、严谨和系统,而语文教学能弥补这一缺陷,并能有效地提高汉语水平
	2	第二,普通人学习英语时不可能像学习母语时那样"耳濡目染",若还要在学校里弱化英语教学,那么英语就更难学好了	英语分值的降低不等于弱化英语教学,并不必然意味着对英语的重视程度下降,也许更注重英语的应用能力。况且,反对者不当地假设了学生必须要学好英语,而这一假设是有疑问的,也许英语对不同人的需求程度不一样,没必要统一要求学生学好英语

		原文	逻辑缺陷分析
反对者的理由	3	第三,中学生学习负担沉重并不全是因为英语,英语改革需要有周密的调研,高考改革也应从全局考虑	这一说法不当假设了高考改革的目的是为了减轻学生的学习负担,即使高考改革的目的是为了减轻学生的学习负担,而且中学生沉重的学习负担并不全是因为英语,也不能说明不能降低学生学习英语的负担,如果降低学生学习英语的负担能对学生的总体负担有所降低的话,这样的改革难道不好吗
	4	第四,这一举措把中小学英语教学的负担推给了大学,并没有考虑到学生今后的发展,因为学生在读大学时还得参加四六级英语考试,而检验教育成果的一个重要方面就是学生毕业以后的就业情况	降低高考英语分值不等于把中小学英语教学的负担推给了大学,也许中小学为此改善了英语教学方式,使得学生的英语实用能力更强了呢?而且,英语的学习也不一定跟大学毕业后的就业情况有必然的联系

【参考范文】

《高考语文英语权重之争的辨析》

北京市公布的高考改革征求意见稿显示,将增加高考的语文分值,大幅减少英语分值,针对这一框架方案,高考改革的支持者和反对者都给出了各自的理由,虽然似乎各有各的道理,但都存在其逻辑漏洞,现对双方的看法分析如下。

首先,分析高考改革支持者理由中的逻辑缺陷。第一,语文高出英语分值 80 分,并不一定有助于强化母语教育。因为学生对英语的投入并不一定会因为分值的下降而减少;即使学生们减少了对英语的投入,但不一定就会增加对语文的投入;即使学生们增加了对语文的投入,可能只加强了应试训练,而如果教学没有改进,并不能一定意味着就能强化母语教育。第二,学好母语并不一定是学好其他科目的必要条件,当然,从个人成长上是有母语基础是需要的,但学习语言本身并没有先后之分,即使没有母语基础,也是完全有可能学好英语的。第三,即使普通人在工作、生活中很少用到英语,并不等于不需要学好英语,对普通人来说,学习英语至少可以增强对西方文化的理解和个人素养的提升,而且用的少不等于用不到,现在用不到不等于将来用不到,尤其是对于专业技术人员来说,阅读英文文献、学术交流和国际交流等少不了英语这一工具。第四,降低英语分值并不能得出"哑巴式英语"教学状况的改变,考"听力"和"阅读"与说英语是不同的概念,英语考试分值减少并不一定能导致实际应用增多,分值减少反而有可能会降低学生对学英语的重视程度。

其次,分析高考改革反对者理由中的逻辑缺陷。第一,没有必要那么重视语文的理由不充分,因为生活在汉语环境中,未必就能够精通汉语文字和文化,如文盲能听说汉语,但不会阅读不会写作。况且,平时对汉语的学习和使用可能不够准确、严谨和系统,而语文教学能弥补这一缺陷,语文教学是系统提高汉语水平的重要途径之一。第二,高考英语分值的降低不等于弱化英语教学，并不必然意味着对英语的重视程度下降，也许教学上更注重英语的应用能力。况且，反对者不当地假设了学生必须要学好英语，而这一假设是有疑问的，也许英语对不同人的需求程度不一样，没有必要统一要求学生学好英语。第三，这一说法不当假设了高考改革的目的是为了减轻学生的学习负担；即使高考改革的目的是为了减轻学生的学习负担，而且中学生的学习负担沉重并不全是因为英语，也不能说明不需要降低英语的负担；如果降低英语的负担能对学生的总体负担有所降低的话，这样的改革难道不好吗？高考改革需要循序渐进，不能因为不能全部解决问题就不去解决问题。第四，降低高考英语分值不等于把中小学英语教学的负担推给了大学，也许中小学为此改善了英语教学方式，使得学生的英语实用能力更强了呢？而且，英语的学习也不一定跟大学毕业后的就业情况有必然的联系。

综上所述，由于上述高考改革的支持者和反对者在各自的论证过程中所提供的理由都存在诸多问题，导致其各自的看法都缺乏足够的说服力。

五、2015年经济类联考论证有效性分析试题及讲解

论证有效性分析：分析下述论证中存在的缺陷和漏洞，选择若干要点，写一篇600字左右的文章，对该论证的有效性进行分析和评论。（论证有效性分析的一般要点是：概念特别是核心概念的界定和使用是否准确并前后一致，有无各种明显的逻辑错误，论证的论据是否成立并支持结论，结论成立的条件是否充分等等。）

如何解决网络假货问题？

2014年11月，中国互联网大会，阿里巴巴集团董事局主席马云和京东集团创始人刘强东围绕网络假货问题各自发表了看法。

刘强东已多次指责淘宝"假货"和"逃税问题"，大会开幕前在接受媒体采访时，也直言不讳：中国互联网假货流行已严重影响了消费者网购的信心，这是整个电子商务行业最重要的"瓶颈"。目前，网络售卖假货、水货的大多是大型的、有组织化的，动辄千万，几个亿规模的公司。

马云说："你想想，25块钱买一个劳力士表，这是不可能的，原因是你自己太贪"。他指出：卖假货的商家害怕在淘宝上卖假货，阿里巴巴很容易就可以查出谁在卖。近一两年中国的电商发展迅猛，若靠卖假货，每天的交易额不可能达到六七十亿元。阿里巴巴每年支出逾1610万美元用来打击假货，打假行动也获得了国际上的认可，所以，美国贸易代表将淘宝从2012年恶名市场名单中移除。

刘强东指出解决网络假货问题要依靠行业合作，政府监管。他建议一方面要在整个电子商务行业推广使用电子发票，另一方面，推导卖家进行电子工商注册。政府各部门联合起来加强跨平台联合监管，共同打击有组织有规模的假货公司。此外，他认为要解决互联网假货问题，要从征税根源问题上进行，一方面要提高电商营业额起征点到100万元，另一方面，日常营运人数达百人以上的大商家要注册电子工商营业执照，并规定使用电子发票。

马云认为，解决网络假货问题要依靠生态系统和大数据。互联网技术为知识产权保护和打击制售假冒伪劣商品提供了便利条件。生态系统建设和大数据技术能够快速找出网络假货问题，在信用体系中弘扬正能量，从而有效地解决网络假货问题。马云还补充说，阿里巴巴集团正在建设一个互联网生态系统，该系统对知识产权保护和解决网络假货问题非常有效。

该篇改自《火药味！两个大佬互联网大会上互掐》广州日报2014年11月21日。

【论证缺陷分析】

上文的逻辑结构以及主要逻辑缺陷分析如下。

		原文	逻辑缺陷分析
论证过程	1	你想想,25块钱买一个劳力士表,这是不可能的,原因是你自己太贪	这一归因值得商榷,也许确实有些消费者贪心,也许是有些消费者知假买假,但不能排除有些消费者出于对淘宝平台的信任等因素而误买假货
	2	卖假货的商家害怕在淘宝上卖假货,阿里巴巴很容易就可以查出谁在卖假货	这不等于卖假货的商家就害怕在淘宝上卖假货,也许阿里巴巴能查出假货,但并没有采取行动,真正去制止这些商家卖假货
	3	近一两年中国的电商发展迅猛,若靠卖假货,每天的交易额不可能达到六七十亿元	这一判断不准确,最多只能说明淘宝上不全是假货,并没有否认假货的存在,不能说明淘宝解决了假货问题
	4	阿里巴巴每年支出逾1610万美元用来打击假货,其打假行动也获得了国际上的认可,所以,美国贸易代表将淘宝从2012年恶名市场名单中移除	这最多能说明阿里巴巴在网络打假上付出了一定努力,但并不等于努力的程度是足够的,尽到了网络打假的责任。同样不能说明淘宝的销售假货问题得到了解决
	5	他建议一方面要在整个电子商务行业推广使用电子发票,另一方面,推导卖家进行电子工商注册。他认为要解决互联网假货问题要从征税根源问题上进行,一方面要提高电商营业额起征点到100万元,另一方面,日常营运人数达百人以上的大商家要注册电子工商营业执照,并规定使用电子发票	这些办法是建议政府加强监管,这对网络打假应该能起到一些作用,但他建议的问题在于,一是没有明确电商本身的责任,而是把难题交给了政府。二是,即使政府按他的建议办法进行监管,效果也有限,并不能有效解决网络销售假货问题
	6	解决网络假货问题要依靠生态系统和大数据。互联网技术为知识产权保护和打击制售假冒伪劣商品提供了便利条件。生态系统建设和大数据技术能够快速找出网络假货问题,在信用体系中弘扬正能量,从而有效地解决网络假货问题	即使生态系统建设和大数据技术确实能够快速找出网络假货问题,但这对解决网络销售假货问题还是远远不够的。关键是查出了入驻商家一旦卖了假货、侵犯了知识产权,就要把该记录记入企业信用档案,网购平台和政府监管部门就要对其经营活动进行严格的限制和处罚,只有通过建立整个社会的信用体系,才能起到治本的作用

【参考范文】

《两位大佬的建议真能解决网络假货问题吗?》

上文所述,互联网大会上,马云和刘强东两位大佬围绕网络假货问题发表了各自的看法和建议,但按照他们的建议真的能解决网络假货问题吗?现对两位大佬的看法和建议试分析如下。

首先,分析马云的看法。第一,按照他的说法,因为消费者太贪心,所以买假货。这一归因值得商榷,也许确实有些消费者贪心,也许是有些消费者知假买假,但不能排除有些消费者出于对淘宝平台的信任等因素而误买假货。而且,即使马云的说法正确,也不能逃避对电商平台自身的监管责任。第二,即使阿里巴巴确实很容易查出谁在卖假货,也不等于卖假货的商家就害怕在淘宝上卖假货,也许阿里巴巴能查出假货,但并没有采取行动,真正去制止这些商家卖假货,事实上淘宝的"假货"问题并不少见。第三,仅靠销售假货的交易额不可能达到六七十亿元,这一判断也不足为信,最多只能说明淘宝上不全是假货,但并没有否认假货的存在,不能说明淘宝已有效地解决了网络假货问题。第四,阿里巴巴每年都支出巨资用来打假,这最多能说明阿里巴巴在网络打假上付出了一定努力,但并不等于其付出努力的程度是足够的,尽到了网络打假的责任。而美国贸易代表将淘宝从 2012 年恶名市场名单中移除,也只能说明之前淘宝的假货问题非常严重,现在已有明显好转,但也不能说明淘宝的假货问题得到了彻底的解决。

其次,分析刘强东的建议。他的建议包括,在整个电子商务行业推广使用电子发票,卖家进行电子工商注册,提高电商营业额的起征点。这些办法都是建议政府加强监管,这当然对网络打假应该能起到作用,但他建议的问题在于,一是没有明确电商本身的责任,而是把难题交给了政府。二是,即使政府按他的建议进行监管,效果也有限,并不能有效解决网络销售假货问题。加强监管有效的措施应该是,以法律的形式确定网购平台和入驻商家的法律责任,一旦出现售假行为,不仅要追究入驻商家的直接责任,还要追究网购平台的连带责任,并进行严格的行政处罚和严厉的经济制裁,这样才能迫使网购平台把好渠道关,真正有效地减少网络销售假货问题的出现。

最后,再来分析马云的建议。他的建议是,依靠互联网生态系统和大数据解决网络假货问题。然而,即使生态系统建设和大数据技术确实能够快速找出网络假货问题,但这对解决网络销售假货问题还是远远不够的。关键是查出了入驻商家一旦卖了假货、侵犯了知识产权,就要把该记录记入企业信用档案,网购平台和政府监管部门就要对其经营活动进行严格的限制和处罚,只有建立整个社会的信用体系,才能起到治本的作用。

总之,网络销售假货问题原因复杂,网络打假需要依靠政府监管部门、网购平台、消费者、企业商家等多方联合发力,才能找到真正的解决方案。其中,作为网购平台,不能逃避自身的责任,两位大佬所提的看法和建议虽有一定道理,但似乎避重就轻,有为自身开脱之嫌。

六、2016 年经济类联考论证有效性分析试题及讲解

论证有效性分析:分析下述论证中存在的缺陷和漏洞,选择若干要点,写一篇 600 字左右的文章,对该论证的有效性进行分析和评论。(论证有效性分析的一般要点是:概念特别是核心概念的界定和使用是否准确并前后一致,有无各种明显的逻辑错误,论证的论据是否成立并支持结论,结论成立的条件是否充分等等。)

结婚证应当设立有效期。【选自《发展外语》（第二版），北京语言大学出版社，2011 年】

在我们国家，大多数证书都是有有效期的。不要说驾照、营业执照等年年要年审的证书了，连身份证也是有个十年或二十年期更换的规定，然而我们的结婚证书，都是不需要年审、不需要换证的。

我认为结婚证书也应有有效期。新领的，有效期 7 年；到期后，需重新到民政部门去办理续存手续，续存十年，十年过后，就可不用办存续手续了。为什么呢？

首先，让男女双方能定期审视自己的婚姻生活，通过办理证书续存手续，男女双方能够有机会好好审视一下双方结合以来的得与失，从而问一下自己：我还爱他吗？他还爱我吗？自己的婚姻有没有必要再延续呢？通过审视，就能很好发现自己在上个婚期内有没有亏待过对方，这对今后的婚姻无疑大有益处。

其次，让双方再说一遍"我愿意"，提高夫妻各自的责任感，从热恋的激情甜蜜到婚姻中的熟悉平淡，这似乎是大多数情感的必经过程。然而疲惫的情感却容易使婚姻进入"瓶颈"。经过一段时期的婚期考验后，在办理婚姻二次手续时再向对方说一声"我愿意"，无疑更显真诚、更显实在、更多理性、更能感动对方，即使以前共同生活中的有很多磕磕绊绊，但一句"我愿意"相信可以消除许多误会和猜疑；新婚时说的我愿意，有太多的理想感伤，而一段婚姻后再说的"我愿意"，不光更具真情实意，更重要的还具有更强的责任感；你不对我负责，我到期就跟你说再见。

第三，让一些垂死的婚姻自然死亡，减少许多名存实亡的婚姻的存在，降低离婚成本。现在很多家庭，即使双方恐怕已经彻底破裂，却因多种原因而维系着，维系的最主要的原因就是不愿去法院打官司，而通过这种婚姻到期续存，就没必要一定要通过办理离婚手续才可离婚，只要有一方说"我不愿意"，就没有婚姻关系了，这样将更多对婚姻抱着"好死不如赖活着"想法的人，能够轻松获得解脱。

【论证缺陷分析】

上文的逻辑结构以及主要逻辑缺陷分析如下。

		原文	逻辑缺陷分析
论题		结婚证应当设立有效期	结婚证设立有效期有必要吗？
论证过程	1	在我们国家，大多数证书都是有有效期的。不要说驾照、营业执照等年年要年审的证书了，连身份证也是有个十年或二十年期更换的规定，然而我们的结婚证书，都是不需要年审、不需要换证的。我认为结婚证书也应有有效期	将结婚证与驾照、营业执照、身份证进行不当类比
	2	通过办理证书续存手续，男女双方能够有机会好好审视一下双方结合以来的得与失	这一说法有待商榷。两者之间并没有必然的联系
	3	通过审视，就能很好发现自己在上个婚期内有没有亏待过对方，这对今后的婚姻无疑大有益处	审视行为与很好发现自己在上个婚期内有没有亏待过对方没有必然的联系，推不出有益于婚姻

续表

		原文	逻辑缺陷分析
论证过程	4	让双方再说一遍"我愿意"……一段婚姻后再说的"我愿意",不光更具真情实意,更重要的还具有更强的责任	明显夸大了"我愿意"这三个字的作用。作者对"责任感"这一概念的理解明显存在严重偏差
	5	让一些垂死的婚姻自然死亡,减少许多名存实亡的婚姻的存在,降低离婚成本。现在很多家庭,即使双方恐怕已经彻底破裂,却因多种原因而维系着,维系的最主要的原因就是不愿去法院打官司,而通过这种婚姻到期续存,就没必要一定要通过办理离婚手续才可离婚,只要有一方说"我不愿意",就没有婚姻关系了,这样将更多对婚姻抱着"好死不如赖活着"想法的人,能够轻松获得解脱	许多名存实亡的婚姻之所以选择继续维系可能源于多种复杂因素 婚姻关系的维系与解除需双方共同面对与抉择,若只有一方不同意就可以轻松解除,这一做法是欠妥当的,存在很多风险

【参考范文】

《结婚证应当设立有效期吗?》

上文通过论证得出"结婚证应当设立有效期"这一观点,由于其论证过程存在诸多缺陷,因此,其结论缺乏说服力,现把相关问题择要分析如下:

首先,该文将"驾照、营业执照、身份证"与"结婚证书"作类比,推出"结婚证书也应有有效期"的结论,这一结论是存疑的。因为驾照、营业执照、身份证与结婚证的用途、性质和规范对象有着本质区别的,不能简单地从驾照、营业执照、身份证这些证书存在有效期就推出结婚证也应该有有效期。

其次,办理证书续存手续只是一个行政化的流程,而审视双方结合以来的得与失是个主观判断,这两者之间并没有必然的联系。不办理证书续存手续,照样可以审视双方结合以来的得与失;而办理续存手续未必就能让人更好地审视得失。另外,即使办理证书能让人审视自己的行为,也并不一定能发现自己在上个婚期是否亏待过对方,也许通过审视,不仅没有发现自己的不足,反而更多地发现了对方的不足,这就难以对今后的婚姻有益了。

再次,"我愿意"这三个字,不过是一种口头语言表达,作者明显夸大了这三个字的作用。双方再说一遍"我愿意"并不能推出就是真诚理性的表现,就能感动对方并消除误会猜疑。因为,即使再说一遍"我愿意",也有可能是迫于经济条件、孩子成长问题等带来的无奈、屈就而勉强维持婚姻的情况存在。即使确实是真诚理性的表达,也未必一定能变成实际的行动去维护良好的婚姻关系。而且,在婚姻中,当一方不负责任时,选择到期结束婚姻并非是更强责任感的体现。

最后,许多名存实亡的婚姻之所以选择继续维系可能源于多种复杂因素,包括经济、家庭、孩子等各种原因所限,而未必仅仅是因为不愿去法院打官司这么简单。而且,即使结婚证设立有效期,只要有一方说"我不愿意",就没有婚姻关系了,这样未必能够使人轻松获得解脱。婚姻关系的维系与解除需双方共同面对与抉择,若只有一方不同意就可以轻松解除，这一做法是否合理是有待商榷的。因为婚姻关系不仅仅是个人单方面的事，涉及对方、孩子以及双方的原生家庭等多种因素。

总之，由于上文论证不严密，存在种种逻辑漏洞，从而使其观点和论证的有效性受到严重的质疑。

七、2017年经济类联考论证有效性分析试题及讲解

论证有效性分析：分析下述论证中存在的缺陷和漏洞，选择若干要点，写一篇600字左右的文章，对该论证的有效性进行分析和评论。（论证有效性分析的一般要点是：概念特别是核心概念的界定和使用是否准确并前后一致，有无各种明显的逻辑错误，论证的论据是否成立并支持结论，结论成立的条件是否充分等等。）

我们知道，如果市场规模扩大，最终产品的需求将是巨大的，采用先进技术进行生产的企业，因为产品是高附加值的，所以投资回报率高，工人的工资报酬也高。如果工人遇见到工资报酬高，那么所有的工人都会争先恐后选择在采用先进技术生产的企业工作，这样以来，低技术、低附加值、低工资的劳动密集型企业就会自动淘汰出局了，市场上最终生存下来的都是采用先进技术的高新技术企业。

相反地，如果市场规模狭小，最终产品的需求非常小，而且采用先进技术的成本很高，生产出来的高技术产品根本无人问津，企业无利可图，因此没有一家企业愿意采用先进技术进行生产。这时工人即使拥有高技术，也会发现英雄无用武之地。最终，市场上剩下的都是低技术、低附加值、低工资的劳动密集型企业了。

由此可见，市场规模决定了先进技术的采用与否，没有大的市场规模就别指望涌现高新技术企业。中国不仅拥有庞大的国内市场，而且拥有更庞大的国际市场，所以大可不必为中国低技术、低附加值、低工资的劳动密集型企业担心，更不要大动干戈搞什么产业结构升级，政府应该采取"无为而治"的方针，让市场去进行"自然选择"，决定什么样的企业最终存活下来。所以，政府要做的唯一事情就是做大市场，只要政府把市场做大了，就什么都不用发愁了。

【论证缺陷分析】

上文的逻辑结构以及主要逻辑缺陷分析如下。

		原文	逻辑缺陷分析
结论		政府要做的唯一事情就是做大市场，只要政府把市场做大了，就什么都不用发愁了	过于绝对化，站不住脚
论证过程	1	采用先进技术进行生产的企业，因为产品是高附加值的，所以投资回报率高，工人的工资报酬也高	采用先进技术进行生产的企业，其产品不一定是高附加值的。而且采用先进技术的企业，前期投资大，很可能短期内无法获得较高的投资回报率。即使企业的投资回报率高，也不一定就会给工人提供高报酬

续表

		原文	逻辑缺陷分析
论证过程	2	如果工人遇见到工资报酬高,那么所有的工人都会争先恐后选择在采用先进技术生产的企业工作,这样以来,低技术、低附加值、低工资的劳动密集型企业就会自动淘汰出局了	不当假设:所有的工人都具备到先进技术企业的工作能力
	3	如果市场规模狭小,最终产品的需求非常小,而且采用先进技术的成本很高,生产出来的高技术产品根本无人问津,企业无利可图,因此没有一家企业愿意采用先进技术进行生产	这一论述不恰当,因为很多高技术产品即使市场规模小,但由于其价格高、单个产品的利润空间大,进行适量的生产还是有利可图的,而且产品需求可以通过企业对市场进行不断培育来实现增长,所以,不必然因为市场规模小,企业就不采用先进技术
	4	市场规模决定了先进技术的采用与否,没有大的市场规模就别指望涌现高新技术企业	这一论述也是欠妥当的,即使没有大的市场规模,未必不能涌现高新技术企业
	5	中国不仅拥有庞大的国内市场,而且拥有更庞大的国际市场,所以大可不必为中国低技术、低附加值、低工资的劳动密集型企业担心,更不要大动干戈搞什么产业结构升级。政府应该采取"无为而治"的方针,让市场去进行"自然选择",决定什么样的企业最终存活下来	这一论述同样欠妥当,因为政府采取搞产业结构升级等措施干预经济与让市场去进行"自然选择"并不矛盾,政府干预与市场选择并不是非此即彼的关系,这两种手段完全可以结合起来使用

【参考范文】

《一个站不住脚的论证》

上文认为,市场规模决定了先进技术的采用与否。由于其论证存在严重的逻辑缺陷,使得其观点不具有说服力。

其一,采用先进技术进行生产的企业,其产品不一定是高附加值的,一些传统行业采用先进技术生产的并不是高附加值产品。而且,由于采用先进技术的企业,前期投资大,很可能短期内无法获得较高的投资回报率。即使企业的投资回报率高,也不一定就会给工人提供高报酬。

其二,作者论述,如果工人遇到工资报酬高,那么都会到先进技术生产的企业工作,劳动密集型企业就会出局。该论证中隐含一个假设,即所有的工人都具备到先进技术企业的工作能力,然而,现实情况很可能是,很多劳动者由于教育背景、工作技能等条件的限制,并不具备到先进技术企业的工作能力,只能选择到劳动密集型企业就业。

其三,作者论述,由于市场规模小、产品需求小,无利可图,将没有企业愿意采取先进技术进行生产。这一论述不恰当，因为很多高技术产品即使市场规模小，但由于其价格高、单个产品的利润空间大，进行适量的生产还是有利可图的，而且产品需求可以通过企业对市场进行不断培育来实现增长，所以，不必然因为市场规模小，企业就不采用先进技术。

其四，作者论述，市场规模决定了先进技术的采用与否，没有大的市场规模，就别指望能涌现高新技术企业。这一论述也是欠妥当的，即使没有大的市场规模，未必不能涌现高新技术企业。高新技术企业是否能涌现，除了目前的市场规模之外，还与行业前景、市场竞争、市场需求、产品利润空间等因素有关。

其五，作者论述，中国拥有庞大的国内、外市场，所以不必为劳动密集型企业担心，更不用搞产业结构升级，政府应该让市场去进行"自然选择"。这一论述同样欠妥当，因为政府采取搞产业结构升级等措施干预经济与让市场去进行"自然选择"并不矛盾，政府干预与市场选择并不是非此即彼的关系，这两种手段完全可以结合起来使用。

总之，由于上文的论证存在诸多漏洞，使得作者所得出的"政府要做的唯一事情就是做大市场，只要政府把市场做大了，就什么都不用发愁了"这一结论是过于绝对化了，无法站得住脚。

八、2018年经济类联考论证有效性分析试题及讲解

论证有效性分析：分析下述论证中存在的缺陷和漏洞，选择若干要点，写一篇600字左右的文章，对该论证的有效性进行分析和评论。（论证有效性分析的一般要点是：概念特别是核心概念的界定和使用是否准确并前后一致，有无各种明显的逻辑错误，论证的论据是否成立并支持结论，结论成立的条件是否充分等等。）

市场竞争有利于谁？有些人认为有利于消费者，在市场中不同的商家为了各自的利益相互斗争，从客观上为第三方——消费者带来好处。因为他们在争斗中互相压价，是消费者占得便宜。

非常肯定的说，这种在把生产者与消费者相互割裂基础上的观点是极其错误的。消费者是谁？在现代社会，消费者不是什么第三者，他们之所以有消费能力，是因为他们作为公司的员工获得报酬。市场的主导消费是谁？也是在单位默默工作，以获得收入的劳动雇佣人。消费者即生产者。在市场竞争中，还会是与消费者毫无切身利益关系吗？还会是消费者占得便宜吗？

两家电器公司价格大战，我作为 IT 公司的员工，感到占便宜，因为电器价格下降了，但是对于电器公司呢？价格战使利润率降低，使电器公司的员工丧失了提高工资的可能。利润是公司在投资的来源，也是工资的来源，这损害了相关竞争公司的员工利益。我在为电器公司竞争感到占便宜的同时，IT 公司之间也在竞争，我如同那个电器公司的员工一样恨自己的公司因许多竞争对手无法独占或大部分占领市场。所以谁也没有占便宜，因为市场竞争是普遍的。总的来说，市场竞争受益者是消费者是个伪命题。

那么市场竞争真正的受益者是谁？是那些能在市场竞争中取得优势的社会集团，而其中大部分是处于劣势的。总是大多数，他们只食较小的利润份额。那么，他们的员工就要承担竞争不利的威胁——降低薪水。他们的境遇越是恶化，那么他们的员工的购买力就越低。但是，处于竞争劣势中的总是大多数公司的员工，他们是消费者中的主力军。总之，市场竞争有利于占据竞争优势的行业的员工——当他们作为消费者的时候，购买力会加强；不利于竞争劣势中的行业的员工——他们同样作为消费者存在的时候，购买力就弱。市场竞争只是私有制条件下各市场主体利益相互对抗的产物，本身便是内耗，将一种混乱和内耗罩上有利于

消费者的光环，根本是靠不住的。

【论证缺陷分析】

上文的逻辑结构与及主要逻辑缺陷分析如下：

		原文	逻辑缺陷分析
观点		市场竞争有利于消费者这一观点是错误的	不能令人信服
论证过程	1	消费者之所以有消费能力，是因为他们作为公司的员工获得报酬	有明显漏洞。虽然员工的工资报酬是其消费能力构成的部分，但并非全部，因为消费者可能有工资报酬以外的其他的收入渠道
	2	市场的主导消费者是在单位默默工作，以获得收入的劳动雇佣人 消费者即生产者	不足信。因为在单位靠工资收入的劳动者只是消费者中的一部分，很难说在单位的劳动雇佣人是市场的主导消费者 虽然很多消费者确实是生产者，但也有一些消费者并不是生产者
	3	价格战使利润降低，使员工丧失了提高工资的可能	价格战会导致产品价格降低，而销售收入受价格和销量的共同影响，如果价格降低导致销量上升，销售收入还有可能不降反升。加上销量上生可能会导致单位产品平均成本降低，反而有可能导致公司利润增加，从而有利于提升员工工资
	4	市场竞争真正的受益者是那些能在市场竞争中取得优势的社会集团，而不利于大部分处于竞争劣势中的行业的员工。市场竞争只是私有制条件下各市场主体利益相互对抗的产物，本身便是内耗	论述是片面的、错误的。事实上，公平竞争的市场经济秩序将使每个市场主体都能成为最终的受益者

【参考范文】

《市场竞争难道不会有利于消费者吗》

上文认为，市场竞争有利于消费者这一观点是错误的。但由于其论证存在颇多的逻辑缺陷，其结论是站不住脚的。现择要分析如下。

首先，作者提出，消费者之所以有消费能力，是因为他们作为公司的员工获得报酬。这一看法是有明显漏洞的，虽然员工的工资报酬是其消费能力构成的部分，但并非全部，因为消费者可能有工资报酬以外的其他的收入渠道，如投资收益、资产出租收益和兼职收入等。

其次，上文论述，市场的主导消费者是在单位默默工作，以获得收入的劳动雇佣人。这一论断是不足信的，因为在单位靠工资收入的劳动者只是消费者中的一部分，企业主、投资人、自由职业者以及没有收入靠家庭或社会资助的人群，很难说在单位的劳动雇佣人是市场的主导消费者。而且，"消费者即生产者"这一看法也是偏颇的，虽然很多消费者确实是生产者，但也有一些消费者并不是生产者，例如老人、小孩和失业人群，还有企业主、投资人等等。

再次，作者论述，两家电器公司价格大战，价格战使利润降低，使员工丧失了提高工资的可能。这一看法同样是有待商榷的。利润通过销售收入和成本两方面因素组成，价格战最多会导致产品价格降低，而销售收入受价格和销量的共同影响，如果价格降低导致销量上升，销售收入还有可能不降反升。加上销量上升可能会导致单位产品平均成本降低，反而有可能导致公司利润增加，从而有利于提升员工工资，增加员工利益。

最后，作者认为，"市场竞争真正的受益者是那些能在市场竞争中取得优势的社会集团，而不利于大部分处于竞争劣势中的行业的员工。市场竞争只是私有制条件下各市场主体利益相互对抗的产物，本身便是内耗。"这些论述是片面的，也是错误的。事实上，公平竞争的市场经济秩序将使每个市场主体都能成为最终的受益者。对于企业而言，使市场在资源配置中的决定性作用得以充分发挥，从而把谋取更多利润的支点转移到提升自身竞争力上来，从而促使企业提升产品质量和服务水平，不断提升产品和服务的性价比，最终是有利于消费者的。

综上所述，由于该论证存在上述种种逻辑缺陷。所以，该论证是难以令人信服的。

第七章

专项训练

在明确批判性思维的态度和原则，掌握评估论证的相关技术和方法的基础上，必须在实践中进行大量的练习和应用才能提高我们的批判性写作能力。本章汇编了历年 MBA 联考论证有效性分析真题以及专项习题，以供考生进行专项训练。

第一节　历年 MBA 联考专项真题训练

"论证有效性分析"在国内的研究生考试中，最早是从 2002 年 MBA 联考开始的，到 2011 年才与其他管理类硕士入学考试合并为"管理类联考"。因此，以往历年的 MBA 联考和在职 MBA 联考的试题与现在的管理类联考和经济类联考是一脉相承的。为帮助各位考生有效备考，本节汇编了以往历年的 MBA 联考和在职 MBA 联考的"论证有效性分析"试题，并提供详细解析和参考范文。

一、历年 MBA 联考论证有效性分析真题汇编

■专项真题 01

【2002 年 MBA 联考的论证有效性分析试题】

分析下述论证中存在的缺陷和漏洞，选择若干要点，写一篇 600 字左右的文章，对该论证的有效性进行分析和评论。（论证有效性分析的一般要点是：概念特别是核心概念的界定和使用是否准确并前后一致，有无各种明显的逻辑错误，论证的论据是否成立并支持结论，结论成立的条件是否充分等等。）

下文摘录于某投资公司的一份商业计划：

"研究显示，一般人随着年龄的增长，用于运动锻炼的时间逐渐减少，而用于看电视的时间逐渐增多。在今后的 20 年中，城市人口中老年人的比例将有明显的增长。因此，本公司应当及时地售出足量的'达达运动鞋'公司的股份，并增加在'全球电视'公司中的投资。"

对上述论证进行评论。分析上述论证在概念、论证方法、论据及结论等方面的有效性。

■专项真题 02

【2003 年 MBA 联考的论证有效性分析试题】

分析下述论证中存在的缺陷和漏洞，选择若干要点，写一篇 600 字左右的文章，对该论

证的有效性进行分析和评论。(论证有效性分析的一般要点是:概念特别是核心概念的界定和使用是否准确并前后一致,有无各种明显的逻辑错误,论证的论据是否成立并支持结论,结论成立的条件是否充分等等。)

把几只蜜蜂和苍蝇放进一只平放的玻璃瓶里,使瓶底对着光亮处,瓶口对着暗处。结果,有目标地朝着光亮拼命扑腾的蜜蜂最终衰竭而死,而无目的地乱窜的苍蝇竟都溜出细口瓶颈逃生。是什么葬送了蜜蜂?是它对既定方向的执着,是它对趋光习性这一规则的遵循。

当今企业面临的最大挑战是经营环境的模糊性与不确定性。在高科技企业,哪怕只预测几个月后的技术趋势都是件浪费时间的徒劳之举。就像蜜蜂或苍蝇一样,企业经常面临一个像玻璃瓶那样的不可思议的环境。蜜蜂实验告诉我们,在充满不确定性的经营环境中,企业需要的不是朝着既定方向的执着努力,而是在随机试错的过程中寻求生路,不是对规则的遵循而是对规则的突破。在一个经常变化的世界里,混乱的行动比有序的衰亡好得多。

■专项真题 03
【2004 年 MBA 联考的论证有效性分析试题】
分析下述论证中存在的缺陷和漏洞,选择若干要点,写一篇 600 字左右的文章,对该论证的有效性进行分析和评论。(论证有效性分析的一般要点是:概念特别是核心概念的界定和使用是否准确并前后一致,有无各种明显的逻辑错误,论证的论据是否成立并支持结论,结论成立的条件是否充分等等。)

目前,国内约有一千家专业公关公司。去年,规模最大的十家本土公关公司的年营业收入平均增长 30%,而规模最大的十家外资公关公司的年营业收入平均增长 15%;本土公关公司的利润平均为 20%,外资公司为 15%。十大本土公关公司的平均雇员人数是十大外资公关公司的 10%。可见,本土公关公司的利润水平高、收益能力强、员工的工作效率高,具有明显的优势。

中国公关协会最近的调查显示,去年,中国公关市场的营业额比前年增长 25%,达到了 25 亿元;而日本约为 5 亿美元,人均公关费用是中国的十多倍。由此推算,在不远的将来,平均每家公关公司就有 3000 万元左右的营业收入。这意味着一大批本土公关公司将胜过外资公司,成为世界级的公关公司。

■专项真题 04
【2005 年 MBA 联考的论证有效性分析试题】
分析下述论证中存在的缺陷和漏洞,选择若干要点,写一篇 600 字左右的文章,对该论证的有效性进行分析和评论。(论证有效性分析的一般要点是:概念特别是核心概念的界定和使用是否准确并前后一致,有无各种明显的逻辑错误,论证的论据是否成立并支持结论,结论成立的条件是否充分等等。)

没有天生的外科医生,也没有天生的会计师。这些都是专业化的工作,需要经过正规的培训,而这种培训最开始是在教室里进行的。当然,学生们必须具备使用手术刀或是操作键盘的能力,但是他们首先得接受专门的教育。领导者则不一样,天生的领导者是存在的。事实上,任何一个社会中的领导者都只能是天生的。领导和管理本身就是生活,而不是某个人能够从教室中学来的技术。教育可以帮助一个具有领导经验和生活经验的人提高到较高的层次,但是,即使一个人具有管理天赋和领导潜质,教育也无法将经验灌入他的头脑。换句话说，试图向某个未曾从事过管理工作的人传授管理学，不啻于试图向一个从来没见过其他人类的人传授哲学。组织是一种复杂的有机体，对它们的管理是一种困难的、微妙的工作，需要的是各种各样只有在身临其境时才能得到的经验。总之，MBA 教育试图把管理传授给某个毫无实际经验的人，不仅仅是浪费时间，更糟糕的是，它是对管理的一种贬低。

■专项真题05
【2006 年 MBA 联考的论证有效性分析试题】

分析下述论证中存在的缺陷和漏洞，选择若干要点，写一篇 600 字左右的文章，对该论证的有效性进行分析和评价。（论证有效性分析的一般要点是：概念特别是核心概念的界定和使用是否准确并前后一致，有无各种明显的逻辑错误，论证的论据是否成立并支持结论，结论成立的条件是否充分等等。）

在全球 9 家航空公司的 140 份订单得到确认后，世界最大的民用飞机制造商之一——空中客车公司 2005 年 10 月 6 日宣布将在全球正式启动其全新的 A350 远程客机项目。中国、俄罗斯等国作为合作伙伴也被邀请参与 A350 飞机的研发与生产过程。其中，中国将承担 A350 飞机 5％的设计和制造工作。这意味着未来空中客车公司每销售 100 架 A350 飞机，就将有 5 架由中国制造。这表明中国经过多年的艰苦努力，民用飞机的研发与制造能力得到了系统的提升，获得了国际同行的认可；这也标志着中国已经可以在航空器设计与制造领域参与全球竞争并占有一席之地。由此看出，在经济全球化的时代，参与国际合作将带来双赢的结果，这也是提高我国技术水平和产业国际竞争力的必由之路。

■专项真题06
【2007 年 MBA 联考的论证有效性分析试题】

分析下述论证中存在的缺陷和漏洞，选择若干要点，写一篇 600 字左右的文章，对该论证的有效性进行分析和评论。（论证有效性分析的一般要点是：概念特别是核心概念的界定和使用是否准确并前后一致，有无各种明显的逻辑错误，论证的论据是否成立并支持结论，结论成立的条件是否充分等。）

每年的诺贝尔奖，特别是诺贝尔经济学奖公布后，都会在中国引起很大反响。诺贝尔经济学奖的得主是当之无愧的真正的经济学家。他们的研究成果都经过了实践的检验，为人类社会发展，特别是经济发展做出了杰出的贡献。每当看到诺贝尔经济学奖被西方人包揽，很多国人在羡慕之余，更期盼中国人有朝一日能够得到这一奖项。

然而，我们不得不面对的现状却是，中国的经济学还远远没有走到经济科学的门口，中国真正意义上的经济学家，最多不超过 5 个。

真正的经济学家需要坚持理性的精神。马克思·韦伯说：现代化的核心精神就是理性化，没有理性主义就不可能有现代化。中国的经济学要向现代科学的方向发展，必须把理性主义作为基本的框架。而中国经济学界太热闹了，什么人都可以说自己是个经济学家，什么问题他们都敢谈。有的经济学家今天评股市，明天讲汇率，争论不休，莫衷一是。有的经济学家热衷于担任一些大型公司的董事，或在电视上频频上镜，怎么可能做严肃的经济学研究？

经济学和物理学、数学一样，所讨论的都是非常专业化的问题。只有远离现实的诱惑，潜心于书斋，认真钻研学问，才可能成为真正意义上的经济学家，中国经济学家离这个境界太远了。在中国的经济学家中，你能找到为不同产业代言的人，西方从事经济学研究最优秀的人不是这样的，这样的人在西方只能接受投资银行的雇用，从事产业经济学的研究。

一个真正的经济学家，首先要把经济学当作一门科学来对待，必须保证学术研究的独立性和严肃性，必须保持与"官场"和"商场"的距离，否则，不可能在经济学领域做出独立的研究成果。

说"中国真正意义上的经济学家，最多不超过 5 个"，听起来刻薄，但只要去看一看国际上经济学界那些最重要的学术刊物，有多少文章是来自中国国内的经济学家，就会知道这还是比较客观和宽容的一种评价。

■专项真题 07
【2008 年 MBA 联考的论证有效性分析试题】

分析下述论证中存在的缺陷和漏洞，选择若干要点，写一篇 600 字左右的文章，对该论证的有效性进行分析和评论。（论证有效性分析的一般要点是：概念特别是核心概念的界定和使用是否准确并前后一致，有无各种明显的逻辑错误，论证的论据是否成立并支持结论，结论成立的条件是否充分等等。）

甲：有人以中医不为西方人普遍接受为由，否定中医的科学性，我不赞同。西方人普遍不能接受中医，是因为他们不理解中国的传统文化。

乙：西医是以科学研究为根据的，科学研究的对象是普适的自然规律。因此，科学没有国界，科学的发展不受民族或文化因素的影响。把中医的科学地位归咎于西方科学界不认可中国文化，是荒唐的。

甲："科学是没有国界"是一个广为流传的谬误。如果科学真的没有国界，为什么外国制药公司会诉讼中国企业侵犯其知识产权呢？

乙：从科学的角度讲，现代医学以生物学为基础，而生物学建立在物理、化学等学科的基础之上。中医不以这些学科为基础，因此它与科学不兼容，只能说是伪科学。

甲：中医在中国有几千年的历史，治好了很多人，怎么能说它是伪科学呢？人们为什么崇尚科学，是因为科学对人类有用。既然中医对人类有用，凭什么说它不是科学？西医自然有长于中医的地方，中医也有长于西医之处。中医体现了对人体完整系统的把握，整体观念、系统思维，这是西医所欠缺的。

乙：我去医院看西医，人家用现代科技手段从头到脚给我检查一遍，怎么没有整体观念、系统思维呢？中医在中国居于主导地位的时候，中国人的平均寿命只有三十岁左右，现代中国人平均寿命是七十岁左右，完全拜现代医学之赐。

■专项真题 08
【2009 年 MBA 联考的论证有效性分析试题】

分析下述论证中存在的缺陷和漏洞，选择若干要点，写一篇 600 字左右的文章，对该论证的有效性进行分析和评论。（论证有效性分析的一般要点是：概念特别是核心概念的界定和使用是否准确并前后一致，有无各种明显的逻辑错误，论证的论据是否成立并支持结论，结论成立的条件是否充分等等。）

1000 是 100 的十倍，但是当分母大到百亿的时候，作为分子的这两个数的差别就失去了意义。在知识经济时代，任何人所掌握的知识都只是沧海一粟。这使得在培养与选拔人才时，知识的尺度已变得毫无意义。

现在的网络技术可以使你在最短的时间内查询到你所需要的任何知识和信息，有的大学毕业生因此感叹何必要为学习各种知识数年寒窗，这不无道理。传授知识不应当继续成为教育，特别是高等教育的功能。学习知识需要记忆。记忆能力是浅层次的大脑功能。人们在思维方面的差异，不在于能记住什么，而在于能提出什么。素质教育的真正目标，是培养批判性思维与创造性思维的能力。知识与此种能力之间没有实质性的联系，否则就难以解释，具备与爱因斯坦相同知识背景的人多的是，为什么唯独他发现了相对论。硕士、博士这些知识头衔的实际价值一再受到有识之士的质疑，道理就在这里。

"知识就是力量"这一曾经激励了几代人的口号，正在成为空洞的历史回声，这其实是时代的进步。

■专项真题 09
【2010 年 MBA 联考的论证有效性分析试题】

分析下述论证中存在的缺陷和漏洞，选择若干要点，写一篇 600 字左右的文章，对该论证的有效性进行分析和评论。（论证有效性分析的一般要点是：概念特别是核心概念的界定和使用是否准确并前后一致，有无各种明显的逻辑错误，论证的论据是否成立并支持结论，结论成立的条件是否充分等等。）

美国学者弗里德曼的《世界是平的》一书认为，全球化对当代人类社会的思想、经济、政治和文化等领域产生了深刻影响。全球化抹去了各国的疆界，使世界从立体变成了平面，也就是说，世界各国之间的社会发展差距正在日益缩小。

"世界是平的"的观点，是基于近几十年信息传播技术迅速发展的状况而提出的。随着互联网的普及、软件的创新，海量的信息被迅速扩散到世界各地。由于世界是平的，穷国可以和富国一样，在同一平台上接收同样的最新信息，这样就大大促进了各国的经济发展，从而改善了它们的国际地位。

事实也是如此。所谓"金砖四国"国际声望的上升，无不得益于它们的经济成就，无不得益于互联网技术的普及。同时也可作为"世界是平的"这一观点的有力佐证。

毋庸置疑，信息传播技术的革命还远未结束，互联网技术将会有更大的发展，人类社会将会有更惊人的变化。可以预言，由于信息技术的迅猛发展，世界的经济格局与政治格局将会发生巨大的变化，世界上最不发达国家和最发达国家之间再也不会让人有天壤之别的感觉，非洲大陆将会变成另一个北美。同样也可以预言，由于中国的信息技术发展迅猛，中国和世界一样，也会从立体变为平面，中国东西部之间的经济鸿沟被填平，中国西部的崛起指日可待。

■专项真题 10
【2004 年在职 MBA 联考的论证有效性分析试题】

分析下述论证中存在的缺陷和漏洞，选择若干要点，写一篇 600 字左右的文章，对该论证的有效性进行分析和评论。（论证有效性分析的一般要点是：概念特别是核心概念的界定和使用是否准确并前后一致，有无各种明显的逻辑错误，论证的论据是否成立并支持结论，结论成立的条件是否充分等等。）

有两个人在山间打猎，遇到一只凶猛的老虎。其中一个人扔下行囊，撒腿就跑，另一人朝他喊："跑有什么用，你跑得过老虎吗？"头一个人边跑边说："我不需要跑赢老虎，我只要跑赢你就够了！"

这个故事告诉我们，企业经营首先要考虑的是如何战胜竞争对手，因为顾客不是选择你，就是选择你的竞争者，所以只要在满足顾客需求方面比竞争者快一点，你就能够脱颖而出，战胜对手。想要跑得比老虎快，是企业战略幼稚的表现，追求过高的竞争目标会白白浪费企业的大量资源。

■专项真题 11

【2005 年在职 MBA 联考的论证有效性分析试题】

分析下述论证中存在的缺陷和漏洞，选择若干要点，写一篇 600 字左右的文章，对该论证的有效性进行分析和评论。（论证有效性分析的一般要点是：概念特别是核心概念的界定和使用是否准确并前后一致，有无各种明显的逻辑错误，论证的论据是否成立并支持结论，结论成立的条件是否充分等等。）

某管理咨询公司最近公布了一份洋快餐行业发展情况的分析报告，对洋快餐在中国的发展趋势给出了相当乐观的预判。

该报告指出，在过去 5 年中，洋快餐在大城市中的网点数每年以 40％的惊人速度增长，而在中国广大的中小城市和乡镇还有广阔的市场成长空间；照此速度发展下去，估计未来 10 年里，洋快餐在中国饮食行业的市场占有率将超过 20％，成为中国百姓饮食的重要选择。

饮食行业的某些人士认为，从营养的角度看，长期食用洋快餐对人体健康不利，洋快餐的快速增长会因此受到制约。但该报告还指出，洋快餐在中国受到广大消费者，特别是少年儿童消费群体的喜爱。显然，那些认为洋快餐不利健康的观点是站不住脚的。该公司去年在 100 家洋快餐店内进行的大量问卷调查结果显示，超过 90％的中国消费者认为，食用洋快餐对于个人的营养均衡有所帮助。而已经喜爱上洋快餐的未成年人，在未来成为更有消费能力的成年群体之后，洋快餐的市场需求会大幅度跃升。

洋快餐长期稳定的产品组合以及产品和服务的标准化，迎合了消费者希望获得无差异食品和服务的需要，这也是洋快餐快速发展的重要优势。

该报告预测，如果中国式快餐在未来没有较大幅度的发展，洋快餐一定会成为中国饮食行业的霸主。

■专项真题 12

【2006 年在职 MBA 联考的论证有效性分析试题】

分析下述论证中存在的缺陷和漏洞，选择若干要点，写一篇 600 字左右的文章，对该论证的有效性进行分析和评论。（论证有效性分析的一般要点是：概念特别是核心概念的界定和使用是否准确并前后一致，有无各种明显的逻辑错误，论证的论据是否成立并支持结论，结论成立的条件是否充分等等。）

美国是世界上经济最发达的国家，曝光的企业丑闻数量却比发展中国家多得多，这充分说明，经济的发展不一定带来道德的进步。企业作为社会财富最重要的创造者之一，也应该为整个社会道德水准的提升做出积极的贡献。如果因为丑闻迭出而导致社会道德风气的败坏，那么我们完全有理由怀疑企业这种组织的存在对于整个社会的意义。当公司的高管们坐着商务飞机在全球遨游时，股东们根本无从知晓管理层是否在滥用自己的权力。媒体上频频出现的企业丑闻，也让我们有足够的理由怀疑，是否该给大公司高管们支付那么高的报酬。企业高管拿高薪是因为他们的决策对企业的生存与发展至关重要，然而，当公司的业绩下滑甚至亏损时，他们却不必支付罚金。正是这种无效的激励机制使得公司高管们朝着错误的方向越滑越远。因此，只有建立有效的激励机制，才能杜绝企业丑闻的发生。

■专项真题 13

【2007 年在职 MBA 联考的论证有效性分析试题】

分析下述论证中存在的缺陷和漏洞，选择若干要点，写一篇 600 字左右的文章，对该论证的有效性进行分析和评论。（论证有效性分析的一般要点是：概念特别是核心概念的界定和使用是否准确并前后一致，有无各种明显的逻辑错误，论证的论据是否成立并支持结论，结论成立的条件是否充分等等。）

在中国改革开放的字典里，"终身制"和"铁饭碗"作为指称弊端的概念，是贬义词。其实，这里存在误解。

在现代企业理论中有一个"期界问题（horizon problem）"，是指由于雇佣关系很短导致职工的种种短视行为，以及此类行为对企业造成的危害。当雇员面对短期的雇佣关系，首先他不会为提高自己的专业技能投资，因为他在甲企业中培育的专业技能对他在乙企业中的发展可能毫无意义；其次，作为一个匆匆过客，他不会关注企业的竞争力，因为这和他的长期收入没有多大关系；最后，只要有机会，他会为了个人短期收入的最大化而损害企业利益，如过度的使用机器设备等等。

为了解决"期界问题"，日本和德国的企业对那些专业技能要求很高的岗位上的员工，一般都实行终身雇佣制；而终身雇佣制也为日本和德国企业建立与保持国际竞争力提供了保障。这证明了"终身制"和"铁饭碗"不见得不好，也说明，中国企业的劳动关系应该向着建立长期雇佣关系的方向发展。

在现代社会，企业和劳动者个人都面临着不断变化的市场环境。而变化的环境必然导致机会主义行为。在各行各业，控制机会主义行为的唯一途径，就是在企业内部培养员工对公司的忠诚感。而培养忠诚感，就需要建立员工和企业之间的长期雇佣关系，要给员工提供"铁饭碗"，使员工形成长远预期。

因此，在企业管理的字典里，"终身制"和"铁饭碗"应该是褒义词。不少国家（包括美国）不是有终身教授吗？既然允许有捧着"铁饭碗"的教授，为什么不允许有捧着"铁饭碗"的工人呢？

■专项真题 14
【2008 年在职 MBA 联考的论证有效性分析试题】

分析下述论证中存在的缺陷和漏洞，选择若干要点，写一篇 600 字左右的文章，对该论证的有效性进行分析和评论。（论证有效性分析的一般要点是：概念特别是核心概念的界定和使用是否准确并前后一致，有无各种明显的逻辑错误，论证的论据是否成立并支持结论，结论成立的条件是否充分等等。）

有人提出，应当把"孝"作为选拔官员的一项标准，理由是，一个没有孝心、连自己父母都不孝顺的人，怎么能忠诚地为国家和社会尽职尽责呢？我不赞同这种观点。现在已经是21 世纪了，我们的思想意识怎么能停留在封建时代呢？选拔官员要考察其"德、勤、能、绩"，我赞同应当把"德"作为首要标准。

然而，对一个官员来说最重要的是公德，而不是私德。"孝"只是一种私德而已。选拔和评价官员，偏重私德而忽视公德，显然是舍本逐末。什么是公德？一言以蔽之，就是忠诚职守，在封建社会是忠于君主，现在则是忠于国家。

自古道"忠孝难以两全"。岳飞抗击金兵，常年征战沙场，未能在母亲膝下尽孝，却成了千古传颂的英雄。反观《二十四孝》里的那些孝子，有哪个成就了名垂青史的功业？孔繁森撇下老母，远离家乡，公而忘私，殉职边疆，显然未尽孝道，但你能指责他是个不合格的官员吗？

俗话说"人无完人"，如果在选拔官员中拘泥于小节而不注意大局，就会把许多胸怀鸿鹄之志的精英拒之门外，而让那些守望燕雀小巢的庸才占据领导岗位。

■**专项真题 15**

【2009 年在职 MBA 联考的论证有效性分析试题】

分析下述论证中存在的缺陷和漏洞，选择若干要点，写一篇 600 字左右的文章，对该论证的有效性进行分析和评论。（论证有效性分析的一般要点是：概念特别是核心概念的界定和使用是否准确并前后一致，有无各种明显的逻辑错误，论证的论据是否成立并支持结论，结论成立的条件是否充分等等。）

民主集中制是一种决策机制。在这种机制中，民主和集中是缺一不可的两个基本点。

民主不外乎就是体现多数人的意志。问题在于什么是集中。对此有两种解读，一种认为"集中"就是正确的意见；另一种认为"集中"就是集中多数人的意见。第一种解读看似有理，实际上是一种误解。

大家都知道，五四运动有两面旗帜，一面是科学，一面是民主。人们也许没有想到，这两面旗帜体现的是两种根本对立的原则。科学强调真理原则，谁对听谁的；民主强调多数原则，谁占多数听谁的。所谓"集中正确的意见"，就是强调真理原则。这样解读"集中"就会把民主集中制置于自相矛盾的境地。让我们想象一种情景：多数人的意见是错误的，少数人的意见正确。如果将"集中"解读为"集中正确的意见"，则不按多数人的意见办就不"民主"，按多数人的意见办就不"集中"。

毛泽东有一句名言："真理往往掌握在少数人手里"。把集中解释为集中正确意见，就为少数人说了算提供了依据。如果这样，民主岂不形同虚设？

什么是正确的，要靠实践检验，而判断一项决策是否正确，只能在决策实施之后的实践中进行检验，不可能在决策过程中完成。不知道什么是正确的，如何"集中正确意见"来做决策？既然在决策中集中正确的意见是不可能的，民主集中制的"集中"当然就应该是集中多数人的意见。

■**专项真题 16**

【2010 年在职 MBA 联考的论证有效性分析试题】

分析下述论证中存在的缺陷和漏洞，选择若干要点，写一篇 600 字左右的文章，对该论证的有效性进行分析和评论。（论证有效性分析的一般要点是：概念特别是核心概念的界定和使用是否准确并前后一致，有无各种明显的逻辑错误，论证的论据是否成立并支持结论，结论成立的条件是否充分等等。）

科学家在一个孤岛上的猴群中做了一个实验，将一种新口味的糖让猴群中地位最低的猴子品尝，等它认可后，再让猴群的其他成员品尝；花了大约 20 天左右，整个猴群才接受了这种糖。将另一种新口味的糖让猴群中地位最高的猴王品尝，等它认可后，再让猴群的其他成员品尝。两天之内，整个猴群就都接受了该种糖。看来，猴群中存在着权威，而权威对于新鲜事物的态度直接影响群体接受新鲜事物的进程。

市场营销也是如此，如果希望推动人们接受某种新商品，应当首先影响引领时尚的文体明星。如果位于时尚高端的消费者对于某种新商品不接受，该商品一定会遭遇失败。

这个实验对于企业组织的变革也有指导意义。如果希望变革能够迅速取得成功，应该自上而下展开，这样做遭遇的阻力较小，容易得到组织成员的支持。当然，猴群乐于接受糖这种好吃的东西；如果给猴王品尝苦涩的黄连，即使猴王希望其他猴子接受，猴群也不会干。因此，如果组织变革使某些组织成员吃尽苦头，组织的领导者再努力也只能以失败而告终。

■专项真题 17
【2011 年在职 MBA 联考的论证有效性分析试题】

分析下述论证中存在的缺陷和漏洞，选择若干要点，写一篇 600 字左右的文章，对该论证的有效性进行分析和评论。（论证有效性分析的一般要点是：概念特别是核心概念的界定和使用是否准确并前后一致，有无各种明显的逻辑错误，论证的论据是否成立并支持结论，结论成立的条件是否充分等等。）

我国的个人所得税从 1980 年开始征收，当时的起征点为 800 元人民币。最近几年的起征点为 2000 元，个人所得税总额逐年上升，已经超过 2000 亿元。随着居民基本生活开支的上涨，国家决定从 2011 年 9 月将个税起征点提高到 3500 元，顺应了大多数人的意愿。

从个人短期利益上来看，提高起征点确实能减少一部分中低收入者的税收，看似有利于普通老百姓。但是，如果冷静地进行分析，其结果却正好相反。

中国实行税收累进率制度，也就是说，工资越高所缴纳的税率也越高。请设想，如果将 2000 元的个税起征点提高到 10000 元。虽然，极少数月工资超过 30000 元的人可能缴更多的税，但是绝大多数人的个税会减少，只是减少的数额不同。原来工资低于 2000 元，1 分钱的好处也没有得到；拿 2000 元工资的人只是减轻了几十元的税；而拿 8000 元工资的人则减轻了几百元的税收。收入越高，减少的越多，贫富差距自然会被进一步拉大了。

同时，由于个税起征点上调，国家收到的税收大幅度减少，政府就更没有能力为中低收入者提供医疗、保险、教育等公共服务，结果还是对穷人不利。

所以说，建议提高个税起征点的人，或者是听到提高起征点就高兴的人，在捅破这层窗户纸以后，他们也不得不承认这一客观真理：提高个税起征点有利于富人，不利于一般老百姓。

如果不局限在经济层面讨论问题，转到从社会与政治角度考虑，这个问题就更清楚了。原来以 2000 元为个税起征点，有 50％以上的为非纳税人，如果提高到 3500 元，中国的纳税人就只剩下 20％了。80％的国民不纳税，必定会引起政治权利的失衡。降低起征点，扩大纳税人的比例，不仅可以缩小贫富差距，还可以培养全民的公民意识。纳税者只有承担了纳税义务，才能享受纳税者的权利。如果没有纳税，人们对国家就会失去主人翁的责任感，就不可能有强烈的公民意识，也就会失去或放弃监督政府部门的权利。所以，为了培养全国民众的公民意识，为了缩小贫富差距，为了建设和谐社会，我们应该适当地降低个税起征点。

■专项真题 18
【2012 年在职 MBA 联考的论证有效性分析试题】

分析下述论证中存在的缺陷和漏洞，选择若干要点，写一篇 600 字左右的文章，对该论证的有效性进行分析和评论。（论证有效性分析的一般要点是：概念特别是核心概念的界定和使用是否准确并前后一致，有无各种明显的逻辑错误，论证的论据是否成立并支持结论，结论成立的条件是否充分等等。）

某县县长在任职四年后的述职大会上说："'不偷懒、不贪钱、不贪色、不整人'，今天可以坦然地说，我兑现了四年前在人大会上的承诺。"接着，他总结了四年工作的主要成绩与存在的问题。报告持续了一个多小时。

几天后，关于"四不"的承诺在网上传开，引起了多人的热烈讨论，赞赏和质疑的观点互不相让。主要的质疑有以下几种。

质疑之一："不偷懒、不贪钱、不贪色、不整人"是普通公务员都要坚持的职业底线，何以成为官员的公开承诺？如果那样，"不偷、不抢、喝酒不开车、开车不闯红灯"都应该属于承诺之列了？

质疑之二：不管是承诺"四不"还是"八不"，承诺本身就值得怀疑。俗话说"会说的不如会干的""事实胜于雄辩"。有本事就要干出个样子让群众看看，还没有干就先来一番承诺，有作秀之嫌。有许多被揭发出的贪官，在任时说的比唱的都好听。

质疑之三：作为一个县长，即使真正做到了"四不"，也不能证明他是一个好干部。衡量县长、县委书记这一级别的领导是否称职，主要应该看他是否能把下面的干部带好。如果只是自己洁身自好，下面的干部风气不正，老百姓也要遭罪。

质疑之四：县长的总结是抓了芝麻、丢了西瓜。他说的"四不"全是小节，没有高度。一个县的领导应该有大局观、时代感、战略眼光、工作魄力，仅仅做到"四不"是难以担当县长大任的。

■专项真题 19
【2013 年在职 MBA 联考的论证有效性分析试题】

分析下述论证中存在的缺陷和漏洞，选择若干要点，写一篇 600 字左右的文章，对该论证的有效性进行分析和评论。（论证有效性分析的一般要点是：概念特别是核心概念的界定和使用是否准确并前后一致，有无各种明显的逻辑错误，论证的论据是否成立并支持结论，结论成立的条件是否充分等等。）

"勤俭节约"过时了

"勤俭节约"是中国人民的优良传统，也是近百年流传下来的革命传统。在新中国成立后的建设时期，尤其是上世纪 50 年代，国家百废待兴，就是靠全国人民发扬勤俭持家，勤俭建国的艰苦奋斗精神，才在一穷二白的基础上打下了工业化的基础。

时代的车轮开进了 21 世纪，中国加入了世贸组织，实现了全面开放，与 30 年前相比，我们面对的国际形势已经发生了天翻地覆的变化。形势在变，任务在变，人的观念也要适应这种变化，也要与时俱进，比如，"勤俭节约"的观念就到了需要改变的时候了。

我们可以从个人、家庭、国家三个层面对"勤俭节约"的观念进行分析。

先从个人的角度谈起，一个人如果过分强调勤俭节约，就会过度关注"节流"，而不重视"开源"。"开源"就是要动脑筋，花气力，最大程度地发挥自己的能力，合法赚钱。个人的财富不是省出来的，只靠节省，财富的积累是有限的，靠开源，财富才可能会滚滚而来。试想，比尔·盖茨的财富是靠省出来的吗？

再从家庭的角度分析，一个家庭如果过分强调勤俭节约，也就是秉持"勤俭持家"，对于上了年纪的老人，还是应该的，因为他们已经不能出去挣钱了，但对于尚在工作年龄的人，尤其是青年人，提倡勤俭持家有害无益。为了家庭的长远利益，缺钱的时候还可以去借钱，去抵押贷款。为了勤俭持家，能上的学不上，学费是省了，可孩子的前途就耽误了。即使是学费之外的学习费用，也不能一味地节俭。试想，如果朗朗的家长当年不买钢琴，能有现在的国际钢琴大师朗朗吗？

最后从国家的角度审视，提倡"勤俭节约"，弊远大于利。2008 年以来的金融危机演变为世界性的经济危机，至今还没有完全走出低谷。2008 年之前，中国的高速发展靠投资拉动。而今，发达国家一个个囊中羞涩，减少进口，甚至还要"再工业化"，把已经转移到发展中国家的企业再招回去，而且时常举起贸易保护主义的大旗，中国经济已经不能靠出口拉动了。怎么办？投资率已经过高了，只能依靠内需。

如何刺激内需呢？如果每个个人、家庭都秉持勤俭节约的古训，内需是绝对刺激不起来的，也就依靠不上了，结果是只能单靠投资拉动，其后果不堪设想。所以要刺激内需，必须首先揭示"勤俭节约"之弊端，树立"能挣敢花"之观念。

只要在法律的约束之下，提倡"能挣"就是提倡"奋斗"，就会给经济带来活力，就不会产生许多"啃老族"，也不会产生许多依赖救济的人，就会激励人们，特别是年轻人的创新精神，国家的经济可以发展，科技也可以上去。提倡"敢花"就是鼓励消费，就能促进货币和物资流通，就不会产生大量的产品积压，从而也能解决许多企业员工的就业问题。使他们得到挣钱的机会，并进一步增加消费。试想，如果大家挣了钱，都不舍得花，会有多少人因此下岗失业啊？本来以为勤俭节约是一种美德，结果是祸害了他人。就在你为提倡节约每一度电津津乐道的时候，有多少煤矿和电厂的工人因为得不到工资而流泪。

综上所述，"勤俭节约"作为一种传统已经过时了，在经济全球化的时代，如果继续坚持"勤俭节约"的理念，对个人，对家庭，特别是对国家弊大于利，甚至有害无利。

二、历年 MBA 联考论证有效性分析真题解析及参考范文

■ 专项真题 01
【论证缺陷分析】

上文的论证图解如下。

前提 p1：人随着年龄的增长，用于运动锻炼的时间逐渐减少，而用于看电视的时间逐渐增多。

前提 p2：今后 20 年中，城市人口中老年人的比例将有明显的增长。

中间结论 hc1：城市人口运动锻炼的时间逐渐减少，而用于看电视的时间逐渐增多。

隐含前提 hp1：运动时间减少会降低对运动鞋的需求；看电视时间增多会增加对电视机的需求。

中间结论 hc2：中间结论："达达运动鞋"的利润会降低；"全球电视"的利润会增加。

结论 c：本公司应当及时地售出足量的"达达运动鞋"公司的股份，并增加在"全球电视"公司中的投资。

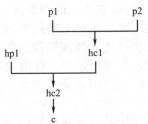

上文的逻辑结构以及主要逻辑缺陷分析如下。

		原文	逻辑缺陷分析
论证过程	1	研究显示，一般人随着年龄的增长，用于运动锻炼的时间逐渐减少，而用于看电视的时间逐渐增多	研究显示的很可能只是某个或某一部分专家的观点，不一定反映实际情况
	2	在今后的 20 年中，城市人口中老年人的比例将有明显的增长	也许今后的 20 年中，老年人为了健康，会较多地选择住在郊区或乡下进行养生和养老
	3	因此，本公司应当及时地售出足量的"达达运动鞋"公司的股份，并增加在"全球电视"公司中的投资	要想得出这个结论，那么在论证中必须涉及了一个隐含的前提假设："运动时间减少会降低对运动鞋的需求；看电视时间增多会增加对电视机的需求"。然而这个隐含前提是不一定成立的

【参考范文】

《一份不足为信的商业计划》

上文通过论证得出了一份商业计划，但是，由于其论证中存在诸多逻辑漏洞，使得该商业计划所建议的投资方案不能令人信服。现分析如下。

首先，该论证的两个前提未得到足够的证据支持。第一，研究显示的很可能只是某个或某一部分专家的观点，不一定反映实际情况。事实也许相反，随着年龄的增长，由于退休的老年人比在职的中青年有更多的闲暇时间，用于运动锻炼的时间反而增多，而用于看电视的时间却逐渐减少。第二，也许在今后的 20 年中，老年人为了健康，会较多地选择住在郊区或乡下养生和养老，而更多的年青人到城市就业，城市人口反而有年轻化的趋势。

其次，要想得出结论，该论证中涉及了一个隐含的前提假设："运动时间减少会降低对运动鞋的需求；看电视时间增多会增加对电视机的需求"。然而这个隐含前提是不一定成立的，即使运动时间减少，但运动人数却有可能增加，从而导致对运动鞋的需求量增加；即使看电视时间增多，但看电视的人数却有可能下降，从而不必然导致电视机需求量的增加。

再次，某个产品的市场需求变化趋势并不必然导致该产品的具体公司业绩和利润的同向变化，因为公司的业绩和利润除了市场需求影响外，还受同行竞争者（包括生产、销售、人员和资金等内部管理等因素）的影响。所以，即使运动鞋的需求确实会降低，作为某个公司，"达达运动鞋"的销售业绩未必会下滑，利润也未必会降低；即使电视机的需求确实增加，但"全球电视"公司的电视机销量未必增加，利润也未必会提高。

总之，由于论据不充分、论证不严密，使得上述商业计划得出的"公司应当及时地售出足量的'达达运动鞋'公司的股份，并增加在'全球电视'公司中的投资"这一建议方案的可行性值得怀疑。

■专项真题 02

【论证缺陷分析】

上文的逻辑结构以及主要逻辑缺陷分析如下。

		原文	逻辑缺陷分析
观点		企业不要朝着既定方向努力，而要随机试错，不是遵循规则而是要突破规则，混乱的行动值得提倡	观点严重存疑，值得商榷
论证过程	1	蜜蜂试验	用蜜蜂试验类比企业经营是不恰当的
	2	当今企业面临的最大挑战是经营环境的模糊性与不确定性。在高科技企业，哪怕只预测几个月后的技术趋势都是浪费时间的徒劳之举	技术趋势并非不可预测。即使在高科技技术发展日新月异的当今，预测难以做到很精准，但至少可以预测出技术发展的大致趋势，这也是企业经营决策的重要依据
	3	就像蜜蜂或苍蝇一样，企业经常面临一个像玻璃瓶那样的不可思议的环境	蜜蜂试验所处的是一种特定的、静止的环境，而企业经营面临的是社会和市场这种开放的、复杂的、变动的环境，这两种环境不具有可比性

续表

		原文	逻辑缺陷分析
论证过程	4	蜜蜂实验告诉我们，在充满不确定性的经营环境中，企业需要的不是朝着既定方向的执着努力，而是在随机试错的过程中寻求生路	即使在不确定性的经营环境中，也可以预测和把握经济发展、技术发展及市场需求的趋势。企业根据自身实际，确定发展方向并朝着既定方向执着努力，显然更有成功的可能性
	5	不是对规则的遵循而是对规则的突破	遵循规则和突破规则不是完全对立的。一方面，遵循规则不是机械地困守在规则中，适当的时候可以有所突破，另一方面，对某些规则的突破并不意味着不需要遵循规则
	6	在一个经常变化的世界里，混乱的行动比有序的衰亡好得多	对企业来说，混乱的行动和有序的衰亡并不是两种仅有的选择。最优的选择应该是理性的分析、有序的行动

【参考范文】

《蜜蜂试验不能表明企业经营》

上文试图通过蜜蜂试验，来类推到企业经营，由于该论证存在诸多逻辑问题，因此，其结论缺乏说服力。现剖析如下。

首先，该论证用蜜蜂试验类比企业经营是不恰当的。蜜蜂试验涉及的是生物行为，而企业经营涉及的是人的社会行为，即使两者有某种共性，但也有本质的区别，不能用这一生物行为试验简单地类推到企业经营。

其次，即使当今高科技企业面临的经营环境具有模糊性与不确定性，也不意味着技术趋势不可预测。毕竟技术发展具有一定的规律性，即使在高科技技术发展日新月异的当今，预测难以做到很精准，但至少可预测出技术发展的大致趋势，这也是企业经营决策的重要依据，因此，不能说这样是徒劳之举。

再次，蜜蜂试验所处的是"瓶底对着光亮，而瓶口对着暗处的玻璃瓶"这样一种特定的、静止的环境，而企业经营面临的是社会和市场这种开放的、复杂的、变动的环境，这两种环境不具有可比性。况且，即使在不确定性的经营环境中，也可以预测和把握经济发展、技术发展及市场需求的趋势。企业根据自身实际，确定发展方向并朝着既定方向执着努力，显然更有成功的可能性。当然，企业需要根据情况的变化适当调整方向，但方向的调整需要理性分析、有序决策而不能随机试错。因此，不能用小概率的随机试错而成功的特例否定朝着既定方向的执着努力。

另外，遵循规则和突破规则，不是完全对立的。一方面，遵循规则不是机械地困守在规则中，适当的时候可以有所突破，另一方面，对某些规则的突破并不意味着不需要遵循规则。比如，企业必须遵循法律规则，但对某些市场规则在遵循的同时也可以突破、修改，甚至创建新规则。可见，虽然经营环境的不确定性确实要求企业不能机械地遵循所有规则，但上文中把这一正确的观点错误地偷换为，经营环境的不确定性要求企业不遵循任何规则。

最后，虽然在蜜蜂试验中，有目标地朝着光亮的努力断送了蜜蜂的生命，而无序的乱窜拯救了苍蝇。但在一个经常变化的世界里，对企业来说，混乱的行动和有序的衰亡并不是两种仅有的选择。反对有序的衰亡，并不能合理推出，要肯定混乱的行动。的确，像蜜蜂这样墨守成规是死路一条，但苍蝇的没头没脑也事实上大大降低了成功的几率。因此，最优的选择应该是理性的分析、有序的行动。

■专项真题 03

【论证缺陷分析】

上文的逻辑结构以及主要逻辑缺陷分析如下。

		原文	逻辑缺陷分析
观点		一大批本土公关公司将胜过外资公司，成为世界级的公司	从文章给出的数据无法得出这一结
论证过程	1	去年，规模最大的十家本土公关公司的年营业收入平均增长 30%，而规模最大的十家外资公关公司的年营业收入平均增长 15%；本土公关公司的利润平均为 20%，外资公司为 15%。十大本土公关公司的平均雇员人数是十大外资公关公司的10%。可见，本土公关公司的利润水平高、收益能力强、员工的工作效率高，具有明显的优势	文章混淆了收入增长率与收益能力、利润率与利润水平、雇员人数与员工工作效率这三组概念，其所得出的"本土公关公司具有明显的优势"这一结论不足为信
	2	中国公关协会最近的调查显示，去年，中国公关市场的营业额比前年增长 25%，达到了 25 亿元；而日本约为 5 亿美元，人均公关费用是中国的十多倍。由此推算，在不远的将来，平均每家公关公司将有3000 万元左右的营业收入	这个推理非常草率，第一，不能简单地将日本的人均公关费用类推到我国。第二，上述推算隐含的假设是从现在到不远的将来，公关公司的数量基本不变，而这个假设是难以成立的。第三，一个国家的人均公关费用是和该国人均国民总产值密切相关的。由于人均国民总产值很难在短时间里迅速增加 10 多倍，所以我国公关市场的营业额不太可能不久就达到 300 亿元。第四，即使我国公关市场的营业额增长到 300 亿元，由于有大量外资公关公司的存在，本土公司不可能全部占有这些增加的市场

【参考范文】

《这些数据足以证明结论吗?》

上文通过一系列中外公关公司运营等方面的数据，得出这样一个结论：一大批本土公关公司将胜过外资公司，成为世界级的公司。但作者用这些数据进行论证时存在诸多漏洞，现分析如下。

首先，分析该文章前半部分给出的三组百分比。第一，十大本土公关公司的年营业收入平均增长率远高于十大外资公关公司，由于文章没有给出两类公司前年的营业收入基数，因此，推不出本土公关公司的收益能力强。也许本土公司的原基数较小，那么即使年营业收入平均增长率是外资公司的 2 倍，但实际收入还很可能低于外资公司。第二，本土公关公司的利润率高于外资公司，同样由于两类公司前年的利润基数不得而知，因此，推不出本土公关公司的利润水平高。第三，十大本土公司的雇员人数比外资公司少得多，不能说明本土公司的员工的工作效率高。员工的工作效率取决于两个因素：雇员人数和雇员在单位时间所完成的总有效工作量，由于文章没有给出后一个因素，因此单凭雇员人数无法比较员工的工作效率。可见，由于该文章混淆了收入增长率与收益能力、利润率与利润水平、雇员人数与员工工作效率这三组概念，其所得出的"本土公关公司具有明显的优势"这一结论不足为信。

其次，作者认为"在不远的将来，平均每家公关公司就有 3000 万元左右的营业收入"，由于国内有约一千家专业公关公司，可见该作者认为，不久的将来，我国公关市场的营业额将达到 300 亿元，而这一数据是根据"去年，中国公关市场营业额为 25 亿元，而日本人均公关费用是中国的十多倍"推算出来的。这个推理是非常草率的，理由如下：第一，我国与日本的国情和文化差异很大，简单地将日本的人均公关费用类推到我国，有机械类比之嫌。第二，公关市场营业额的增长，往往伴随着公关公司数量的增长，上述推算是使用中国公关市场的总营业额将达到的数据，计算出在不远的将来，现有一千家专业公关公司的平均营业收入，其隐含的假设是从现在到不远的将来，公关公司的数量基本不变，而这个假设是难以成立的。第三，事实上，一个国家的人均公关费用是和该国人均国民总产值密切相关的。由于人均国民总产值很难在短时间里迅速增加 10 多倍，所以，我国公关市场的营业额不太可能不久就达到 300 亿元。第四，即使我国公关市场的营业额增长到 300 亿元，由于有大量外资公关公司的存在，本土公司不可能全部占有这些增加的市场。

最后，需要考虑的是仅仅基于去年一年的数据是否就能必然地得出未来如何的结论？世界级的公关公司的标准是什么？在未来的一段时间外资公关公司的发展情况如何？胜过外资公司是否就意味着成为了世界级的公关公司？……诸如此类的问题。至少从文章给出的数据是无法得出"一大批本土公关公司将胜过外资公司，成为世界级的公关公司"这一结论的。

综上所述，由于上述论证中存在诸多问题，严重影响了结论的成立，因此该论证缺乏说服力。

■**专项真题 04**
【论证缺陷分析】
上文的逻辑结构以及主要逻辑缺陷分析如下。

		原文	逻辑缺陷分析
观点		MBA 教育是对管理的一种贬低	该观点受到严重质疑
论证过程	1	事实上，任何一个社会中的领导者都只能是天生的	这显然是一种绝对化的表述，即使领导者有天赋的一面，人也不可能一生下来就具备领导和管理能力，能力是先天遗传和在后天实践与学习中逐步形成的

		原文	逻辑缺陷分析
论证过程	2	领导和管理本身就是生活,而不是某个人能够从教室中学来的技术……,教育也无法将经验灌入他的头脑	这种看法是有失偏颇的。诚然,领导和管理的能力和经验需要从实践中获得,但也不能认为无法从教育中获得
	3	试图向某个未曾从事过管理工作的人传授管理学,不啻于试图向一个从来没见过其他人类的人传授哲学	这一推论缺乏有效性。即便是一个未曾从事过管理工作的人,只要他在组织环境中工作过,他就对管理的基本过程以及基本问题都有一定的观察和体验,这与"向一个从来没见过其他人类的人传授哲学"进行类比是不恰当的
	4	管理是一种困难的、微妙的工作,需要的是各种各样只有在身临其境时才能得到的经验	这一判断不准确。身临其境时才能得到的体验属于在实践中学习,这尽管非常重要,但管理学知识、理论以及管理的间接经验是完全可以通过教育获得的
	5	MBA 教育试图把管理传授给某个毫无实际经验的人不仅仅是浪费时间,更糟糕的是,它是对管理的一种贬低	这一判断不准确。MBA 学员大都是有工作经验的自主个体,而且,MBA 教育最重要的特点是实用性,不重在灌输知识,而在于决策及实用管理技能的训练,重视经验分享、案例研讨恰恰是 MBA 教育中的重要的学习方式

【参考范文】

《对 MBA 教育的偏见》

上文的论证似乎有一定道理,管理确实既是科学,又是艺术。作为艺术性的一面,确实有一些可以意会但很难言传的内容,MBA 教育应选择那些具有管理潜质的人加以培养。但是,作者在论证中片面地强调了管理需要天赋的一面,完全忽视了通过管理教育可以提升管理能力的一面,由此推论出的观点明显是不恰当的。现把其论证过程中的逻辑缺陷分析如下。

首先,上文的作者认为,专业化的工作需要接受专门的教育,而领导者则不一样,领导者只能是天生的。这显然是一种绝对化的表述,即使领导者有天赋的一面,人也不可能一生下来就具备领导和管理能力,能力是先天遗传和在后天实践与学习中逐步形成的。因此,领导者不可能完全是天生的,专门的教育有助于提升学员的领导能力和管理能力。

其次,作者所谓的"领导和管理不能从教室中学来""教育无法将经验灌入任何人头脑"的看法是有失偏颇的。诚然,领导和管理的能力和经验需要从实践中获得;但也不能认为其无法从教育中得到提升,从实践中总结出来的管理理论以及管理的间接经验,可以通过课堂传授或案例分享和讨论等方式让学员获得。

再次，"试图向某个未曾从事过管理工作的人传授管理学，不啻于试图向一个从来没见过其他人类的人传授哲学"这一推论缺乏有效性。事实上，每个人都在生活中，因此，每个人都有机会感受生活，毫无实际经验的人是不存在的。即便是一个未曾从事过管理工作的人，只要他在组织环境中工作过，他就对管理中的决策、计划、组织、执行、控制等基本过程以及沟通、协调等基本问题都有一定的观察和体验，这与"向一个从来没见过其他人类的人传授哲学"进行类比是不恰当的。

另外，"管理是一种困难的、微妙的工作，需要的是各种各样只有在身临其境时才能得到的经验"这一判断不准确。身临其境时才能得到的体验属于在实践中学习，这尽管非常重要，但正如前面所分析，管理学知识、理论以及管理的间接经验是完全可以通过教育获得的。

最后，MBA学员大都是有工作经验的自主个体，而且MBA教育最重要的特点是实用性，不重在灌输知识，而在于决策及实用管理技能的训练，重视经验分享、案例研讨恰恰是MBA教育中的重要学习方式。可见，MBA教育并不像作者认为的那样，是在机械地向毫无实际经验的人灌输管理学知识，因此，MBA教育不仅不是对管理的一种贬低，而应该是对管理的一种提升。

总之，作者对管理教育的认识片面，对MBA教育怀有一些偏见，其观点和论证的有效性受到严重的质疑。

■专项真题05
【论证缺陷分析】
上文的逻辑结构以及主要逻辑缺陷分析如下。

		原文	逻辑缺陷分析
论证过程	1	中国将承担A350飞机5％的设计和制造工作。这意味着未来空中客车公司每销售100架A350飞机，就将有5架由中国制造	混淆概念，歪曲了5％的含义。100架A350飞机的5％很可能只是飞机部件的数量，与5架完整的飞机是完全不同的概念
	2	这表明中国经过多年艰苦的努力，民用飞机研发与制造能力得到了系统的提升，获得了国际同行的认可	空客分包给我国的5％设计制造任务，很可能我国只是参与部分零配件的设计制造，并不能真正表明中国民用飞机的研发与制造能力得到了系统的提升，更不见得是我国的民用飞机研发与制造能力得到了国际同行的认可
	3	这也标志着中国已经可以在航空器设计与制造领域参与全球竞争，并占有一席之地	由于民用飞机只是航空器的一种，也许我国在其他的"航空器"设计制造方面还非常落后，显然，由此不能得出"中国已经可以在航空器设计与制造领域参与全球竞争"的结论

		原文	逻辑缺陷分析
论证过程	4	由此看出在经济全球化的时代，参与国际合作将带来双赢的结果	作者没有交代这次合作的结果如何，由于缺乏论据支持，因此，从文中的陈述中无法推出"参与国际合作会带来双赢的结果"这一结论
	5	也是提高我国技术水平和产业国际竞争力的必由之路	提高我国技术水平和产业国际竞争力具有多种途径可供选择，参与国际合作可能只是其中一条可供选择的道路，而不一定是"必由之路"

【参考范文】

《夸大的推论》

上文根据中国将承担 A350 飞机 5％的设计和制造工作这一前提，做了一系列推论，由于该论证存在诸多逻辑漏洞，所以得出的结论是难以令人信服的。现试分析如下。

首先，上文指出"中国将承担 A350 飞机 5％的设计和制造工作"，这里 5％的概念没有明确界定，不清楚到底承担的是设计和制造工作中 5％的飞机部件数量，还是 5％的飞机整机数量。很可能我国所承担的该项目的 5％不是整机，而只是少部分非关键的零配件的设计和制造，由此，显然不能得出"未来空中客车公司每销售 100 架 A350 飞机，就将有 5 架由中国制造"这一结论。

其次，空客分包给我国的 5％设计制造任务，很可能我国只是参与部分零配件的设计制造，并不能真正表明中国民用飞机的研发与制造能力得到了系统的提升，更不见得是我国的民用飞机研发与制造能力得到了国际同行的认可。因为整个飞机的研发与制造工作涉及核心和非核心技术，很可能我国目前掌握的只是部分非核心的技术。

再次，即使民用飞机的研发与制造能力真的获得了国际同行的认可，但由于民用飞机只是航空器的一种，也许我国在其他的"航空器"设计制造方面还非常落后，显然，由此不能得出"中国已经可以在航空器设计与制造领域参与全球竞争"的结论。

另外，作者没有交代这次合作的结果如何。由于缺乏论据支持，因此，从文中的陈述中无法推出"参与国际合作会带来双赢的结果"这一结论。而且事实上，参与国际合作不一定必然带来双赢的结果。中国被邀请参与 A350 飞机的设计和制造，其真正的原因很可能是空客考虑到此举是为了拓展在华业务，打开中国市场。为此，我国付出了高昂的代价，但是收益却很少，这也是有可能的，倘若这样，就难言"双赢"了。

最后，提高我国技术水平和产业国际竞争力具有多种途径可供选择，参与国际合作可能只是其中一条可供选择的道路，而不一定是"必由之路"。对核心技术和关键技术，发达国家和跨国公司往往会采取技术封锁，因此，自主研发很可能才是真正的"必由之路"。

综上所述，该论证存在混淆概念、论据不足、以偏概全等逻辑缺陷，其作出的推论是夸大其词的，整个论证是缺乏说服力的。

■专项真题 06

【论证缺陷分析】

上文的逻辑结构以及主要逻辑缺陷分析如下。

		原文	逻辑缺陷分析
观点		中国真正意义上的经济学家,最多不超过 5 个	观点不能令人信服
论证过程	1	诺贝尔经济学奖的得主是当之无愧的真正的经济学家。…每当看到诺贝尔经济学奖被西方人包揽,很多国人在羡慕之余,更期盼中国人有朝一日能够得到这一奖项。然而,我们不得不面对的现状却是,中国的经济学还远远没有走到经济科学的门口,中国真正意义上的经济学家,最多不超过 5 个	上文的作者没有明确界定"真正意义上的经济学家"的概念及其衡量标准。由中国的经济学家尚没有获得诺贝尔经济学奖,也推不出中国有无,甚至有多少真正的经济学家。尤其是作者断言,"中国的经济学还远没有走到经济科学的门口,中国真正意义上的经济学家,最多不超过 5 个",针对这一观点,作者并没有给出充足的理由
	2	真正的经济学家需要坚持理性的精神。…而中国经济学界太热闹了,什么人都可以说自己是个经济学家,什么问题他们都敢谈。有的经济学家今天评股市,明天讲汇率,争论不休,莫衷一是。有的经济学家热衷于担任一些大型公司的董事,或在电视上频频上镜,怎么可能做严肃的经济学研究?	中国经济学界太热闹了,经济学领域鱼龙混杂。即使中国有很多这样并非真正意义上的经济学家,但也不等于有些经济学家不优秀,更不能支持"真正的经济学家不超过 5 个"这一观点。而且,有的经济学家评论股市与汇率,有的经济学家担任公司董事或在电视上出镜,这些并不足以说明这些经济学家不能做严肃的经济学研究。即使部分经济学家热衷于现实经济生活而没有做严肃的经济学研究,但作者通过部分经济学家的现象来否定整个经济学界,显然犯了"以偏概全"的逻辑谬误
	3	经济学和物理学、数学一样,所讨论的都是非常专业化的问题。只有远离现实的诱惑,潜心于书斋,认真钻研学问,才可能成为真正意义上的经济学家,中国经济学家离这个境界太远了。在中国的经济学家中,你能找到为不同产业代言的人,西方从事经济学研究最优秀的人不是这样的,这样的人在西方只能接受投资银行的雇用,从事产业经济学的研究	用经济学和物理学、数学进行类比,并不很恰当,这几者的研究领域不同,在研究方法上也有不同之处。而且,"只有远离现实,潜心于书斋,才可能成为真正意义上的经济学家"这一判断也不准确,因为经济学是具有实践性的学科,不仅其研究的问题来源于现实的经济生活,而且其研究成果,也要经过实践的检验。况且,即使中国的某些经济学家成为某些产业的代言人,也不能推出,中国没有几个经济学家达到专业化的标准,显然,作者潜在的看法是,"产业经济学家"不是"真正的经济学家",这明显是一种偏见

续表

		原文	逻辑缺陷分析
论证过程	4	一个真正的经济学家,首先要把经济学当作一门科学来对待,必须保证学术研究的独立性和严肃性,必须保持与"官场"和"商场"的距离,否则,不可能在经济学领域做出独立的研究成果	经济学是为国民经济服务的,必然离不开政府政策与现实商业运作,经济学家通过官场了解,甚至通过适当的建议渠道影响政府的政策与宏观调控,不仅是合适的,而且是很有必要的。同样,经济学家必须与商界和商业保持距离的看法更值得商榷,因为经济学与现实的商业和市场有着天然的联系。这里,作者所暗含的躲在书斋里的理论经济学家才能成为真正的经济学家这一观点显然是有失偏颇的
	5	说"中国真正意义上的经济学家,最多不超过5个",听起来刻薄,但只要去看一看国际上经济学界那些最重要的学术刊物,有多少文章是来自中国国内的经济学家,就会知道这还是比较客观和宽容的一种评价	国际重要学术刊物固然是衡量学术水平的标准之一,但不应该是唯一的标准。因此,即使中国的经济学家在国际经济学界最重要的学术刊物发表的文章不够多,也不能得出"中国真正意义上的经济学家,最多不超过5个"这一结论

【参考范文】

《不具说服力的观点》

上文的作者认为,中国真正意义上的经济学家,最多不超过5个。即使中国的经济学研究确实不理想,但由于作者的论证很不严密,其观点也不能令人信服,现试剖析如下。

首先,上文的作者没有明确界定"真正意义上的经济学家"的概念及其衡量标准。虽然"诺贝尔经济学奖得主是真正的经济学家",但由中国的经济学家尚没有获得诺贝尔经济学奖,也推不出中国有无,甚至有多少真正的经济学家。尤其是作者断言,"中国的经济学还远没有走到经济科学的门口,中国真正意义上的经济学家,最多不超过5个",针对这一观点,作者并没有给出充足的理由,也没有提供相应的论证,显然不足为信。

其次,作者认为,中国经济学界太热闹了,经济学领域鱼龙混杂。即使从中合理地推出,中国有很多这样并非真正意义上的经济学家,但也不等于有些经济学家不优秀,更不能支持"真正的经济学家不超过5个"这一观点。而且,有的经济学家评论股市与汇率,有的经济学家担任公司董事或在电视上出镜,这些并不足以说明这些经济学家不能做严肃的经济学研究。因为经济学本身既具有理论性又具有实践性,股市与汇率本身就是经济现象,担任董事或上电视,这些都是用经济学为现实服务,不见得就一定不利于严肃的学术研究。即使部分经济学家热衷于现实经济生活而没有做严肃的经济学研究,但作者通过部分经济学家的现象来否定整个经济学界,显然犯了"以偏概全"的逻辑谬误。

再次，作者用经济学和物理学、数学进行类比，并不很恰当，因为经济学属于社会科学，而物理学、数学属于自然科学，这几者的研究领域不同，在研究方法上也有不同之处。而且，"只有远离现实，潜心于书斋，才可能成为真正意义上的经济学家"这一判断也不准确，因为经济学是具有实践性的学科，不仅其研究的问题来源于现实的经济生活，而且其研究成果，也要经过实践的检验。事实上，优秀的经济学家往往能很好地实现学术研究与现实应用的良性互动。况且，即使中国的某些经济学家成为某些产业的代言人，也不能推出中国没有几个经济学家达到专业化的标准，显然，作者潜在的看法是"产业经济学家"不是"真正的经济学家"，这明显是一种偏见。

另外，作者告诫经济学家必须保证学术研究的独立性和严肃性，必须保持与"官场"和"商场"的距离，似乎有一定的道理。但仔细分析，经济学是为国民经济服务的，必然离不开政府政策与现实商业运作，因此经济学家未必要"远离官场"，只要避免热衷于建立与官场的庸俗关系，只要不抛弃独立的学术追求，经济学家通过官场了解，甚至通过适当的建议渠道影响政府的政策与宏观调控，不仅是合适的，而且是很有必要的。同样，经济学家必须与商界和商业保持距离的看法更值得商榷，因为经济学与现实的商业和市场有着天然的联系。这里，作者所暗含的"躲在书斋里的理论经济学家才能成为真正的经济学家"这一观点显然是有失偏颇的。

最后，国际重要学术刊物固然是衡量学术水平的标准之一，但不应该是唯一的标准。因此，即使中国的经济学家在国际经济学界最重要的学术刊物上发表的文章不够多，也不能得出"中国真正意义上的经济学家，最多不超过 5 个"这一结论。

由于作者在论证过程有情绪化之嫌，存在以上诸如此类的逻辑漏洞，因此其结论是不具有说服力的。

■专项真题 07
【论证缺陷分析】
上文的逻辑结构以及主要逻辑缺陷分析如下。

		原文	逻辑缺陷分析
论题		中医是否科学？	
论证过程	1	甲：西方人普遍不能接受中医是因为他们不理解中国的传统文化	犯了虚假理由的错误，中医是否科学取决于科学的标准，而不取决于文化的标准
	2	乙：把中医的科学地位归咎于西方科学界不认可中国文化，是荒唐的	这一观点无误
	3	甲："科学没有国界"是一个广为流传的谬误。如果科学真的没有国界，为什么外国制药公司会诉讼中国企业侵犯其知识产权呢？	概念混淆，"科学有无国界"和"知识产权有无国界"完全是两回事

续表

		原文	逻辑缺陷分析
论证过程	4	乙:从科学角度讲,现代医学以生物学为基础,而生物学建立在物理、化学等学科基础之上。中医不以这些学科为基础,因此,它与科学不兼容,只能说是伪科学	乙在断定"中医是伪科学"这一结论时,理由是不充分的。现代的中医虽然不以生物学等学科为基础,但现代科学的研究方法及其成果在中医中也有应用,因此不能说中医与科学不可兼容。而伪科学是把非科学一定要说成科学,而中医并未强调自己具有严格的科学性,所以不能认为中医是伪科学
	5	甲:既然中医对人类有用,凭什么说它不是科学?中医体现了对人体完整系统的把握,整体观念、系统思维,这是西医所欠缺的。	甲认为"既然中医对人类有用,就应当说中医是科学的",这一推理必须假设:凡是有用的都是科学。而该假设不正确。而且,甲所认为的中医的长处,如强调整体观念,系统思维,并不能表明中医本身就是科学的,因为人的观念和思维方式不是判定科学的标准(科学的标准包括证据支持、客观性、完整性等)
	6	乙:我去医院看西医,人家用现代科技手段从头到脚给我检查一遍,怎么没有整体观念、系统思维呢?中医在中国居于主导地位的时候,中国人的平均寿命只有三十岁左右,现代中国人平均寿命是七十岁左右,完全拜现代医学之赐	乙认为西医具有整体观念、系统思维的理由是西医可以进行全身检查,这一推理曲解了"整体观念"和"系统思维"这两个概念。另外,乙通过对比,过去中医占主导时中国人均寿命很短,而现代中国人均寿命很长,得出结论"这完全拜现代医学之赐"。显然,这一推理存在明显的漏洞,犯了单因论的错误

【参考范文】

《一场缺乏说服力的辩论》

上文就"中医是否科学"这一论题,甲乙双方展开了论辩。甲认为,中医是科学;乙认为,中医是伪科学。为此,双方进行了针锋相对的辩论,但双方在辩论中都存在诸多逻辑漏洞,现分析如下。

首先,甲认为,西方人不能普遍接受中医是因为他们不理解中国的传统文化。这犯了虚假理由的错误,中医是否科学取决于科学的标准,而不取决于文化的标准。

其次,甲根据外国制药公司诉讼中国企业侵犯其知识产权,来反驳乙的"科学无国界"论,是严重的概念混淆,"科学有无国界"和"知识产权有无国界"完全是两回事。科学无国界是指科学知识全人类都可以无国界地学习效仿,科学成果最终也由全人类无国界的分享。知识产权是指权利人对其所创作的智力劳动成果所享有的专有权利，一般只在有限时间内有效，目的是为了更好地保护知识产权权利人的利益，知识产权在有限的保护期内是有国界的。

再次，乙在断定"中医是伪科学"这一结论时，理由是不充分的。现代的中医虽然不以生物学等学科为基础，但现代科学的研究方法及其成果在中医中也有应用，因此，不能说中医与科学不兼容。而且，即使传统中医不是以生物学、物理、化学等学科为基础，也不能简单地判断中医是伪科学。当然，传统中医没有采用科学的手段、方法等，应该不属于严格的科学，但其中存在科学的成分，也包含不科学的成分。可以认为，中医并不属于严格的科学，但伪科学是指把非科学一定要说成科学，而中医并未强调自己具有严格的科学性，所以不能认为中医就是伪科学。

另外，甲认为"崇尚科学是因为科学对人类有用。既然中医对人类有用，就应当说中医是科学的"，这一推理必须假设：凡是有用的都是科学。而该假设不正确，因为有用的未必是科学，所以这一推理不恰当。而且，甲所认为的中医的长处，如强调整体观念，系统思维，并不能表明中医本身就是科学的，因为人的观念和思维方式不是判定科学的真正标准。

最后，乙认为西医具有整体观念、系统思维的理由是西医可以进行全身检查，这一推理曲解了"整体观念"和"系统思维"这两个概念。一般来说，"整体"或"系统"应该是各个部分或各个要素的有机组合，各个部分或各个要素是相互联系和相互影响的，而并不是各个部分或要素的简单相加。另外，乙通过对比，过去中医占主导时，中国人均寿命很短，而现代中国人均寿命很长，得出结论"这完全拜现代医学之赐"。显然，这一推理存在明显的漏洞，犯了单因论的错误。因为过去人均寿命短也许是战争、自然灾害、生活水平低等诸多原因造成的，现代人人均寿命长也许是和平、抗自然灾害能力的提高、生活水平的提高等诸多原因造成的，因此，人均寿命的提高不能说明一定是西医的功劳，也即人均寿命的提高不一定和中医的非科学性有关。

综上所述，由于甲乙两人在论辩过程中存在诸如此类的逻辑问题，所以就"中医是否科学"这一论题，双方相互对立的观点都缺乏说服力。

■专项真题08
【论证缺陷分析】
上文的逻辑结构以及主要逻辑缺陷分析如下。

		原文	逻辑缺陷分析
观点		"知识就是力量"过时论	有失偏颇，值得商榷
论证过程	1	在知识经济时代，任何人所掌握的知识，都只是沧海一粟。这使得在培养与选拔人才时，知识尺度已变得毫无意义	个人知识即使相对于整个人类的知识海洋只是沧海一粟，也不能说明个人知识是毫无意义的。因为，一方面，能力是基础知识加以升华而产生的；另一方面，专业领域的知识储备对个人的事业发展和职业贡献的意义重大

续表

		原文	逻辑缺陷分析
论证过程	2	现在的网络技术可以使你在最短的时间内查询到你所需要的任何知识信息,有的大学毕业生因此感叹,何必要为学习各种知识数年寒窗,这不无道理。传授知识不应当继续成为教育,特别是高等教育的功能	作者没有明确界定知识的概念。作者把学习知识简单地等同于检索知识,记忆知识,犯了混淆概念的逻辑错误。即使知识可以查询到,检索知识和掌握知识、运用知识也不能混为一谈,传授知识除灌输给学生知识外,还要让学生理解、掌握和运用知识等,可见,不能否定学习知识和传授知识的重要性
	3	素质教育的真正目标,是培养批判性思维与创造性思维的能力。知识与此种能力之间没有实质性的联系	割裂了知识与能力之间的辩证关系。事实上,知识是能力的基础,知识理解得越深刻,掌握得越牢固,相应的技能越熟练,越有利于能力的发展
	4	硕士、博士这些知识头衔的实际价值一再受到有识之士的质疑	其隐含假设是硕士博士是知识水平的标准和尺度,而这假设本身是存疑的。事实上,一个合格的硕士、博士头衔既包括知识价值,也包括能力价值

【参考范文】

《"知识就是力量"真的过时了吗?》

上文通过强调能力的重要来否定知识的重要性,从而认为传授知识不应当成为教育的功能,整个论证有失偏颇,有很多值得商榷之处,现试剖析如下。

首先,开篇的"分子分母论",只能说明个人的知识的有限性,但个人知识即使相对于整个人类的知识海洋只是沧海一粟,也不能说明个人知识是毫无意义的。因为,一方面,基础知识在人们生活和工作中起着重要作用,能力是基础知识加以升华而产生的;另一方面,这是一个分工合作的时代,术业有专攻,专业领域的知识储备对个人的事业发展和职业贡献的意义重大。一个领域内善于解决问题的专家必须有扎实的专业知识,一个人再有能力,如果没有具备这个领域的专门知识,就不能解决这个领域的问题。因此,选拔人才时,知识尺度在知识经济时代依然具有重要意义。

其次,上文的作者没有明确界定知识的概念。事实上,知识有广义与狭义之分。狭义的知识是指陈述性知识,主要用来描述"是什么"或说明"为什么",而广义的知识还包括程序性知识,主要用来回答"怎么办"或"如何做"。网络技术可以查询到陈述性知识,但很难查清楚程序性知识。而且,作者把学习知识简单地等同于检索知识、记忆知识,犯了混淆概念的逻辑错误。即使知识可以查询到,但检索知识和掌握知识、运用知识也不能混为一谈,传授知识除灌输给学生知识外,还要让学生理解、掌握和运用知识等,可见,不能否定学习知识和传授知识的重要性,不能因知识可以快速查询,就不重视学生基础知识的学习和掌握。因此,"传授知识不应当成为教育,特别是高等教育的功能"的结论有失片面。

再次,"素质教育的真正目标,是培养批判性思维与创造性思维能力"与"知识与此种能力之间没有实质性的联系"没有必然联系，割裂了知识与能力之间的辩证关系。事实上，知识是能力的基础，没有扎实的基础知识，要奢谈培养能力，是不可能的。知识理解得越深刻，掌握得越牢固，相应的技能越熟练，越有利于能力的发展。因此，知识和能力不可偏废，传授知识与培养能力是相互联系、相辅相成的，两者都是教学的基本任务，都很重要，不应有轻重之分。强调培养人的能力，并不能否定知识的重要性。

况且，"具备与爱因斯坦相同知识背景的人有的是，为什么唯独他发现了相对论"，这不能说明知识不重要，事实上，相对论是爱因斯坦在前人和其他学者研究并积累的知识基础上，通过自己独特的思考而提出的。可见，知识和思维能力都重要，正因为爱因斯坦既具备了扎实的专业知识，又有很强的思维能力，才能取得重大科学成就。反之，如果爱因斯坦不具备足够的专业知识，是不可能创立相对论的。

最后，"硕士、博士这些知识头衔的实际价值一再受到有识之士的质疑"的隐含假设是，硕士、博士是知识水平的标准和尺度，而这假设本身是存疑的。事实上，硕士、博士的培养目标包括掌握本学科坚实的基础理论和系统的专业知识，并具有从事科学研究或独立担负专门技术工作能力的高级专门人才，因此，一个合格的硕士、博士头衔，既包括知识价值，也包括能力价值。

综上所述，作者最后得出"知识就是力量"过时论的观点，其论证理由不充分，存在诸多逻辑漏洞，其论证有效性受到严重的质疑。

■专项真题 09
【论证缺陷分析】
上文的逻辑结构以及主要逻辑缺陷分析如下。

		原文	逻辑缺陷分析
观点		世界变平坦的趋势及其所带来的诸多好处	作者只看到了造成世界变平坦这一趋势的技术因素，而忽略了阻止世界变平坦的政治、经济、文化等力量依然强大，而且,即使世界变平坦本身存在有利的一面,但作者也忽视了其中不利的一面
论证过程	1	全球化抹去了各国的疆界,使世界从立体变成了平面,也就是说,世界各国之间的社会发展差距正在日益缩小	全球化的过程中,并非所有国家都是受益者,有的发展中国家经济发展了,但也带来了生态环境等社会问题,也有很多发展中国家的经济发展停滞,反而扩大了与发达国家的差距
	2	世界是平的,穷国可以和富国一样在同一平台上接收同样的最新信息,这样就大大促进了各国的经济发展,从而改善了它们的国际地位	穷国和富国即使都基于互联网这同一平台接收信息,但由于各国基础不同,不可能接收同样的最新信息。即便接收同样的信息,二者使用信息的能力也大相径庭

		原文	逻辑缺陷分析
论证过程	3	所谓"金砖四国"国际声望的上升,无不得益于它们的经济成就,无不得益于互联网技术的普及。同时也可作为"世界是平的"这一观点的有力佐证	这一论断显然有失偏颇,比如中国经济的起飞,也许互联网起到了促进作用,但改革开放、人口红利等因素应该是更关键的原因
	4	由于信息技术的迅猛发展,世界的经济格局与政治格局将会发生巨大的变化,世界上最不发达国家和最发达国家之间再也不会让人有天壤之别的感觉,非洲大陆将会变成另一个北美	变化应该有利弊两个方面,这一判断不能必然推出。事实上,世界的平坦化趋势是不可能一帆风顺的,世界各地的发展也不可能那么容易地达到均衡状态
	5	由于中国的信息技术发展迅猛,中国和世界一样,也会从立体变为平面,中国东西部之间的经济鸿沟将被填平,中国西部的崛起指日可待	西部的崛起绝非容易事,还需要从政策等多方面予以系统考虑和支持

【参考范文】

《世界变平坦真的容易实现吗?》

以上这篇文章论述了世界的平坦化趋势及其所带来的种种好处,由于该论证存在诸多逻辑漏洞,因此其观点是值得商榷的。现试剖析如下。

首先,"全球化抹去了各国的疆界,使世界从立体变成了平面"不能必然推出"世界各国之间的社会发展差距正在日益缩小"。事实上,全球化的过程中,并非所有国家都是受益者,有的发展中国家(如中国)长期保持着较快的发展速度,缩小了与发达国家之间的经济差距,但也带来了生态环境和可持续发展的尖锐矛盾等社会问题,而其他很多发展中国家的经济发展并不顺利,事实上,不少发展中国家有经济发展停滞的现象,反而扩大了与发达国家之间的差距。

其次,"由于世界是平的,穷国可以和富国一样在同一平台上接收同样的最新信息",这一论述中的"平"这一概念模糊,有故意混淆之嫌。弗里德曼的"世界是平的"指的是互联网时代使得人与人之间通过网络联系在一起,整个世界进一步缩小,个人可以轻而易举地参与全球化,世界被进一步拉平了。而穷国和富国即使都基于互联网这同一平台接收信息,但由于各国基础不同,比如非洲的不少发展中国家还不具备基本的信息技术,甚至不具备服务器等关键信息设备,互联网还远未普及,网民的数量和比例很低,所以不可能接收同样的最新信息。即便接收同样的信息,二者使用信息的能力也大相径庭。因此,无法推出"这样就大大促进了穷国的经济发展,从而改善了它们的国际地位"这一结论。

再次,"金砖四国"国际声望的上升及其所取得的经济成就,无不得益于互联网技术的发展,这一论断显然有失偏颇,比如中国经济的起飞,也许互联网起到了促进作用,但改革开放、人口红利等因素应该是更关键的原因，难以作为"世界是平的"这一观点的有力佐证。

最后，即使世界是平的，将导致世界的经济格局与政治格局发生巨大的变化，但变化应该有利弊两个方面，不能必然推出世界最不发达的国家和最发达的国家之间再也不会让人有天壤之别的感觉，非洲大陆将会成为另一个北美。事实上，世界的平坦化趋势是不可能一帆风顺的，世界各地的发展也不可能那么容易地达到均衡状态。可以设想，如果没有国家，没有国籍，没有国境线内外有别的政策，每个人可自由迁徙并得到同样的福利，比如，穷人都可搬到发达国家，这个世界的趋势一定是平均化的，国家之间的贫富两极分化一定会消解。然而，这个世界实际上从来都是不平的，事实上，经济全球化反而加速了发展中国家和发达国家整体之间经济发展的不平衡，半个多世纪以来，实际上发达国家与发展中国家之间的贫富差距继续扩大了。同样，"中国东西部之间的经济鸿沟将被填平，中国西部的崛起指日可待"，这一判断也有失偏颇，由于地理、历史、政治、文化等因素，东部地区由于先发优势，造成了西部地区资本、自然资源和廉价的劳动力等要素加速向东部地区集中，使得我国东西部地区的经济差距不仅没有缩小，反而进一步扩大，因此，西部地区的崛起绝非易事，还需要从政策等多方面予以系统考虑和支持。

综上所述，作者基于信息传播技术迅速发展的状况出发，推出世界变平坦的趋势，只是看到了造成这一趋势的技术因素，而忽略了阻止世界变平坦的政治、经济、文化等力量依然强大，而且，即使世界变平坦本身存在有利的一面，但作者也忽视了其中不利的一面。总之，上文的观点是偏颇的，其论证有效性将受到严重的质疑。

■ **专项真题 10**
【论证缺陷分析】
上文的逻辑结构以及主要逻辑缺陷分析如下。

		原文	逻辑缺陷分析
论证方法		人和老虎的寓言故事，来喻证企业经营之道	"人和老虎"与"企业和顾客"之间不具有可比性
论证过程	1	企业经营首先要考虑的是如何战胜竞争对手，因为顾客不是选择你，就是选择你的竞争者	犯了非黑即白的逻辑错误，顾客并不仅有两个选择，顾客也可以观望等待
	2	只要在满足顾客需求方面比竞争者快一点，你就能够脱颖而出，战胜对手	要战胜对手并不仅仅"在满足顾客需求方面比竞争者快一点"就够了，因为要战胜对手就是要比对手给顾客创造更好的价值，除满足顾客需求的速度外，还包括价格、质量、品牌形象及售后服务等诸多因素
	3	想要跑得比老虎快，是企业战略幼稚的表现，追求过高的竞争目标会白白浪费企业的大量资源	从比喻上看，人与虎竞争就是过高的竞争目标，因为人竞争不过老虎，显然作者把"人"比作"企业"，但把速度很快又能吃掉企业的"虎"比作"顾客"，难道企业竞争不过顾客吗？显然这一喻证极不恰当

【参考范文】

《蹩脚的喻证》

上文首先讲了一个关于两个人和老虎的寓言故事，由此来喻证企业经营之道，有些启发价值，但由于缺乏可比性，因此，这一喻证是蹩脚的，其观点也不能令人信服，现分析如下。

首先，人和老虎之间的关系是猎物和捕食者的关系，老虎是人的致命威胁，由于老虎跑得比人快，因此，两个逃命的人是竞争关系，跑得快的人有可能幸存，跑得慢的人就会被老虎吃掉。企业和顾客之间绝不是猎物和捕食者的关系，顾客是企业的产品和服务的购买者和使用者，是企业的"衣食父母"，是企业的生存之本，因此，企业对顾客应树立共赢的意识，不同的竞争企业就是要努力为顾客创造价值，在顾客满意方面进行竞争。所以"人和老虎"与"企业和顾客"之间不具有可比性。

其次，在企业经营中，"顾客不是选择你，就是选择你的竞争者"，犯了非黑即白的逻辑错误，顾客并不仅有两个选择，顾客也可以观望等待，如果你和你的竞争者都不能满足顾客的需求，那么顾客对你和你的竞争者都不会选择。

再次，要战胜对手并不仅仅"在满足顾客需求方面比竞争者快一点"就够了，因为要战胜对手就是要比对手给顾客创造更好的价值，除满足顾客需求的速度外，还包括价格、质量、品牌形象及售后服务等诸多因素，因此，并非满足顾客需求的速度这单一指标来决定是否能战胜对手。而且，企业经营的目的并不是为了战胜竞争对手，而是要为顾客、员工创造价值，为企业本身和股东创造利润。战胜竞争对手只是实现企业经营目的的一种手段，而且不是唯一手段，因为除竞争外，也可以采取合作，以追求双赢、多赢。如果在不适当的情形下，过分强调战胜对手，有可能会造成两败俱伤的局面。

最后，"想要跑得比老虎快，是企业战略幼稚的表现"，这里面暗含一个类比：跑赢老虎是不可能的，企业经营战略也是一样。显然，这是一个不恰当的类比，人不可能跑赢老虎是人的生理极限所决定的，而企业的经营发展则不同，其途径、方法是多样的，况且企业经营不能仅仅考虑速度这单一因素。另外，企业追求过高的竞争目标当然不对，但作者没有界定什么是过高。从比喻上看，人与虎竞争就是过高的竞争目标，因为人竞争不过老虎，可见，作者把"人"比作"企业"，而把"虎"比作"顾客"，难道"企业"竞争不过"顾客"吗？显然这一喻证极不恰当。

综上所述，作者对企业经营与"人和老虎"的寓言故事本身的理解都存在偏颇，而且在论证中存在诸多逻辑缺陷，因此其论证的有效性和结论的恰当性都值得严重怀疑。

■专项真题 11

【论证缺陷分析】

上文的逻辑结构以及主要逻辑缺陷分析如下。

	原文	逻辑缺陷分析
观点	洋快餐一定会成为中国饮食行业的霸主	预测盲目乐观

续表

		原文	逻辑缺陷分析
论证过程	1	在过去 5 年中,洋快餐在大城市中的网点数每年以 40％的惊人速度增长,而在中国广大的中小城市和乡镇还有广阔的市场成长空间	过去 5 年洋快餐在大城市中的网点数每年以 40％的速度增长,并不意味着今后 10 年大城市仍会保持这一高速增长势头 报告通过洋快餐在大城市中过去 5 年的情况来推断洋快餐在中小城市和乡镇的未来发展状况,应属于不当类推,大城市过去的快速增长绝不意味着在中小城市和乡镇也能以同样的速度快速增长
	2	照此速度发展下去,估计未来 10 年,洋快餐在中国饮食行业的市场占有率将超过 20％,成为中国百姓饮食的重要选择	这两类市场存在居民收入差距、市场需求、口味差异、消费习惯以及物流配送等种种差距,这些都可能成为洋快餐在中小城市和乡镇发展的制约因素。因此,仅凭过去大城市的数据,是难以预测未来 10 年整个国内市场状况的
	3	洋快餐在中国受到广大消费者,特别是少年儿童消费群体的喜爱。显然,那些认为洋快餐不利于健康的观点是站不住脚的	洋快餐受到某些消费群体的喜爱,这一证据显然不能成为反驳专家的"洋快餐不利于健康"的理由
	4	该公司去年在 100 家洋快餐店内进行的大量问卷调查结果显示,超过 90％的中国消费者认为食用洋快餐对于个人的营养均衡有所帮助	在洋快餐店内的问卷调查结果不能得出中国消费者的整体性结论,因为该样本不具有代表性,受访者本身很可能就是洋快餐的忠实顾客,他们会倾向于认为洋快餐有利于营养均衡
	5	而已经喜爱上洋快餐的未成年人在未来成为更有消费能力的成年群体之后,洋快餐的市场需求会大幅度跃升	已经喜爱上洋快餐的未成年人在他们成年后是否依然喜欢洋快餐,也是有待商榷的,未成年人到成年之后饮食习惯是完全有可能发生比较大的变化的。因此,"洋快餐的市场需求会大幅度跃升"的观点是不足为信的

续表

		原文	逻辑缺陷分析
论证过程	6	洋快餐长期稳定的产品组合以及产品和服务的标准化，迎合了消费者希望获得无差异食品和服务的需要，这也是洋快餐快速发展的重要优势	即使这是洋快餐当前的优势，也并不能意味在未来的市场能保持这一优势，比如，随着口味更适合中国人的中式快餐标准化的提升，洋快餐的既有优势能否持续，有待进一步观察。而且洋快餐无差异的特点至多满足了部分消费者的需求，而对那些追求新鲜感、追求服务多样化、差异化的消费者来说，这个特点可能就不是优势，反而是劣势了
	7	该报告预测，如果中国式快餐在未来没有较大幅度的发展，洋快餐一定会成为中国饮食行业的霸主	中国饮食行业并不仅仅由中国式快餐与洋快餐组成，快餐并不是中国饮食行业的主要组成部分，正餐才占据了中国饮食行业的大部分市场份额，因此，即使中国式快餐没有发展，也难以推出洋快餐一定会成为中国饮食行业的霸主

【参考范文】

《一份盲目乐观的预测报告》

上述管理咨询公司通过对中国洋快餐行业的发展情况进行分析，得出的报告预测，洋快餐一定会成为中国饮食行业的霸主。由于其分析和论述缺乏充足的依据，使这一预测显得盲目乐观。现对该报告所存在的逻辑问题试剖析如下。

首先，该报告对洋快餐未来市场增长状况的预测过于简单。过去5年洋快餐在大城市中的网点数每年以40%的速度增长，并不意味着今后10年大城市仍会保持这一高速增长势头，因为在行业不同的发展阶段，企业占有市场的速度是不同的，大城市的市场会逐步饱和，增长速度会逐步下降。况且，报告通过洋快餐在大城市中过去5年的情况来推断其在中小城市和乡镇的未来发展状况，属于不当类推。洋快餐在大城市过去的快速增长，绝不意味着其在中小城市和乡镇也将会以同样的速度快速增长。因为这两类市场存在居民收入差距、市场需求、口味差异、消费习惯以及物流配送等种种差距，这些都可能成为洋快餐在中小城市和乡镇发展的制约因素。因此，仅凭过去大城市的数据，是难以预测未来10年整个国内市场状况的，其得出的"估计未来10年，洋快餐在中国饮食行业的市场占有率将超过20%，成为中国百姓饮食的重要选择"，这一结论是不能令人信服的。

其次，该报告对洋快餐市场需求的预测很值得怀疑。第一，洋快餐受到某些消费群体的喜爱，这一证据显然不能成为反驳专家的"洋快餐不利于健康"的理由。第二，在洋快餐店内的问卷调查结果不能得出中国消费者的整体性结论，因为该样本不具有代表性，受访者本身很可能就是洋快餐的忠实顾客，他们会倾向于认为洋快餐有利于营养均衡，而从不去或很少去洋快餐店的消费者的意见没有能够在该样本中得到体现。第三，已经喜爱上洋快餐的未成年人在他们成年后是否依然喜欢洋快餐，也是有待商榷的，未成年人到成年之后，饮食习惯是完全有可能发生比较大的变化的。因此，作者认为"洋快餐的市场需求会大幅度跃升"的观点是不足为信的。

再次，该报告对洋快餐产品特点的优势分析也值得质疑。报告认为"洋快餐长期稳定的产品组合以及产品和服务的标准化，迎合了消费者希望获得无差异食品和服务的需要"。即使这是洋快餐当前的优势，也并不能意味在未来的市场能保持这一优势，比如，随着口味更适合中国人的中式快餐标准化的提升，洋快餐的既有优势能否持续，有待进一步观察。而且洋快餐无差异的特点至多满足了部分消费者的需求，而对那些追求新鲜感、追求服务多样化、差异化的消费者来说，这个特点可能就不是优势，反而是劣势了，如果消费者的消费行为具有个性化增强的趋势，洋快餐未来的市场前景就不值得乐观了。

最后，中国饮食行业并不仅仅由中国式快餐与洋快餐组成，快餐并不是中国饮食行业的主要组成部分，正餐才占据了中国饮食行业的大部分市场份额，因此，即使中国式快餐没有发展，也难以推出洋快餐一定会成为中国饮食行业的霸主。

综上所述，这份预测报告存在诸多逻辑漏洞，没有全面客观地分析过去的数据和未来的变化趋势，因此，其预测结论是想当然的，有误导餐饮企业的经营决策之嫌。

■专项真题 12
【论证缺陷分析】
上文的逻辑结构以及主要逻辑缺陷分析如下。

		原文	逻辑缺陷分析
观点		无效的激励机制是造成企业丑闻的原因	这个观点有失偏颇
论证过程	1	美国是世界上经济最发达的国家，曝光的企业丑闻数量却比发展中国家多得多，这充分说明经济的发展不一定带来道德的进步	美国比发展中国家曝光的企业丑闻数量更多，不能说明经济的发展不一定带来道德的进步
	2	企业作为社会财富最重要的创造者之一，也应该为整个社会道德水准的提升做出积极的贡献。如果因为丑闻迭出而导致社会道德风气的败坏，那么我们完全有理由怀疑企业这种组织的存在对于整个社会的意义	"丑闻迭出而导致社会道德风气败坏"这一判断值得商榷，也许是错断因果，也有可能后者是前者的原因。即使如此，也不能因为某些企业丑闻迭出，就认为所有企业的存在没有价值，更不能扩大到否定企业组织存在对于整个社会的意义
	3	当公司的高管们坐着商务飞机在全球邀游时，股东们根本无从知晓管理层是否在滥用自己的权力	"公司的高管们坐着商务飞机在全球邀游"与"管理层是否在滥用自己的权力"缺乏必然的因果联系，因为完全有可能多数坐着商务飞机的高管是为了公司业务，而非滥用权力

		原文	逻辑缺陷分析
论证过程	4	媒体上频频出现的企业丑闻也让我们有足够的理由怀疑,是否该给大公司高管们支付那么高的报酬	媒体上出现丑闻的公司并不一定是大公司,即使发生丑闻的多数公司是大公司,也可能只占大公司总体数量中很小的一部分。况且,出现丑闻的原因可能有众多因素,将企业丑闻与支付给大公司高管的报酬联系在一起显得牵强
	5	企业高管拿高薪是因为他们的决策对企业的生存与发展至关重要,然而,当公司业绩下滑甚至亏损时,他们却不必支付罚金。正是这种无效的激励机制使得公司的高管们朝着错误的方向越滑越远	公司业绩下滑甚至亏损的原因众多,未必是高管不称职,即使公司高管的错误决策造成业绩下滑,高管是否必须支付罚金也值得商榷,不能由此推出这是一种"无效的激励机制"
	6	只有建立有效的激励机制,才能杜绝企业丑闻的发生	激励机制与企业丑闻之间也许有一定关系,但未必存在必然的联系,有效的激励机制也许能减少企业丑闻的发生,但未必能杜绝企业丑闻的发生

【参考范文】

《有失偏颇的论证》

上文围绕企业丑闻这一议题,试图通过论证说明无效的激励机制是造成企业丑闻的原因。该论证似乎有一定道理,但也存在一些逻辑漏洞,因此其观点有失偏颇。

首先,美国比发展中国家曝光的企业丑闻数量更多,不能说明经济的发展不一定带来道德的进步。因为,第一,企业丑闻的数量多不一定是比例高,也许美国的企业数量比发展中国家要多得多;第二,也许是美国比发展中国家法制健全、新闻更自由公开,所以曝光的企业丑闻数量更多,而发展中国家有可能实际上企业丑闻的数量更多,只是由于管制或政府保护而没有曝光而已。

其次,"丑闻迭出而导致社会道德风气败坏"这一判断值得商榷,也许是错断因果,也有可能后者是前者的原因。即使如此,也不能因为某些企业丑闻迭出,就认为所有企业的存在没有价值,更不能扩大到否定企业组织存在对于整个社会的意义。

再次,"公司的高管们坐着商务飞机在全球邀游"与"管理层是否在滥用自己的权力"缺乏必然的因果联系,因为完全有可能多数坐着商务飞机的高管是为了公司的业务,而非滥用权力。

另外,媒体上出现丑闻的公司并不一定是大公司,即使发生企业丑闻的多数公司是大公司,也可能只占大公司总体数量中很小的一部分。况且,出现丑闻的原因可能有众多因素,而作者没有明确股东和高管的关系,企业出现丑闻这样重大的问题,应该和大股东脱离不了干系,即使是高管的问题,那也表明股东对高管的监管失职。显然,高管薪酬是股东对高管采取的一种激励手段,效益不应是衡量高管薪酬的唯一指标,企业业绩下滑的原因很复杂,除高管的因素外，市场竞争、需求变化、政策变化等外部环境也都是重要因素。可见，将企业丑闻与支付给大公司高管的报酬联系在一起显得牵强。而且，公司业绩下滑甚至亏损的原因众多，未必是高管不称职，即使公司高管的错误决策造成业绩下滑，高管是否必须支付罚金也值得商榷，比如，也可以通过减少股票期权、减少分红等负激励的方式。因此，不能由此推出这是一种"无效的激励机制"。

最后，由上述分析可知，激励机制与企业丑闻之间也许有一定的关系，但未必存在必然的联系，有效的激励机制也许能减少企业丑闻的发生，但未必能杜绝企业丑闻的发生。即使没有有效的激励机制，但只要有严格的内外约束和监管机制，也可能杜绝企业丑闻的发生，因此，"只有建立有效的激励机制，才能杜绝企业丑闻的发生"的结论难以成立。

■专项真题 13

【论证缺陷分析】

上文的逻辑结构以及主要逻辑缺陷分析如下。

		原文	逻辑缺陷分析
观点		在企业管理的字典里，"终身制"和"铁饭碗"应该是褒义词	这一翻案是草率的，严重存疑的
论证过程	1	"期界问题"，是指由于雇佣关系很短而导致职工的种种短视行为，以及此类行为对企业造成的危害。当雇员面对短期的雇佣关系，首先他不会为提高自己的专业技能投资……；其次，作为一个匆匆过客，他不会关注企业的竞争力……；最后，只要有机会，他会为了个人的短期收入最大化而损害企业利益……	不采用"终身制"的雇佣关系也不一定就会导致职工的短视行为。一是，员工就算将来可能会离开这家企业，但大多还会优先寻找同类企业以及所需专业技能基本相同的岗位，所以员工仍有动力去投资自己的专业技能。二是，如果企业把经营状况和员工的现实利益紧密地联系在一起或是加强对员工的管理，那么，即使短期雇佣的员工，出于自身现实利益的考虑，也很可能会关注企业的竞争力，而不至于一定会损害企业利益
	2	为了解决"期界问题"，日本和德国的企业对那些专业技能要求很高的岗位上的员工，一般都实行终身雇佣制；而终身雇佣制也为日本和德国企业建立与保持国际竞争力提供了保障。这证明了"终身制"和"铁饭碗"不见得不好，这也说明，中国企业的劳动关系应该向着建立长期雇佣关系的方向发展	为解决"期界问题"，避免"短期雇佣关系"的负面影响，完全可以采取"长期雇佣关系"，而不一定要采取"终身制"。而且，日本和德国对那些专业技能要求很高的岗位上的员工实行终身制，并不能就此推出"终身制"适用于所有的岗位和所有的国家。同时，日本和德国企业在国际市场上的竞争力是由诸多因素共同决定的，作者认为"终身雇佣制"为日本和德国企业的竞争力提供了保障，理由也不充分。即便日本和德国企业的终身雇佣制为日本和德国企业的竞争力提供了保障，也没有充分的理由说明"中国企业的劳动关系应该向着建立长期雇佣关系的方向发展

续表

		原文	逻辑缺陷分析
论证过程	3	在现代社会,企业和劳动者个人都面临着不断变化的市场环境。而变化的环境必然导致机会主义行为。在各行各业,控制机会主义行为的唯一途径,就是在企业内部培养员工对公司的忠诚感。而培养忠诚感,就需要建立员工和企业之间的长期雇佣关系,要给员工提供"铁饭碗",使员工形成长远预期	"环境变化"不一定必然产生"机会主义行为";即使要"控制机会主义行为","培养忠诚感"也并非是唯一途径;即使要"培养忠诚感",也有很多手段可供选择,并不一定要采取"长期雇佣关系";即使要采取"长期雇佣关系",也不等于一定要给员工提供"铁饭碗"
	4	不少国家(包括美国)不是有终身教授吗?既然允许有捧着"铁饭碗"的教授,为什么不允许有捧着"铁饭碗"的工人呢?	教授与工人的岗位能力、素质要求和工作性质等有非常大的区别,显然不能将"终身教授"与"铁饭碗"工人进行简单的类比

【参考范文】

《草率的翻案》

上文通过论述为了解决"期界问题"而采用终身雇佣制的种种好处,从而试图为"终身制"和"铁饭碗"翻案,但其论证不完善,而且存在诸多逻辑缺陷,试剖析如下。

首先,作者认为"终身制"和"铁饭碗"合理的主要依据是"期界问题"所表述的短期雇佣关系会导致职工种种伤害企业的短视行为。然而,不采用"终身制"的雇佣关系也不一定就会导致职工的短视行为。一是,员工就算将来可能会离开这家企业,但大多还会优先寻找同类企业以及所需专业技能基本相同的岗位,所以员工仍有动力去投资自己的专业技能。二是,如果企业把经营状况和员工的现实利益紧密地联系在一起或是加强对员工的管理,那么即使短期雇佣的员工,出于自身现实利益的考虑,也很可能会关注企业的竞争力,而不至于一定会损害企业利益。

其次,"短期雇佣关系"与"终身制"并不是非黑即白的关系,为解决"期界问题",避免"短期雇佣关系"的负面影响,完全可以采取"长期雇佣关系",而不一定要采取"终身制"。而且,日本和德国对那些专业技能要求很高的岗位上的员工实行终身制,并不能由此推出"终身制"适用于所有的岗位和所有的国家。同时,日本和德国企业在国际市场上的竞争力是由诸多因素共同决定的,作者认为"终身雇佣制"为日本和德国企业的竞争力提供了保障,理由也不充分。即便日本和德国企业的终身雇佣制为日本和德国企业的竞争力提供了保障,也没有充分的理由说明"中国企业的劳动关系应该向着建立长期雇佣关系的方向发展"。而且,我国改革开放前国有单位普遍实行的"终身制"和"铁饭碗"是带有传统计划体制中人浮于事、缺乏竞争、企业缺乏活力等种种弊端的,不能用日本和德国企业的终身雇佣制来证明在我国实行"终身制"和"铁饭碗"的合理性。另外,随着时代的变迁,终身雇佣制的弊端,如人才流动受阻、有悖于年轻人的就业观念、给企业带来了沉重的劳动力成本等越来越显现,进入21世纪后,日本越来越多的企业也已决定不再实行"终身雇佣制"。

再次，在"环境变化""机会主义行为""培养忠诚感""铁饭碗"等这一系列要素之间不存在必然的因果关系："环境变化"不必然产生"机会主义行为"；即使要"控制机会主义行为"，"培养忠诚感"也并非是唯一途径；即使要"培养忠诚感"，也有很多手段可供选择，并不一定要采取"长期雇佣关系"；即使要采取"长期雇佣关系"，也不等于一定要给员工提供"铁饭碗"。

最后，教授与工人的岗位能力、素质要求和工作性质等有非常大的区别，显然不能将"终身教授"与"铁饭碗"工人进行简单的类比。美国等国实行"终身教授"制的目的是为教授提供宽松的学术环境、保障学术自由、稳定学术队伍，而且终身教授是只有少数大学教师才能得到的荣誉，需要经过层层筛选，多年考核并得到公认的基础上才授予的，既然如此，怎能由有"铁饭碗"的教授来推出允许有捧着"铁饭碗"的工人呢？

综上所述，作者在论证过程中存在诸多问题，因此其得出论证的结论是草率的，为"终身制"和"铁饭碗"翻案是非常缺乏说服力的。

■专项真题 14
【论证缺陷分析】
上文的逻辑结构以及主要逻辑缺陷分析如下。

		原文	逻辑缺陷分析
观点		"孝"不应作为选拔官员的一项标准	值得商榷，理由不足
论证过程	1	有人提出，应当把"孝"作为选拔官员的一项标准……我不赞同这种观点。……我们的思想意识怎么能停留在封建时代呢？……我赞同应当把"德"作为首要标准	主张"把'孝'作为选拔官员的一项标准"，不意味着"思想意识停留在封建时代"，更不意味着"偏重私德而忽视公德"。因为"孝"具有历史演变的过程，并不是封建时代所独有的，特别是，把私德作为选拔官员的一个标准，并不排斥把公德作为另外一个更重要的标准
	2	对一个官员来说最重要的是公德，而不是私德	这一判断可商榷。具体来说，公德与私德的区分在于公私的界限，是随着时代变化而演变的。如果官员不孝，私德行为就可能会超出私人领域之外，跃升为公德行为，受到公众的谴责，甚至受到法律的制裁
	3	"孝"只是一种私德而已。……什么是公德？一言以蔽之，就是忠诚职守，在封建社会是忠于君主，现在则是忠于国家	一是，概念不清，"忠"只是公德的一部分，同样，除了"孝"以外，私德还包括个人品德、修养、作风等。二是，忽视了公德与私德存在相互转化的可能性，割裂了"忠"和"孝"的内在联系，犯了绝对化的错误

		原文	逻辑缺陷分析
论证过程	4	自古道"忠孝难以两全"。岳飞抗击金兵，常年征战沙场，未能在母亲膝下尽孝，却成了千古传颂的英雄。……孔繁森撇下老母，远离家乡，公而忘私，殉职边疆，显然未尽孝道，但你能指责他是个不合格的官员吗？	这一推论的隐含前提是认为岳飞和孔繁森是"不孝"的。而这明显是存疑的，其问题在于作者混淆了概念，"孝"这一概念不仅指"孝行"，也指"孝心"
	5	反观《二十四孝》里的那些孝子，有哪个成就了名垂青史的功业？	这一反问的逻辑漏洞是，将"孝"作为选拔干部的必要条件歪曲为充分条件加以批驳
	6	如果在选拔官员中拘泥于小节而不注意大局，就会把许多胸怀鸿鹄之志的精英拒之门外，而让那些守望燕雀小巢的庸才占据领导岗位	其逻辑漏洞在于，第一，作者把"孝"看作小节，由此认为不能将"孝"作为选拔干部的标准，这一判断是偏颇的，割裂了"忠"和"孝"内在本质的联系。第二，这一论述隐含的假设是，怀鸿鹄之志的精英往往不孝，而守望燕雀小巢的庸才都能尽孝，而这一隐含假设显然是没有根据的

【参考范文】

《"孝"不应作为选拔官员的一项标准吗？》

上文试图反驳"应当把'孝'作为选拔官员的一项标准"这一观点，但上文的作者在其论证中存在诸多逻辑缺陷，试剖析如下。

首先，主张"把'孝'作为选拔官员的一项标准"不意味着"思想意识停留在封建时代"，更不意味着"偏重私德而忽视公德"。因为"孝"具有历史演变的过程，并不是封建时代所独有的，特别是，把私德作为选拔官员的一个标准，并不排斥把公德作为另外一个更重要的标准。而且，"对一个官员来说最重要的是公德而不是私德"这一判断可商榷。具体来说，公德与私德的区分在于公私的界限，这个界限是随着时代变化而演变的。随着公共领域的扩展，家庭的功能却日益社会化，私人领域的范围越来越小，因而很多私下的行为也移置到公共领域。如果不爱家人、不爱亲朋，尤其是官员如果不孝，私德行为就可能会超出私人领域之外，跃升为公德行为，受到公众的谴责，甚至受到法律的制裁。

其次，作者认为，公德就是忠，孝是私德。这存在很多逻辑漏洞：一是，概念不清，公德是社会公共道德，私德是私人生活中的道德规范，"忠"只是公德的一部分，除了"忠"以外，公德还包括文明礼貌、助人为乐、爱护公物、保护环境、遵纪守法等诸多内容；同样，除了"孝"以外，私德还包括个人品德、修养、作风等。二是，忽视了公德与私德存在相互转化的可能性，割裂了"忠"和"孝"的内在联系，犯了绝对化的错误。"忠"是一种公德，这并不排斥，"孝"在一定程度上也可以成为一种公德。道德高尚的人"忠"和"孝"往往同时具备，在家表现为孝，在外表现为忠。

再次，作者根据"忠孝难以两全"进一步推出，"如果强调'孝'，那么，很多象岳飞、孔繁森这样的英雄人物就成了不合格的官员"，这一推论的隐含前提是认为岳飞和孔繁森是"不孝"的。而这明显是存疑的，其问题在于作者混淆了概念，"孝"这一概念不仅指"孝行"，也指"孝心"。岳飞因征战沙场、孔繁森因工作远离家乡未能在母亲膝下尽孝，不等于没有"孝心"，也不等于"不孝"。"忠孝难以两全"是指尽忠这种行为和尽孝这种行为有时是冲突的，英雄人物往往在不得已的情况下，舍小家而顾大义，舍孝行而取大忠，而这并非"不孝"。而且，"《二十四孝》里的那些孝子，有哪个成就了名垂青史的功业？"其隐含意思是只讲孝成就不了功业，不能成为好干部，这一反问的逻辑漏洞是将"孝"作为选拔干部的必要条件歪曲为充分条件加以批驳。

最后，"如果在选拔官员中拘泥于小节而不注意大局，就会把许多怀鸿鹄之志的精英拒之于门外，而让守望燕雀小巢的庸才占据领导岗位"，其逻辑漏洞在于，第一，作者把"孝"看作小节，由此认为不能将"孝"作为选拔干部标准，这一判断是偏颇的，割裂了"忠"和"孝"内在本质的联系，否定了"忠"和"孝"互相转化的可能性。第二，这一论述隐含的假设是，怀鸿鹄之志的精英往往不孝，而守望燕雀小巢的庸才都能尽孝，而这一隐含假设显然是没有根据的。

综上所述，该论证不严谨，存在诸多逻辑漏洞，因此是一个缺乏说服力的论证。

■专项真题 15
【论证缺陷分析】
上文的逻辑结构以及主要逻辑缺陷分析如下。

		原文	逻辑缺陷分析
观点		把民主集中制的"集中"认为"集中正确的意见"的看法有误	这一观点不能令人信服
论证过程	1	科学强调真理原则，谁对听谁的；民主强调多数原则，谁占多数听谁的。所谓"集中正确的意见"，就是强调真理原则。这样解读"集中"就会把民主集中制置于自相矛盾的境地	真理原则确实不同于多数原则，在某些情况下二者可能会冲突，但这不等同于二者相互矛盾，根本对立。科学和民主这两面旗帜并非根本对立，而应该认为是密切相关，缺一不可
	2	让我们想象一种情景：多数人的意见是错误的，少数人的意见是正确的。如果将"集中"解读为"集中正确的意见"，则不按多数人的意见办就不"民主"，按多数人的意见办就不"集中"	这一判断不准确。 即使将"集中"解读为"集中正确的意见"，按多数人的意见办也是"集中"
	3	把集中解释为集中正确意见，就为少数人说了算提供了依据。如果这样，民主岂不形同虚设？	即使"集中"解释为"集中正确意见"，只要真正发挥民主，就不可能为少数人说了算提供依据，就不可能使民主形同虚设

		原文	逻辑缺陷分析
论证过程	4	什么是正确的,要靠实践进行检验。判断一项决策是否正确,只能在决策实施之后的实践中进行检验,不可能在决策过程中完成。不知道什么是正确的,如何"集中正确的意见"来做决策?	什么是正确的,除了靠实践进行检验以外,还可以靠理论和理性进行检验,而且靠实践进行检验,既包括用决策后的实践检验,也包括前人和决策之前的各种实践的检验 　　这段论述有"绝对化"谬误之嫌
	5	既然在决策中集中正确的意见是不可能的,民主集中制的"集中"当然就应该是集中多数人的意见	这两个观点并不自相矛盾,既然两个观点并非互相矛盾,因此,即使"第一种观点是不正确的",也推不出"第二种观点是正确的"

【参考范文】

《如何理解民主集中制的"集中"》

　　上文通过分析论述民主集中制的两种"集中"的观点,认为这两种观点是自相矛盾的,作者由此认为,把"集中"认为"集中正确的意见"的看法有误。由于文章的论证缺乏科学性,由此而得出的结论是不可信的,其论证的有效性值得质疑。

　　首先,科学强调真理原则,真理原则确实不同于多数原则,在某些情况下二者可能会冲突,但这不等同于二者相互矛盾,根本对立。一般地说,对同一事物的认识,多数人能够从不同角度、不同层面进行观察和思考,较之少数人的认识更全面、更深刻,更接近事物的本来面目,也就更带有真理性,这是这两条原则协调的一面。因此,科学和民主这两面旗帜并非根本对立,而应该认为是密切相关,缺一不可。

　　其次,多数人的意见是错误的,少数人的意见是正确的,在这样所设想的情景下,作者认为,如果将"集中"解读为"集中正确的意见",则按多数人的意见办就不"集中",这样解读"集中"就会把民主集中制置于自相矛盾的境地。这一推理是站不住脚的。确实,真理一开始往往首先被少数人所认识,而被多数人认为是异端。这时必须借助时间和实践来解决,若少数人的意见带有真理性,而真理是经得起实践检验的,那就要求掌握真理的少数人不仅仅通过理论,更要通过实践向多数人展示自己认识、意见的真理性,逐步为多数人所接受,变少数为多数,实现服从多数与真理的统一,这样,最终达到民主与集中的统一。可见,即使将"集中"解读为"集中正确的意见",按多数人的意见办也是"集中"。

　　再次,"集中正确的意见"可以理解为一个决策的结果,也可以理解为通过长期反复,最终达到多数人认可的结果。在长期认识和决策的过程中,通过民主,集中正确的意见的可能性就大,即使"真理往往掌握在少数人手里",用民主的方式,可能一开始并没有集中到正确的意见,但随着时间和实践的推移,正确的意见逐步被多数人认识到,正确的意见终将会被"集中"。因此,即使"集中"解释为"集中正确意见",但只要真正发挥民主,就不可能为少数人说了算提供依据,就不可能使民主形同虚设。

　　最后,什么是正确的,除了靠实践进行检验以外,还可以靠理论和理性进行检验,而且所谓实践进行检验,既包括决策后的实践进行检验,也包括前人和决策之前的各种实践的检验。可见,文章中"判断一项决策是否正确,不可能在决策过程中完成"以及"在决策中集中正确的意见是不可能的"，这有"绝对化"谬误之嫌。另外，就前面分析可知，"集中正确的意见"和"集中多数人的意见"在多数情况下是一致的，只有在少数情况下不一致，即使在少数情况下不一致，也可以通过时间和实践最终来达到一致，因此，这两个观点并不自相矛盾，既然两个观点并非互相矛盾，因此，即使"第一种观点是不正确的"，也推不出"第二种观点是正确的"。

总之，民主集中制是在民主基础上的集中和在集中指导下的民主相结合。民主是集中的基础，只有充分发扬民主，才能达到正确的集中。民主集中制就是要使民主和集中二者辩证地统一。

综上所述，由于该论证存在上述种种问题，所以该论证是难以令人信服的。

■专项真题 16

【论证缺陷分析】

上文的逻辑结构以及主要逻辑缺陷分析如下。

		原文	逻辑缺陷分析
观点		权威对于新鲜事物的态度直接影响群体接受新鲜事物的进程	结论基本合理，但其推理依据有缺陷，而且在后续类推过程中有漏洞
论证过程	1	猴群实验	影响猴群接受新口味的糖的因素，除了先品尝该种新口味糖的猴子的地位高低，该实验至少忽略了一个重要因素，那就是糖的口味的差异。猴王品尝后认可的糖被猴群快速接受，也许真正的原因是口味更好
	2	市场营销也是如此，如果希望推动人们接受某种新商品，应当首先影响引领时尚的文体明星	从猴群实验类推到市场营销，在逻辑上也有缺陷。因为猴王在猴群中具有绝对的权威影响力，而引领时尚的文体明星在人群中只有相对的权威影响力
	3	如果位于时尚高端的消费者对于某种新商品不接受，该商品一定会遭遇失败	绝对化错误。比如，明星等位于时尚高端的消费者不接受国产中低端汽车新产品，但只要该车的性价比高，适合普通大众消费，照样可以取得市场的成功
	4	这个实验对于企业组织的变革也有指导意义	从猴群实验类推到企业的组织变革，同样具有逻辑漏洞，因为要猴群接受一种新的口味的糖，并不会带来利益、权利冲突等组织变革中会遇到的诸多问题
	5	如果希望变革能够迅速取得成功，应该自上而下展开，这样做遭遇的阻力较小，容易得到组织成员的支持	自上而下的变革是否一定容易成功也值得怀疑，因为这种变革如果不符合群众利益，所遭遇的阻力将会很大，变革也难以推行

续表

		原文	逻辑缺陷分析
论证过程	6	给猴王品尝苦涩的黄连，即使猴王希望其他猴子接受，猴群也不会干	这一判断不准，也没有得到前面实验的支持。其实，口味有个适应过程，猴王如果能适应，猴群也有可能逐步适应
	7	如果组织变革使某些组织成员吃尽苦头，组织领导者再努力也只能以失败而告终	在组织变革的过程中，某些组织成员的利益受到影响，甚至吃尽苦头，有时是不可避免的，但如果他们不是大多数成员，变革就不见得只能以失败告终

【参考范文】

《值得商榷的权威影响力》

上文通过猴群实验，认为权威对于新鲜事物的态度直接影响群体接受新鲜事物的进程，然后进一步类推到市场营销和组织变革上。由于整个论证有失偏颇，因此其论述的权威影响力值得商榷。

首先，开篇所论述的猴群实验存在逻辑漏洞。影响猴群接受新口味的糖的因素，除了先品尝该种新口味糖的猴子的地位高低，该实验至少忽略了一个重要因素，那就是糖的口味的差异。地位最低的猴子品尝的这种新口味的糖和地位最高的猴王品尝的另一种新口味的糖并非同一种糖，猴王品尝后认可的糖被猴群快速接受，也许真正的原因是这种糖的口味更好。可见，由于这一对比实验没有保证实验对象的其他方面的条件相同，作者把猴群接受新口味糖的快慢程度仅仅归因到权威的影响力，这一结论是没有说服力的。

其次，即使权威对于新鲜事物的态度直接影响群体接受新鲜事物的进程这一结论是合理的，该作者从猴群实验类推到市场营销，在逻辑上也有缺陷。因为猴王在猴群中具有绝对的权威影响力，而引领时尚的文体明星在人群中只有相对的权威影响力。而且，尽管明星具有较强的影响力，明星代言某些新产品，确实在一定程度上可以提高新产品的知名度、美誉度和可信度等，有助于人们接受。但由于产品定位各有不同，明星特质未必都能与产品的定位要求相吻合，比如明星一般就不适合代言中低端汽车产品，相反，具有爱国情怀的普通工程师、科研人员、教师等更适合代言国产中低端汽车产品，从而有助于影响普通消费者购买。同理，位于时尚高端的消费者不接受某种新商品，并不意味着该商品一定会遭遇失败。因为即使明星等位于时尚高端的消费者不接受国产中低端汽车新产品，但只要该车的性价比高，适合普通大众消费，照样可以取得市场的成功。

再次，从猴群实验类推到企业的组织变革，同样具有逻辑漏洞，因为要猴群接受一种新的口味的糖，并不会带来利益、权利冲突等组织变革中会遇到的诸多问题。由此，自上而下的变革是否一定容易成功也值得怀疑，因为这种变革如果不符合群众利益，所遭遇的阻力将会很大，变革也难以推行。而且自下而上的变革也未必不能成功，比如我国改革开放的经济体制改革就首先来自农村的"联产承包责任制"。其实，要顺利推行组织变革，应该自上而下与自下而上进行有机的结合。

最后，文中所述"给猴王品尝苦涩的黄连，即使猴王希望其他猴子接受，猴群也不会干"这一判断不准确，也没有得到前面实验的支持。其实，口味有一个适应过程，猴王如果能适应，猴群也有可能逐步适应。由此也不能类推出"如果组织变革使某些组织成员吃尽苦头，组织领导者再努力也只能以失败而告终"这一观点。变革本身就是权力再调整、利益再分配。在组织变革的过程中，某些组织成员的利益受到影响，甚至吃尽苦头，有时是不可避免的，但如果他们不是大多数成员，变革就不见得只能以失败告终。况且，只要变革有利于促进企业发展、有利于增强企业实力、符合股东和企业大多数员工利益，那么，这样的变革即使触犯了某些组织成员的利益，也照样有取得成功的可能。

综上所述，该论证虽然看似有理，但其推理不严谨，仍存在不少缺陷，是一个有待完善的论证。

■专项真题 17
【论证缺陷分析】
上文的逻辑结构以及主要逻辑缺陷分析如下。

		原文	逻辑缺陷分析
结论		应适当降低个税起征点	此结论存疑
论证过程	1	个税起征点提高，会使收入越高，减少的税越多，贫富差距自然会被进一步拉大了	只比较了减免的税额，而没有比较高收入者纳税金额的绝对数，这推不出贫富差距会进一步拉大
	2	由于税收起征点上调，国家收到的税收大幅度减少，政府就更没有能力为中低收入者提供医疗、保险、教育等公共服务，结果还是对穷人不利	既然我国个人所得税总额逐年上升，即使税收起征点上调，国家收到的税收也不见得减少。而且，在新的个税起征点下，高收入者的纳税金额也许还增加了。何况政府的税收来源很广，即使降低个人所得税，也不见得降低国家的总税收，更不见得政府就没有能力为中低收入者提供公共服务
	3	降低起征点，扩大纳税人的比例，还可以培养全民的公民意识	公民意识的培养要从培养公民的权利意识入手更为有效，通过征税来提高公民意识难有说服力
	4	纳税者只有承担了纳税义务，才能享受纳税者的权利	个人纳税除个人所得税外，至少还包括消费税。每个消费者在消费过程中都缴纳了消费税，公民作为消费者已经承担了纳税义务，那么按照作者的逻辑，还有必要再缴纳个人所得税才能享受纳税者的权利吗
	5	如果没有纳税，人们对国家就会失去主人翁的责任感，就不可能有强烈的公民意识，也就会失去或放弃监督政府部门的权利	纳税与否与对国家的主人翁责任感之间是否有必然联系也是有待进一步考证的，而且，如果监督政府是宪法赋予公民的权利，那么这与纳税与否也没有必然的关联

续表

		原文	逻辑缺陷分析
论证过程	6	为了培养全国民众的公民意识，为了缩小贫富差距，为了建设和谐社会，我们应该适当地降低个税起征点	如果降低个税起征点，使人们所交的个人所得税增加，会导致更多人的生活水平下降，很可能会对建设和谐社会产生负面作用。而且，要缩小贫富差距，不应该是让更多的人纳税，而应该是，一方面增加中低收入者的收入，减少中低收入者的税收，另一方面，增加高收入者的税收。要达到这样的效果，降低个税起征点的办法显然并不合适

【参考范文】

《适当降低个税起征点真有必要吗?》

以上这篇论证通过分析提高个税起征点的弊端，得出了应该适当降低个税起征点的结论。由于该论证不严谨，存在诸多逻辑缺陷，这个结论显然是有待商榷的。现择要分析如下。

首先，上调个税起征点，一方面虽然会导致收入越多减免的个税越多，但另一方面，文章没有给出具体的税收累进率，也许上调个税起征点会使高收入者需要缴纳的税金反而更多。作者只比较了减免的税额，而没有比较高收入者纳税金额的绝对数，这一比较显然不客观，当然也推不出贫富差距进一步拉大。

其次，既然我国个人所得税总额逐年上升，那么即使个税起征点上调，国家收到的税收也不见得减少。而且，在新的个税起征点下，高收入者的纳税金额也许还增加了，足以抵消中低收入者减少的税收，政府为中低收入者提供的公共服务也未必会减少。何况政府的公共服务支出所需的税收来源很广，除个人所得税外，还包括增值税、消费税、营业税、企业所得税等，个人所得税也许只占国家税收来源的一小部分，就算提高个税起征点真的导致政府个税税收减少，但给个人减税后，居民的消费能力增强，反而有可能拉动经济，增加国家的其他税收。所以即使降低个人所得税，也不见得降低国家的总税收，更不见得政府就没有能力为中低收入者提供公共服务。可见，从降低个人所得税本身来看，相当于增加了穷人的收入；从政府提供的公共服务来看，降低个人所得税未必能使其受不利影响，所以个税起征点上调显然不会对穷人不利。

再次，培养全民的公民意识可通过学校教育、文化传播、社区活动和社会交往等多种途径来实现，公民意识的培养要从培养公民的权利意识入手更为有效，其次才是公民的义务意识。通过征税来提高公民意识难有说服力，否则，扩大纳税范围让每一个人都缴纳个人所得税就能提高全民的公民意识了。而且，就算纳税可以培养公民意识，也没有必要只通过缴纳个人所得税达到这一目的。因为个人纳税除个人所得税外，至少还包括消费税。每个消费者在消费过程中都缴纳了消费税，公民作为消费者已经承担了纳税义务，那么按照作者的逻辑，还有必要再缴个人所得税才能享受纳税者的权利吗？

另外，纳税与否与对国家的主人翁责任感之间是否有必然联系也是有待进一步考证的，比如，按国家规定，有些个人所得是免税的，其中有军人的转业费、复员费；退休离休人员的退休工资、离休工资等，难道能说转业军人、离退休人员对国家的主人翁责任感就低吗？而且，如果监督政府是宪法赋予公民的权利，那么这与纳税与否也没有必然的关联。

最后，如果降低个税起征点，使人们所交的个人所得税增加，会导致更多人的生活水平下降，很可能会对建设和谐社会产生负面作用，这岂非违背了作者的本意？而且，如果要实现共同富裕，建设和谐社会，那么就要缩小贫富差距，办法不应该是让更多的人纳税，而应该是一方面增加中低收入者的收入，减少中低收入者的税收，另一方面，增加高收入者的税收。可见，要达到这样的目标，降低个税起征点的办法并不合适。

总而言之，由于上述论证缺乏严谨性，漏洞颇多，其得出的适当降低个税起征点这一结论是不具有说服力的。

■专项真题 18
【论证缺陷分析】
上文的逻辑结构以及主要逻辑缺陷分析如下。

		原文	逻辑缺陷分析
论点		"四不"承诺不妥	"四不"承诺未必不妥
论证过程	1	质疑之一："不偷懒、不贪钱、不贪色、不整人"是普通公务员都要坚持的职业底线，何以成为官员的公开承诺？如果那样，"不偷、不抢、喝酒不开车、开车不闯红灯"都应该属于承诺之列了？	混淆了公民道德和职业道德的概念，并进行了不当类比。即使公民做遵守基本道德底线的承诺是没必要的，并不等于官员做遵守职业道德的承诺没有必要
	2	质疑之二：不管是承诺"四不"还是"八不"，承诺本身就值得怀疑。俗话说"会说的不如会干的""事实胜于雄辩"。有本事就要干出个样子让群众看看，还没有干就先来一番承诺，有作秀之嫌	观点偏颇，承诺与干出样子来不矛盾。承诺虽然不等于干出样子来，官员通过向社会公开承诺恪守"四不"，即使有作秀之嫌，那也把职业道德的要求具体化、公开化了，有利于社会公众对其进行监督，也有利于其本人约束自己，还有助于其本人干出样子来
	3	质疑之三：作为一个县长，即使真正做到了"四不"，也不能证明他是一个好干部。衡量县长、县委书记这一级的领导是否称职，主要看他是否能把下面的干部带好。如果只是自己洁身自好，下面的干部风气不正，老百姓也要遭罪	衡量的标准有待去证明。好干部的标准包括诸多方面。好干部的标准不是个单一标准，所以衡量县长是否称职，不能主要看他是否能把下面的干部带好这一个方面，还要看其他各个方面。更不能根据即使真正做到了"四不"，也不能证明他是一个好干部，从而来否定"四不"的重要性

续表

		原文	逻辑缺陷分析
论证过程	4	质疑之四：县长的总结是抓了芝麻、丢了西瓜。他说的"四不"全是小节，没有高度。一个县的领导应该有大局观、时代感、战略眼光、工作魄力，仅仅做到"四不"是难以担当县长大任的	坚持"四不"，不代表没有大局观、时代感、战略眼光、工作魄力。"四不"看似小节，其实不小，看似高度不高，其实极其重要。"四不"所代表的官员的职业道德，是能够担当县长大任的必要条件。如果做不到"四不"，哪怕再有大局观、时代感、战略眼光、工作魄力，那也一定不是好干部

【参考范文】

《"四不"承诺未必不妥》

上文所述，由县长的述职报告引发了一场网民舆情，该县长所做的"四不"承诺（"不偷懒、不贪钱、不贪色、不整人"）引起网民的高度质疑。然而，网民的这几个主要质疑是缺乏说服力的，试剖析如下。

首先，一些网民混淆了公民道德和职业道德的概念并进行了不当类比。"不偷懒、不贪钱、不贪色、不整人"是公务人员的职业道德底线，而"不偷、不抢、喝酒不开车、开车不闯红灯"是公民的基本道德底线。公民道德是社会公民必须遵守和履行的基本道德。而职业道德是指人们在职业生活中应遵循的基本道德，既是岗位从业人员在职业活动中的行为规范，又是岗位对社会所负的道德责任和义务。职业道德具有行业岗位特征，不是要求每个社会成员都必须遵守的。这两者的概念具有本质的不同，怎能简单类比呢？由于公民的基本道德底线容易遵守，而公务员尤其是官员手中有权，其职业道德的遵守相对不那么容易，因此，即使公民做遵守基本道德底线的承诺是没有必要的，也并不等于官员做遵守职业道德的承诺没有必要。

其次，有网民认为，官员承诺本身就值得怀疑，有本事就要干出个样子让群众看看，还没有干就先来一番承诺，有作秀之嫌。这一观点是偏颇的，承诺与干出样子来其实不矛盾。承诺虽然不等于干出样子来，官员通过向社会公开承诺恪守"四不"，即使有作秀之嫌，那也把职业道德的要求具体化、公开化了，有利于社会公众对其进行监督，也有利于其本人约束自己，还有助于其本人干出样子来。

再次，有网民的看法是，作为一个县长，即使真正做到了"四不"，也不能证明他是一个好干部。衡量县长是否称职，主要看他是否能把下面的干部带好。这一看法是值得商榷的。好干部的标准应包括品德修养、自身作风、能力水平、敬业精神、成果业绩、遵纪守法、带好队伍等诸多方面。好干部的标准不是个单一标准，所以衡量县长是否称职，不能主要看他是否能把下面的干部带好这一个方面，还要看其他各个方面。更不能根据即使真正做到了"四不"，也不能证明他是一个好干部，从而来否定"四不"的重要性，打铁先要自身硬，自身作风要过硬，至少做到"四不"，才是一个县长成为好干部的基础，也是他带好队伍、造福百姓的基础。

最后，还有网民认为，县长说的"四不"全是小节，没有高度，仅仅做到"四不"是难以担当县长大任的。这一观点同样是值得商榷的。"四不"看似小节，其实不小，看似高度不高，其实极其重要。"四不"所代表的官员的职业道德是能够担当县长大任的必要条件。尽管做到了"四不"还不能说一定是个好县长，但如果做不到"四不"，哪怕再有大局观、时代感、战略眼光、工作魄力，那也一定不是好干部。

综上所述，部分网民对"四不"承诺的种种质疑由于存在诸多逻辑漏洞，因而缺乏令人信服的说服力。

■专项真题 19
【论证缺陷分析】

上文的逻辑结构以及主要逻辑缺陷分析如下。

		原文	逻辑缺陷分析
论点		"勤俭节约"作为一种传统已经过时了	这一观点看似合理，其实是难以成立的
论证过程	1	个人角度：一个人如果过分强调勤俭节约，就会过度关注"节流"，而不重视"开源"。个人的财富不是省出来的，只有靠"开源"，财富才可能会滚滚而来	一个人过度关注"节流"，就会不重视"开源"。这犯了非此即彼的逻辑错误，其实，"开源"与"节流"并不矛盾，关注"节流"不等于忽视"开源"，更不等于无法"开源"。人们在"节流"的同时，当然可以同样重视"开源"，积极创造并积累财富。所以，即使强调勤俭节约，并不必然意味着个人财富无法累积
	2	家庭角度：对于尚在工作年龄的人，尤其是青年人，提倡勤俭持家有害无益	勤俭持家对于尚在工作年龄的人，尤其是青年人有害无益，文章没有充分论证这一点。作者将"勤俭持家"等同于"拒绝必要的开支"。能上的学不上、学习费用一味节俭，或者因支付能力不足导致无法消费，这些都未必是勤俭持家的表现。勤俭持家的实质是节约不必要的开支、量入为出，那么这种勤俭节约精神对于青年人的影响，不应该是负面的
	3	国家角度：中国经济已经不能靠出口拉动了，投资率已经过高了，只能依靠内需。要刺激内需，必须首先揭示"勤俭节约"之弊端，树立"能挣敢花"之观念	勤俭节约未必是刺激内需的大敌，因为勤俭节约与"挣了钱不舍得花"是不同的概念 勤俭节约不必然导致低消费，因为前者指的是避免不合理的支出，低消费强调的是尽最大可能减少支出，二者不是同样的概念 提倡"能挣"真的好吗？未必。如果个人的"能挣"反映在社会生产上是无序的，那么经济未必更有活力，"能挣"也不必然促进创新精神，因为模仿、复制也可能带来很好的收益 "敢花"能解决就业问题，勤俭节约反而会引起失业，这一观点非常牵强

【参考范文】

《勤俭节约真的已经过时了吗？》

上文从个人、家庭和国家三个层面来论证勤俭节约弊大于利，试图证明勤俭节约已经过时的观点。随着社会的发展，人的观念要变，不代表勤俭节约的观念就要变。整个论证看似有理，但其实存在颇多逻辑漏洞，所以其论点难以成立。

首先，作者从个人的角度分析认为，"开源"与"节流"并不矛盾，关注"节流"不等于忽视"开源"，更不等于无法"开源"。人们在"节流"的同时，当然可以同样重视"开源"，积极创造并积累财富。所以，即使强调勤俭节约，并不必然意味着个人财富无法累积。个人的财富虽然不是完全靠省出来的，但也不能光靠挣就能累积的，如果挣得多，但花得同样多，也即只注重"开源"，而忽视了"节流"，很可能导致财富总量无法有效累积。而且，作者并没有提及比尔·盖茨不注重勤俭节约，文中所用这一例子也不足以支持只要"开源"，不要"节流"这一观点。

其次，作者从家庭角度论述勤俭持家对于老年人是应该的，即肯定了勤俭持家这一品质在当代的意义，但作者又认为勤俭持家对于尚在工作年龄的人，尤其是青年人有害无益，文章没有充分论证这一点，因此，这一结论难以成立。作者将"勤俭持家"等同于"拒绝必要的开支"。能上的学不上、学习费用一味节俭，或者因支付能力不足导致无法消费，这都未必是勤俭持家的表现。勤俭持家的实质是节约不必要的开支、量入为出，如节约用电、节约用水、吃饭穿衣不浪费等，并不等同于什么钱都不花。如果青年人在节约的同时，提倡合理、健康的消费，该花的钱花，不该花的钱不花，那么这种勤俭节约精神对于青年人的影响，不仅不是负面的，而且是正面的。

再次，作者从国家的角度审视，认为提倡"勤俭节约"弊远大于利，这一观点是有问题的。由发达国家囊中羞涩，减少进口，得出中国经济不能靠出口拉动的结论，这一推理有待商榷，暂且不论发达国家是否囊中羞涩到无法满足中国出口需求的程度，而发达国家也不是中国唯一可选择的出口目的地，中国大可以开拓其他发展中国家的市场。而且，即使需要拉动内需，勤俭节约也未必是刺激内需的大敌，文章从"每个个人、家庭都秉承勤俭节约的古训"，不能必然推出"内需是绝对刺激不起来的"，因为这一推理必须包含这样一个假设：一个家庭只要勤俭节约，就没有足够的购买和消费的需要，而这一假设本身是存在疑问的。因为勤俭节约的意思是"不舍得乱花钱"，即避免不合理的支出，而不应该是"不舍得花钱"，即尽最大可能减少支出。即使避免不合理的支出，我国的人口基数很大，消费总量未必会减少，可见勤俭节约并不必然导致低消费。

另外，提倡"能挣"真的那么好吗？其实未必。一方面，如果人们一切都向钱看，而忘记了道德之所在，市场上充斥着唯利是图、见利忘义、巧取豪夺、坑人害民，从而导致社会运行的无序，那么经济非但没有增加活力，经济反而可能会更糟。另一方面，"能挣"促进创新精神也是很有疑问的，因为复制、拷贝、简单模仿也可能带来很好的收益，但如果这样，科技也未必能上得去。

最后，"敢花"能解决就业问题，勤俭节约反而会引起失业，这一观点非常牵强。失业的原因是多方面的，不能简单归因为人们不舍得花钱。上文中节约用电的例子也不恰当：如果我国电能本来就稀缺，即使节约也未必会影响到生产企业，就从中国的国情而言，土地资源、石油资源、水资源的贫乏已经不容许大家继续浪费了，如果不注意节约，很可能会造成资源短缺和能源供应紧张的严重局面。

综上所述，由于上文在论证过程中存在诸如此类的逻辑漏洞，勤俭节约已经过时这一观点是缺乏说服力的。

第二节　论证有效性分析专项习题训练

本节汇编了 12 篇论证有效性分析文章，供考生进行针对性的训练，以有效地提高考生专项写作能力。

一、论证有效性分析习题汇编

■专项习题 01
分析下面的论证在概念、论证方法、论据及结论等方面的有效性。
（论证有效性分析的一般要点是：概念特别是核心概念的界定和使用是否准确并前后一致，有无各种明显的逻辑错误，该论证的论据是否支持结论，论据成立的条件是否充分等。作文要注意内容深度、逻辑结构和语言表达。）

帕克斯公司如果还继续年复一年地为员工提供丰厚的福利待遇并实施激励措施，就失去了成本有效性。当全国失业率低的时候，必须提供丰厚的待遇条件，吸引并保留优秀员工。现在失业率已经很高了，无需对原来的优厚待遇和激励措施死守不放。从中省出的费用可以用来购买技术先进的设备，换掉现有的工厂机器设备或者再建一个新厂。

■专项习题 02
分析下面的论证在概念、论证方法、论据及结论等方面的有效性。
（论证有效性分析的一般要点是：概念特别是核心概念的界定和使用是否准确并前后一致，有无各种明显的逻辑错误，该论证的论据是否支持结论，论据成立的条件是否充分等。作文要注意内容深度、逻辑结构和语言表达。）

（紧缩的财政政策就是减少货币的政策性投放，紧缩银根，减少市场流动性的财政政策。一般，在投资过热的情况下，政府会采取紧缩的财政政策来降低经济增长速度，避免经济恶性扩张带来的不平衡，维持经济持续稳定发展。

扩张的财政政策就是扩大货币的政策性投放，刺激投资，扩大市场流动性的财政政策。一般，经济不景气的情况下，出现了通货紧缩，政府会考虑用扩张的财政策刺激经济，防止衰退，以其经济尽快复苏，保持经济平稳。）

我们要么采取紧缩的财政政策，要么采却扩张的财政政策。2007 年到 2008 年上半年的宏观调控，主要是采取了紧缩的财政政策，房地产、建筑业投资过快增长的局面得到了有效遏制。但是，随着 2008 年 9 月份世界金融危机的到来，我国的对外贸易大幅度缩减，中小企业纷纷倒闭，大量农民工返乡，大学生就业压力陡增，很多企业纷纷裁员，我们应该采取扩张性财政政策，全面扩大政府投资，增加工作岗位，大力发展房地产和基础建设。这样才能促使我国经济尽快复苏。

■专项习题 03
分析下面的论证在概念、论证方法、论据及结论等方面的有效性。
（论证有效性分析的一般要点是：概念特别是核心概念的界定和使用是否准确并前后一致，有无各种明显的逻辑错误，该论证的论据是否支持结论，论据成立的条件是否充分等。作文要注意内容深度、逻辑结构和语言表达。）

三联医院是本地区唯一一所三级甲等医院，其医疗条件是一流的，医护人员素质也是一流的，政府的拨款也比较充足，人们一致认为这是该地区最好的医院。但是最近三年来，卫生部门却经常接到对三联医院的投诉。专家的调查显示，其实，自建院以来，三联医院的医疗事故率一直居高不下，近年来一直位居本地区榜首。急诊抢救成功率是本地区倒数第一名。不仅如此，近来，大量的患者抱怨，这家医院人满为患，经常要求住院但没有空闲的病床。有人投诉，急诊接诊反应速度慢，需要帮助的时候，找不到护士和医生。上述调查结果以及投诉和抱怨充分说明，医院在医术和管理上存在很多严重的问题，因此，为了我们挽回声誉，应该建议有关部门对这家医院进行整顿。

■专项习题 04
分析下面的论证在概念、论证方法、论据及结论等方面的有效性。
（论证有效性分析的一般要点是：概念特别是核心概念的界定和使用是否准确并前后一致，有无各种明显的逻辑错误，该论证的论据是否支持结论，论据成立的条件是否充分等。作文要注意内容深度、逻辑结构和语言表达。）

作为本地最大的烟草企业，我们感到广告空间被极度压缩了。广播、影视和互联网广告是被明令禁止的，而且禁止在各类等候室、影剧院、会议厅堂、体育比赛场馆、电梯等公共场所设置烟草广告。当然，这些我们也充分理解，毕竟我们也有降低烟草毒害，维护人民身体健康的社会责任。但是，禁止在报纸杂志上发布烟草广告，我们认为是欠妥当的。这样，我们几乎失去了所有的广告平台。

而且，对烟草广告的限制过多，比如广告中不准出现吸烟形象，不能使用未成年人做模特，不能表现吸烟有利人体解除疲劳缓解精神紧张，不得以特殊设计的办法突出企业名称。烟草广告中还必须标明"吸烟有害健康"的忠告语。忠告语必须清晰，易于辩认，所占面积不得少于全部广告面积的10%。更有甚者，连迁址、企业更名等启事，招工、招聘、寻求合作、寻求服务等信息都不能发布。干脆不让烟草企业做广告算了，这样多省事。

报刊杂志的读者是有判断力的群体，禁止香烟在报纸杂志刊登广告，报纸杂志的收入将大幅减少，因而被迫大幅加价，并且要裁减篇幅来节省开支，这样会影响传媒对政府的监督，影响社会舆论的正常传播，甚至影响人民的言论自由。因此，我们坚决反对禁止在期刊杂志做烟草广告的规定。

■专项习题 05
分析下面的论证在概念、论证方法、论据及结论等方面的有效性。
（论证有效性分析的一般要点是：概念特别是核心概念的界定和使用是否准确并前后一致，有无各种明显的逻辑错误，该论证的论据是否支持结论，论据成立的条件是否充分等。作文要注意内容深度、逻辑结构和语言表达。）

如果我们信易公司从收入中拿出一部分，捐给一家知名的环保机构，换取该公司徽标的使用权，并将它印制在我们的信用卡上，我们在信用卡业务上就能胜过竞争对手。因为最近一次民意调查显示，大部分群众对环保问题都比较关注。上述做法能够吸引新客户，增加现有客户的信用卡使用率，并有助于我们收取高于最低利率的利息。

■专项习题 06
分析下面的论证在概念、论证方法、论据及结论等方面的有效性。
（论证有效性分析的一般要点是：概念特别是核心概念的界定和使用是否准确并前后一

致，有无各种明显的逻辑错误，该论证的论据是否支持结论，论据成立的条件是否充分等。作文要注意内容深度、逻辑结构和语言表达。)

　　Kuke 牌摩托车在美国已经有七十多年的生产历史。尽管某外国公司已经模仿了该型号进行生产，而且售价更便宜，但未能吸引 Kuke 牌摩托车的客户——有人认为其原因是他们的摩托车不像 Kuke 牌摩托车那样启动后发出震天动地的声音。但这应该不是唯一的原因。国外的汽车一般比同类的美国汽车噪音小，但是销路一样好，甚至更好。另外，Kuke 牌摩托车的电视广告强调的是该车的流线型设计和经久耐用，而不是它发出的声音。再者，它的广告一般都有画外音或者摇滚音乐背景，这都把摩托车发动机声音盖掉了。

■专项习题 07
分析下面的论证在概念、论证方法、论据及结论等方面的有效性。
　　(论证有效性分析的一般要点是：概念特别是核心概念的界定和使用是否准确并前后一致，有无各种明显的逻辑错误，该论证的论据是否支持结论，论据成立的条件是否充分等。作文要注意内容深度、逻辑结构和语言表达。)

　　氟是地球上毒性最大的化学物质。它的腐蚀作用如此之大以至被用来蚀刻玻璃。有些人打算把这种物质放到饮用水中，这种想法真是疯狂绝伦。把氟加到水中，必将给我们的健康造成威胁。
　　进言之，许多医学组织也在反对此项做法。比如，得克萨斯医学协会便拒绝推荐氟化水。当然，不难解释为何有些医生对此褒奖有加。举例说来，氟化水的主要倡导者之一、州立大学医学院主任、营养学研究教授丹格医生在过去六年间从食品加工业、精制糖的利润、软饮料商，以及化学和药品的利润中获利高达 35 万美元。然而，每一个真正的营养学家都懂得，正是这些精制糖、软饮料、精制面粉使牙齿遭到毁坏。现在，这些食品的加工商们热衷于求助化学界帮他们掩盖这一事实。对此，难道还不会令人觉得不可思议吗？

■专项习题 08
分析下面的论证在概念、论证方法、论据及结论等方面的有效性。
　　(论证有效性分析的一般要点是：概念特别是核心概念的界定和使用是否准确并前后一致，有无各种明显的逻辑错误，该论证的论据是否支持结论，论据成立的条件是否充分等。作文要注意内容深度、逻辑结构和语言表达。)

　　在某房地产论坛上，某著名房地产集团董事长又一次语出惊人，他认为现在"没买房的人都亏了"。
　　他指出，最初，有些人分不清什么是真话什么是假话，被蒙蔽了。比如说房价要降了，大家都等着买房，结果房价涨到买不起了。在目前情况下，房价似乎没有理由不上涨，不仅如此，宏观调控还在助推着这种上涨。
　　"我们希望政府不断的宏观调控，因为调控一次房价就涨一次，开发商就乐得合不上嘴了。"董事长认为，宏观调控首先改变了土地价值，而地价又是房价的重要组成部分。"西京去年地价上涨了 26%，房价只上涨了 9.1%，相当于地价增长的一半左右。"言外之意，西京房价还要涨。
　　那么，房价的高位运行会不会产生泡沫呢？董事长的回答也很干脆，"我们几年前就不讨论泡沫了。政府在今年年初已经提出增加供给，政府如果知道有泡沫能说增加供给吗？用增加供给来解决泡沫问题，有这个说法吗？"董事长指出，人民收入还在涨，土地资源不能增长，这两头已经限制住了，那房价能不涨吗？

■**专项习题 09**
分析下面的论证在概念、论证方法、论据及结论等方面的有效性。
（论证有效性分析的一般要点是：概念特别是核心概念的界定和使用是否准确并前后一致，有无各种明显的逻辑错误，该论证的论据是否支持结论，论据成立的条件是否充分等。作文要注意内容深度、逻辑结构和语言表达。）

如下是一家非法传销公司的宣传演讲，在取缔之前致使很多人上当受骗，请分析其论证漏洞。

"爱丽"是直销不是传销，而且得到了有关部门的允许。你在工厂上班，一辈子也不可能买得起住房。何况现在下岗了，只能吃低保。我和我的同事三年前加入了"爱丽"，现在，我们的生活已经发生了翻天覆地的变化，我们现在再也不坐公共汽车了，出门就打的，在座的都是我发展出来的业务员。其实，我赚钱的秘密很简单，就是勤奋，就是坐上了"爱丽"这列高速致富的列车。没有任何门槛，只要你参加，你就一定能成功。

普通产品的销售，中间环节太多，一级批发、二级批发，等到了消费者手中，已经加价很多。"爱丽"是直接与客户见面的销售，没有中间环节，而且你购买了产品，如果觉得好，顺便说给其他人，就能得到"爱丽"的奖励和回馈。口碑相传，利人利己，何乐而不为呢？

直销收入是合法的，其实就是把节省下来的广告费、店面费转给了推销产品的你和我。早日加入我们的队伍吧，圆你一个发财梦。

■**专项习题 10**
分析下面的论证在概念、论证方法、论据及结论等方面的有效性。
（论证有效性分析的一般要点是：概念特别是核心概念的界定和使用是否准确并前后一致，有无各种明显的逻辑错误，该论证的论据是否支持结论，论据成立的条件是否充分等。作文要注意内容深度、逻辑结构和语言表达。）

国内规模最大、参加人数最多、社会化程度最高的自学考试，有着"中国第一考"的美誉。但是，主要是受全国普通高校扩招影响，随着各类成人教育的发展，自学考试也受到了冲击，自学考试的报考人数自 2003 年开始大幅减少。

必须积极面对这些严峻的挑战，才能让自学考试继续更好地发展下去。

首先，降低自学考试"难度"，提高通过率。自学考试难度大、通过率低是影响其生源的最大问题。一直以来，考试难度大是自学考试的一大特点，有不少同学都是因此而放弃自考。诸如成人教育、电大网络教育等其他各类成人教育的门槛比较低，很多都可以免考入学，再加上不少学校引进国外的教育项目，自学考试的发展空间被大大压缩了。

其次，面对普高扩招的影响，自学考试应该关注专科升本科考生的发展，由于普高扩招主要力量集中在专科生的扩招，面对这一大批的专科生，自学考试应该增加本科专业，特别是一些市场需求大的热门本科专业，为专科生提供更多继续进修的机会。这会成为增加自考生源的主要途径。

此外，解决低学历者的继续教育问题，自学考试应该面向农村发展，同时关注到城市务工者的继续教育。自考费用低廉，社会程度高，比较适合在农村推广。

■**专项习题 11**
分析下面的论证在概念、论证方法、论据及结论等方面的有效性。
（论证有效性分析的一般要点是：概念特别是核心概念的界定和使用是否准确并前后一致，有无各种明显的逻辑错误，该论证的论据是否支持结论，论据成立的条件是否充分等。作文要注意内容深度、逻辑结构和语言表达。）

下边是新华网联合国分社 9 月 2 日电：

最近几个月，一些西方国家（主要是美国、欧盟、日本，其中以美国态度最为积极）大力制造舆论，不断对中国政府施加压力，要求中国改变现行的人民币汇率政策，使人民币大幅升值。就美国来说，其理由不外乎以下几个方面：第一，当美元对西方主要货币不断贬值的时候，而自称盯紧美元的人民币汇率却保持不变，这显然不符合市场规律；第二，美国对华贸易逆差不断扩大，这同中国政府人为控制人民汇率有直接关系；第三，人民币汇率的人为低估导致中国对美出口的急剧增加正在日益威胁美国制造业和就业市场，抢走了大量美国工人的饭碗；第四，由于中国低成本的生产优势，吸引了许多美国的跨国公司将生产基地转移到中国，中国在"挖空"美国的工业基础。

■**专项习题 12**
分析下面的论证在概念、论证方法、论据及结论等方面的有效性。
（论证有效性分析的一般要点是：概念特别是核心概念的界定和使用是否准确并前后一致，有无各种明显的逻辑错误，该论证的论据是否支持结论，论据成立的条件是否充分等。作文要注意内容深度、逻辑结构和语言表达。）

所谓房屋抵押贷款，就是个人购买住房时，可以向银行申请贷款购买。银行将贷款发放给开发商，用于楼盘建设，开发商将房屋产权交给购买者，购房者用房屋抵押给银行，以获取对房屋的占有权。

这样，购房人只要能够以按揭合同按时归还从银行获得购房贷款，直到全部付清，就可得到该房屋的产权，从而实现银行、开发商和购房人的三赢。

而且，就算购房人由于经济原因无法归还贷款，银行也不会有任何损失。因为我们完全可以将购房人抵押的房屋产权收回，出售房屋所得，也足以保障这笔贷款的本金安全，而按揭首付也已经收回了这笔贷款的利息总额。

由于我们绝对不用担心这笔贷款的安全，所以我们说，房屋抵押贷款是优质贷款，银行稳赚不赔。因此，我行大胆推出了 0 首付房屋抵押贷款，以期望最大限度地扩大客户群。

二、论证有效性分析习题解析与参考范文

■**专项习题 01**
【论证缺陷分析】
上文的逻辑结构以及主要逻辑缺陷分析如下。

		原文	逻辑缺陷分析
观点		帕克斯公司应该降低员工待遇和减少激励措施	没有得到有效的论据支撑
论证过程	1	帕克斯公司如果还继续年复一年地为员工提供丰厚的福利待遇并实施激励措施,就失去了成本有效性	值得怀疑
	2	现在失业率已经很高了,无需对原来的优厚待遇和激励措施死守不放	不一定可取
	3	从中省出的费用可以用来购买技术先进的设备,换掉现有的工厂机器设备或者再建一个新厂	这种做法是否更有成本效益,同样有待论证

【参考范文】

《值得商榷的看法》

上文通过论证得出隐含的结论，帕克斯公司应该降低员工待遇和减少激励措施。这一观点没有得到有效的论据支撑，现剖析如下：

首先，"继续为员工提供丰厚的福利待遇并实施激励措施"是否会"失去成本有效性"值得怀疑。公司成本包括人工成本、采购成本、生产成本、销售成本以及折旧费用、管理费用等，福利待遇与激励措施属于人工成本，如果福利待遇与激励措施好，但所雇的员工人数不多，人工成本也未必高。而且即使人工成本高，但长期的稳定的福利待遇和激励机制所形成的团队凝聚力，很有可能降低其他成本和费用，反而会增加成本有效性。

其次，"现在失业率已经很高了，无需对原来的优厚待遇和激励措施死守不放"。这一看法也不一定可取，因为当全国失业率高时，企业就降低待遇以节省成本，员工可能因此认为企业缺乏人文关怀和商业道德，从而企业凝聚力下降，优秀员工甚至会转投竞争对手，这样表面上降低了人工成本，却可能导致增加其他成本并且损失公司的收益，这对公司来说，反而得不偿失。

再次，作者认为，在失业率已经很高的情况下降低员工待遇，节省出来的费用可用来更换设备或者再建新厂。这种做法是否更有成本效益，同样有待论证。因为失业率高，意味着整体经济形势不好，社会购买力就很可能不足，此时更换设备投资新厂以扩大生产，产品未必有销路，公司未必获益。

总之，为增加成本有效性，作者仅从降低员工福利和激励措施这个单一的角度来考虑，看法相对片面，存在逻辑漏洞，因此，其建议未必可取。

■专项习题 02

【论证缺陷分析】

上文的逻辑结构以及主要逻辑缺陷分析如下。

		原文	逻辑缺陷分析
观点		我们应该采取扩张性财政政策	
论证过程	1	我们要么采取紧缩的财政政策，要么采却扩张的财政政策	非黑即白
	2	2007年到2008年上半年的宏观调控，主要是采取了紧缩的财政政策，房地产、建筑业投资过快增长的局面得到了有效遏制	既有正面作用，也可能存在负面作用
	3	随着2008年9月份世界金融危机的到来，我国的对外贸易大幅度缩减，中小企业纷纷倒闭，大量农民工返乡，大学生就业压力陡增，很多企业纷纷裁员，我们应该采取扩张性财政政策，全面扩大政府投资，增加工作岗位，大力发展房地产和基础建设	采取180°大转弯的财政政策，对宏观经济也会有很多负面影响。即使采取扩张性财政政策，也不局限于扩大政府投资，大力发展房地产和基础建设还包括降低税率、提高政府购买和转移支付等。另外，对房地产和基础设施建设也不能盲目扩张
	4	这样才能促使我国经济尽快复苏	扩张性财政政策并不是经济尽快复苏的一个必要条件

【参考范文】

《财政政策不能武断》

作者根据随着世界金融危机的到来这一宏观背景，提出前期采取的紧缩的财政政策应该变更为扩张性财政政策。由于其论证比较简单武断，导致其观点不能具有足够的说服力。现把其逻辑缺陷分析如下。

首先，作者认为我们要么采取紧缩的财政政策，要么采取扩张的财政政策。这一观点犯了非黑即白的逻辑错误，因为财政政策除了紧缩性财政政策和扩张性财政政策这两种，还存在第三种，即中性财政政策。

其次，我国的经济结构非常复杂，不能一刀切地看待。2007年到2008年上半年采取的紧缩性财政政策，一方面这一宏观调控起到了正面作用，使得房地产、建筑业投资过热的局面得到了遏制；另一方面，也有可能用力过猛而产生负面作用，使得制造业等其他行业的生存环境变得恶劣。

再次，作者认为，随着2008年9月份世界金融危机的到来使得宏观经济不景气，所以应该采取扩张性财政政策。但是，采取180°大转弯的财政政策，宏观调控的幅度过大，对宏观经济也会有诸多负面影响。而且，即使采取扩张性财政政策，也不局限于扩大政府投资，大力发展房地产和基础建设还包括降低税率、提高政府购买和转移支付等。另外，对房地产和基础设施建设，在经济不景气的情况下给于适当宽松的政策扶持是可以的，但也不能盲目扩张。

最后，虽然采取扩张性财政政策是对经济尽快复苏的一个刺激措施，但并不是经济尽快复苏的一个必要条件。因为财政政策和货币政策是国家宏观经济调控的两大基本政策手段，即使采取中性或稳健的财政政策，但同时采取宽松的货币政策，同样可以促使经济尽快复苏。而且，要从根本上促进经济复苏，还要综合考虑采取增加居民收入、扩大消费、鼓励出口、降低企业运营成本，增强企业的创新能力，提高企业经济效益等多方面的措施。

■专项习题 03

【论证缺陷分析】

上文的逻辑结构以及主要逻辑缺陷分析如下。

		原文	逻辑缺陷分析
观点		应该建议有关部门对这家医院进行整顿	理由不充分,结论太武断
论证过程	1	最近三年来,卫生部门却经常接到对三联医院的投诉	很可能是其他原因造成的
	2	专家的调查显示,其实,自建院以来,三联医院的医疗事故率一直居高不下,近年来一直位居本地区榜首。急诊抢救成功率是本地区倒数第一名	不足以成为作者论证的可靠理由,因为很可能受到其他因素的影响
	3	大量的患者抱怨,这家医院人满为患,经常要求住院但没有空闲的病床。有人投诉,急诊接诊反应速度慢,需要帮助的时候,找不到护士和医生	这些并不能断定医院的管理有问题

【参考范文】

《三联医院真的存在严重问题吗》

上文论述，虽然三联医院作为本地区唯一一所三甲医院，医疗条件、医护人员素质、政府拨款及声誉都是最好的，但最近三年投诉率很高，而且调查发现确实存在一系列问题。作者据此认为，该医院问题严重，建议整顿。但通过仔细分析作者的论证，发现其理由不充足，存在诸多漏洞。

首先，三联医院经常被投诉不一定都是医院的错，很可能是其他原因造成的。比如，病人或家属的期望值过高，对病情治疗效果的不理解、医院容量不足等原因都会导致投诉。

其次，"三联医院的医疗事故率在本地区位居榜首"不足以成为作者论证的可靠理由，因为很可能受到其他因素的影响。医疗事故率不能进行简单比较，需要在医疗事故的种类以及病人的病情类型和严重程度等因素都类似的情况下才可以比较。很可能是由于三联医院是该地区最好的医院，经常接收病情难治的病人，高难度的手术而容易出事故。同样，"急诊抢救成功率是本地区倒数第一名"，这也不能武断地推定医院有严重问题，因为有可能来三联医院急诊的很多都是其他医院无法诊治的危重病人，医术再高也无力回天。

再次，"大量的患者抱怨，这家医院人满为患，经常要求住院但没有空闲的病床。有人投诉，急诊接诊反应速度慢，需要帮助的时候，找不到护士和医生"。这些并不能断定医院的管理有问题。也许恰恰相反，由于三联医院是该地区最好的医院使得大量患者慕名而来导致人满为患，以至于超过了该医院的接纳量，从而使得医生护士应接不暇。

总之，一所医院经常被投诉，不一定错都在医院，完全有可能是其他原因造成的。从上文看，这些投诉很可能来自外部因素。作者仅凭这些表面现象，而不加以深入调查、全面比较、认真分析就武断地建议有关部门对这家医院进行整顿，理由不充分，缺乏说服力。

■专项习题 04

【论证缺陷分析】

上文的逻辑结构以及主要逻辑缺陷分析如下。

		原文	逻辑缺陷分析
观点		反对禁止在期刊杂志做烟草广告的规定	
论证过程	1	禁止在报纸杂志上发布烟草广告，我们认为是欠妥当的。这样，我们几乎失去了所有的广告平台	报纸杂志不是发布烟草广告的唯一途径
	2	对烟草广告的限制过多	烟草是有害公民健康的特殊商品，对其广告必须严格管理
	3	报刊杂志的读者是有判断力的群体	其隐含的前提是，报刊杂志的读者不会受到烟草广告的影响和蛊惑，但这一隐含前提并不可靠
	4	禁止香烟在报纸杂志刊登广告，报纸杂志的收入将大幅减少，因而被迫大幅加价，并且要裁减篇幅来节省开支，这样会影响传媒对政府的监督，影响社会舆论的正常传播，甚至影响人民的言论自由	滑坡论证

【参考范文】

《禁止报刊杂志刊登烟草广告真的欠妥吗》

上文的观点是，反对禁止在期刊杂志做烟草广告的规定。但其提供的理由不可靠，论证过程也存在诸多漏洞，现分析如下。

首先，报纸杂志不是发布烟草广告的唯一途径。虽然明令禁止广播、影视、互联网广告以及是公共场所发布或设置烟草广告，但事实并非作者认为的那样，禁止在报纸杂志上发布烟草广告，烟草业就几乎失去了所有的广告平台。因为除了报纸杂志，也还有别的合法途径变通进行广告和宣传，比如，运用名称类似的文化公司发布文化广告，利用非大众传媒进行宣传，包括向客户直接推介烟草制品、给烟草零售店免费提供带有广告的烟柜以及品牌延伸、有价奖励等。

其次，烟草是有害公民健康的特殊商品，对其广告必须严格管理。事实上，烟草企业经常钻空子打擦边球，变相宣传烟草制品和企业。因此，对烟草广告的限制不是过多，而是防范有力，今后还应进一步限制。

再次，作者为论证禁止报刊杂志刊登烟草广告欠妥当而提供的一个理由是"报刊杂志的读者是有判断力的群体"，其隐含的前提是，报刊杂志的读者不会受到烟草广告的影响和蛊惑，但这一隐含前提并不可靠。因为报刊杂志种类繁多，读者群庞大，青少年也是大量报刊杂志的阅读者，他们中很多人缺乏足够的判断力和鉴别力。而且，即使是成年烟民，很多人也是明知吸烟有害健康也并不戒烟。

最后，文章末段从"禁止香烟在报纸杂志刊登广告"论述到"影响人民的言论自由"的论证，犯了严重的滑坡谬误。因为烟草广告不一定是报刊杂志广告的主要来源，缺少了烟草广告也不一定大幅减少报刊杂志的广告收入，而且即使减少收入未必就要裁减篇幅，即使裁减篇幅也未必影响传媒对政府的监督以及影响社会舆论的正常传播，更不至于影响人民的言论自由。

总之，由于该论证存在严重的逻辑缺陷，使得作者提出的观点不具有说服力。

■专项习题 05

【论证缺陷分析】

上文的逻辑结构以及主要逻辑缺陷分析如下。

		原文	逻辑缺陷分析
观点		取得环保徽标使用权，在信用卡业务上就能胜过竞争对手	
论证过程	1	最近一次民意调查显示，大部分群众对环保问题都比较关注	可信度存疑
	2	大部分群众对环保问题都比较关注。上述做法能够吸引新客户	即使大部分群众都关注环保问题，也不能必然得出，在信用卡印制上环保徽标可以吸引新客户
	3	增加现有客户的信用卡使用率	在信用卡印制上环保徽标也不见得能增加现有客户的信用卡使用率。信用卡的自身功能价值才是增加现有客户信用卡使用率的关键所在

		原文	逻辑缺陷分析
论证过程	4	有助于我们收取高于最低利率的利息	信用卡消费还款的利率是信用卡用户关心的核心因素,如果其他信用卡公司的利率收取的是最低利率的利息,信易公司就难以收取高于最低利率的利息

【参考范文】

《难以奏效的环保牌》

作者试图通过取得环保徽标使用权,使得信易公司的信用卡业务胜过竞争对手。由于其前提和结论的关联过弱,使人不得不怀疑这种打环保牌的做法是否能真正见效。

首先,作者根据最近一次民意调查认为,大部分群众对环保问题都比较关注。这一可信度存疑,因为该民意调查是否权威不得而知,而且即使这一次调查的结果真实,也不能仅评一次调查就得出普遍的结论。

其次,即使大部分群众都关注环保问题,也不能必然得出在信用卡印制上环保徽标可以吸引新客户。因为关注环保问题包括低碳、绿色、节约的生活方式等诸多方面,不见得仅仅关注环保徽标。而且其他信用卡是否早就有环保标志,也不得而知。

再次,该计划还存在着强加因果的错误。"大部分群众对环保问题关注"就"必然会使用环保产品",群众关注环保而不一定会使用环保产品。决不会因为是环保产品,更不会因为贴上了环保标志而吸引更多新客户的。

另外,在信用卡印制上环保徽标也不见得能增加现有客户的信用卡使用率。信用卡的自身功能价值才是增加现有客户信用卡使用率的关键所在。尽管信用卡公司参与环保事业会让群众有好感,但人们使用信用卡的主要目的不是环保,如果信易公司提供的服务和信用卡消费利率优惠程度、还款条件等不如其他信用卡,就不会增加现有客户的信用卡使用率。

最后,就算信用卡新客户增加了,现有客户的信用卡使用率也提高了,也得不出有助于收取高于最低利率的利息。因为信用卡消费还款的利率是信用卡用户关心的核心因素,如果其他信用卡公司的利率收取的是最低利率的利息,信易公司就难以收取高于最低利率的利息。

总之,作者论证的逻辑性非常牵强,其观点不具有说服力。

■**专项习题 06**
【论证缺陷分析】
上文的逻辑结构以及主要逻辑缺陷分析如下。

	原文	逻辑缺陷分析
观点	"模仿的摩托车不像 Kuke 牌摩托车那样启动后发出震天动地的声音"不是"模仿的摩托车未能吸引 Kuke 牌摩托车的客户"唯一的原因	Kuke 牌摩托车的客户青睐 Kuke 品牌,关键原因可能正是 Kuke 震天动地的声音。价格、车型和其他性能等因素,可能不会对 Kuke 车迷产生大的影响

续表

		原文	逻辑缺陷分析
论证过程	1	国外的汽车一般比同类的美国汽车噪音小,但是销路一样好,甚至更好	类比不当。汽车和摩托车不同,汽车使用的主要目的可能在于实用和舒适等体验,而 Kuke 摩托车迷可能偏重激情刺激等驾驶感受,因此有可能对噪音的要求刚好相反
	2	Kuke 牌摩托车的电视广告强调的是该车的流线型设计和经久耐用,而不是它发出的声音	缺乏论证相关性。Kuke 牌摩托车的广告虽然没有特意强调发动机噪音,可能是因为制造商认为这一特色已经为 kuke 车迷所熟知。况且,广告是否强调发动机的噪音,与客户是否喜欢这种巨大的噪音不具有必然的相关性
	3	它的广告一般都有画外音或者摇滚音乐背景,这都把摩托车发动机声音盖掉了	缺乏论证效力。也许这是 Kuke 制造商为防止其他受众的反感,故意没有直接宣扬其 Kuke 的噪音,而是用摇滚音乐等美化的方式,让人联想到 Kuke 的噪音、速度和激情

【参考范文】

《失败的论证》

上文作者试图论证"模仿的摩托车不像 Kuke 牌摩托车那样启动后发出震天动地的声音"不是"模仿的摩托车未能吸引 Kuke 牌摩托车的客户"唯一的原因。但由于其论证存在诸多漏洞,从而导致其论证失败。

首先,Kuke 牌摩托车的客户青睐 Kuke 品牌,关键原因可能正是 Kuke 震天动地的声音。价格、车型和其他性能等因素,可能不会对 Kuke 车迷产生大的影响。

其次,作者提供的第一个论据属于类比不当。汽车和摩托车不同,汽车使用的主要目的可能在于实用和舒适等体验,而 Kuke 摩托车迷可能偏重激情刺激等驾驶感受,因此有可能对噪音的要求刚好相反,即一般顾客需要汽车噪音尽量小,而 Kuke 摩托车迷则希望噪音尽量大。

再次,作者提供的第二个论据缺乏论证相关性。Kuke 牌摩托车的广告虽然没有特意强调发动机噪音,可能是因为制造商认为这一特色已经为 Kuke 车迷所熟知,无须宣扬了,因而宣扬了该车的其他优点。况且,广告是否强调发动机的噪音,与客户是否喜欢这种巨大的噪音不具有必然的相关性。

最后,作者提供的第三个论据同样缺乏论证效力。"Kuke 的广告一般都有画外音或者摇滚音乐背景,这都把摩托车发动机声音盖掉了"。也许这是 Kuke 制造商为防止其他受众的反感，故意没有直接宣扬其 Kuke 的噪音，而是用摇滚音乐等美化的方式，让人联想到 Kuke 的噪音、速度和激情。

总之，模仿的摩托车与 Kuke 摩托车在噪音的差异是不是模仿摩托车不受欢迎的唯一的原因，无法从上文论证中都知，因此，作者得出的结论缺乏说服力。

■**专项习题 07**
【论证缺陷分析】
上文的逻辑结构以及主要逻辑缺陷分析如下。

		原文	逻辑缺陷分析
观点		拒绝氟化水	
论证过程	1	氟是地球上毒性最大的化学物质。…把氟加到水中，必将给我们的健康造成威胁	混淆了"氟"和"氟化水"这两个不同的概念
	2	许多医学组织也在反对此项做法。比如，得克萨斯医学协会便拒绝推荐氟化水	没有提供具体提供是哪些医学组织，为何反对能具体证据。拒绝推荐不一定就是反对，不能非黑即白，也可能虽然不推荐但并不反对且也是一种态度
	3	不难解释为何有些医生对此褒奖有加。举例说来，氟化水的主要倡导者之一、州立大学医学院主任、营养学研究教授丹格医生在过去六年间从食品加工业、精制糖的利润、软饮料商，以及化学和药品的利润中获利高达 35 万美元	即使倡导氟化水的丹格医生获得了丰厚商业利润，这一事实与是否应该拒绝氟化水并没有内在的因果联系
	4	正是这些精制糖、软饮料、精制面粉使牙齿遭到毁坏。现在，这些食品的加工商们热衷于求助化学界帮他们掩盖这一事实	该说法显然不能说明氟化水有毒，更不能作为拒绝氟化水的理由，反而有助于说明，氟化水可能有利于保护牙齿等好处

【参考范文】

《拒绝氟化水的理由不足》

上文作者的观点是拒绝氟化水，但其提供的理由不足，使其论证不能使人信服。

首先，文章开头就混淆了"氟"和"氟化水"这两个不同的概念。显然，从氟有毒不能推论氟化水一定有毒。事实上，氟化水指的是含氟化物的水。若水中氟化物的含量在一定程度内，也许不仅对人体无毒，反而可能对人体有益。

其次，作者提出，许多医学组织反对氟化水，并没有提供具体是哪些医学组织，为何反对的具体证据。作者仅举了得克萨斯医学协会，一例便拒绝推荐氟化水。但是得克萨斯医学协会不能代表所有的医学组织，而且，拒绝推荐不一定就是反对，不能非黑即白，也可能虽然不推荐但并不反对且也是一种态度。

再次，作者认为，推荐或提倡使用氟化水的人是打算从中渔利，并以丹格医生从中获利来说明。这一论证具有诉诸人身的谬误之嫌，论证的焦点应该是氟化水对人类是有益还是有害，而不在于丹格医生的人品、动机和利益。即使倡导氟化水的丹格医生获得了丰厚商业利润，这一事实与是否应该拒绝氟化水并没有内在的因果联系。

最后，作者论述，在精制食品使牙齿遭到毁坏的情况下，这些食品的加工商们热衷于求助化学界帮他们掩盖这一事实。该说法显然不能说明氟化水有毒，更不能作为拒绝氟化水的理由，反而有助于说明氟化水可能有利于保护牙齿等好处。

总之，上述论证没有充分提供氟化水有害健康的合理理由，因此，作者认为应该拒绝氟化水的观点不具有说服力。

■专项习题08
【论证缺陷分析】
上文的逻辑结构以及主要逻辑缺陷分析如下。

		原文	逻辑缺陷分析
观点		房价会一直涨下去	
论证过程	1	在目前情况下，房价似乎没有理由不上涨，不仅如此，宏观调控还在助推着这种上涨	这一理解是有偏差的，宏观调控本意在稳定房价，防止房价过快增长
	2	"西京去年地价上涨了26%，房价只上涨了9.1%，相当于地价增长的一半左右。"言外之意，西京房价还要涨	这一论述所隐含的假设是，房价就会跟随地价同比例上涨。这一假设是值得怀疑的
	3	政府在今年年初已经提出增加供给，政府如果知道有泡沫能说增加供给吗？	其意思是，政府增加房屋供给就意味着目前的高房价并没有泡沫。这一看法显然有问题，很可能就因为目前的高房价存在泡沫，政府才增加房屋供给，以平抑房价
	4	人民收入还在涨，土地资源不能增长，这两头已经限制住了，那房价能不涨吗？	这一推理并不可靠，因为人民收入也不一定一直上涨，土地供应即使有限但不一定已经饱和，完全有可能还有较大的增长空间。而且，影响房价的因素除了收入、土地供应外，还包括消费者的预期与投资偏好、信贷状况等

【参考范文】

《房价难道会一直涨下去吗》

上文中董事长隐含的论点是，房价会一直涨下去。但其论证不充分，存在多处逻辑缺陷，使其观点不具备说服力，现分析如下：

首先，董事长认为，宏观调控助推着房价上涨。这一理解是有偏差的，宏观调控本意在稳定房价，防止房价过快增长。当然，房价上涨的因素很多，宏观调控对房价的长期影响效果如何，也值得研究。即使以前的宏观调控并没有抑制住房价的长期上涨，也不能把认为宏观调控曲解为房价上涨的助推因素。

其次，"西京去年地价上涨了 26%，房价只上涨了 9.1%，相当于地价增长的一半左右。"言外之意，西京房价还要涨。这一论述所隐含的假设是，房价就会跟随地价同比例上涨。这一假设是值得怀疑的，也许之所以西京房价的涨幅只有地价涨幅的一半，正是因为房价虚高已经抑制了人们的购买欲望。

再次，针对房价的高位运行会不会产生泡沫这一问题，董事长说："政府在今年年初已经提出增加供给，政府如果知道有泡沫能说增加供给吗？"，其意思是，政府增加房屋供给就意味着目前的高房价并没有泡沫。这一看法显然有问题，很可能就因为目前的高房价存在泡沫，政府才增加房屋供给，以平抑房价。

最后，董事长认为，人民收入还在涨，土地供应有限，所以房价一定还会涨。这一推理并不可靠，因为人民收入也不一定一直上涨，土地供应即使有限但不一定已经饱和，完全有可能还有较大的增长空间。而且，影响房价的因素除了收入、土地供应外，还包括消费者的预期与投资偏好、信贷状况等。事实上，以现有的土地资源，人民的居住性需求是可以基本满足的。虚高的房价更大可能来自投机性需求。若收紧银行信贷、提高首付比，房价就很有可能稳住，甚至回调。

总之，董事长认为房价会一直涨下去的看法是违背经济规律的。由于其论证不严密，其观点显然不具有说服力。

■专项习题 09
【论证缺陷分析】
上文的逻辑结构以及主要逻辑缺陷分析如下。

		原文	逻辑缺陷分析
观点		早日加入我们的队伍吧，圆你一个发财梦	严重怀疑
论证过程	1	"爱丽"是直销不是传销	混淆直销和传销概念
	2	你在工厂上班，一辈子也不可能买得起住房。何况现在下岗了，只能吃低保	说法过于绝对，难以成立
	3	我和我的同事三年前加入了"爱丽"，现在我们的生活已经发生了翻天覆地的变化	通过自身的例子做现身说法，其实是缺乏说服力的

续表

		原文	逻辑缺陷分析
论证过程	4	普通产品的销售，中间环节太多，一级批发、二级批发，等到了消费者手中，已经加价很多。"爱丽"是直接与客户见面的销售，没有中间环节	这并不能说明该产品就好销，利润空间就大
	5	直销收入是合法的，其实就是把节省下来的广告费、店面费转给了推销产品的你和我	做广告、开店面并不必然导致商品价格上升

【参考范文】

《蛊惑人心的传销演讲》

这篇"爱丽"传销公司的宣传演讲充满着欺骗和谎言，漏洞百出，现分析如下：

首先，演讲一开始就断言"爱丽"是直销不是传销。这一说法没有得到实质性的论据支持，所谓得到了有关部门的允许，没有明确具体是哪些部门？这些部门是否是权威部门？即使是有关部门的认可，也不等于就不是传销。演讲者在这里故意混淆了直销和传销概念，模糊合法直销模式和非法传销模式的区别。

其次，演讲者说"在工厂上班，一辈子也不可能买得起住房。何况现在下岗了，只能吃低保"。这一说法过于绝对，难以成立。在工厂上班，若能为企业作出突出贡献，也可以得到丰厚的回报，从而买得起住房。即使是下岗职工，并非只能吃低保，只要自谋生路，自立自强，照样可以实现财富梦想。直销并非是唯一的选择，而且直销也不可能让加入者都能致富。况且，还很可能是非法传销，富了个别的头头，坑了大多数盲目参与的传销群众。

再次，演讲者通过自身的例子做现身说法，其实是缺乏说服力的。因为其一，演讲者是夸大其词还是真的致富了，没有考证；其二，演讲者就算真的致富了，这一经营模式是否合法以及其致富方式是否可以持续，都值得怀疑；其三，一个人就算真的成功致富了，不代表这个经营模式能使参与者都致富。

另外，"爱丽"直接与客户见面的销售，没有中间环节，这能说明该产品就好销，利润空间就大吗？值得严重怀疑，也许该产品本身质量就不过关，也许该产品进入传销环节的成本就高。普通产品明码标价，成本利润清晰可查，而传销产品的成本模糊，利润分配不透明，这才是高级传销组织者和部分高级传销人员赚钱的真实原因。

最后，做广告、开店面难道必然会导致商品价格上升吗？其实，对好的商品来说，由于做广告、开店面的广告效应和形象展示，增强了企业和产品的信誉，扩大了市场，增加了产品销售，往往反而比不做广告的产品便宜。

总之，整篇演讲逻辑混乱但蛊惑人心，目的就是诱惑发财欲望强烈、缺乏理性、不明真相的群众加入该传销组织。

■**专项习题 10**

【论证缺陷分析】

上文的逻辑结构以及主要逻辑缺陷分析如下。

		原文	逻辑缺陷分析
论证过程	1	主要是受全国普通高校扩招影响,随着各类成人教育的发展,自学考试也受到了冲击,自学考试的报考人数自2003年开始大幅减少	诉诸外因,而内因更为关键
	2	首先,降低自学考试"难度",提高通过率	也许短期内能吸引更多考生,从长远来看,反而会严重威胁自学考试的生存和发展
	3	其次,面对普高扩招的影响,自学考试应该关注专科升本科考生的发展	通过自考取得本科未必是专科生的最好选择,很多大专院校都有其他专升本的渠道
	4	自学考试应该面向农村发展,同时关注到城市务工者的继续教育	农村缺乏教育助学机构,加上农村人也许更看重实用技术培训,对学历文凭考试未必兴趣很大,因此,自考并不见得非常适合在农村推广。同时,农民工大都工作劳累,业余时间不充裕,而且知识水平多数没达到高中水平,大部分农民工既没时间,也没能力参加自考

【参考范文】

《难以提高自考吸引力的对策》

　　上文试图分析自考人数下降的原因,并给出对策建议。但由于存在诸多逻辑漏洞,使其论证不具有说服力。

　　一方面,作者对引起自考危机的原因分析不够全面和深刻。作者认为自考生源减少的主要原因是高校扩招以及成人教育的发展,这两个因素压缩了自考的生存空间。尽管这些原因是存在的,但这显然并不全面,自学考试自身存在问题可能更为关键,比如,自考专业设置不科学,没有很好地满足社会需求,教材更新慢,以及自考毕业生的含金量不如普通高校毕业生等。

　　另一方面,作者就解决自考危机所提出的对策建议也值得商榷。

　　首先,作者所提出的"降低考试难度,提高通过率"的对策,能否提升自考的生源是个疑问,也许短期内能吸引更多考生,但这会造成自考的含金量下降,一旦自考文凭泛滥,从长远来看,反而会严重威胁自学考试的生存和发展。

　　其次,作者认为自考应该关注专科升本科考生的发展。虽然统招专科生的确可以补充一部分自考生源,但是通过自考取得本科未必是他们的最好选择,很多大专院校都有其他专升本的渠道,且门槛并不高,因此,这一对策是否具有明显增加自考人数的效果值得怀疑。

　　再次,作者所提出的自考下乡和关注城市务工者的对策也值得重新审视。农村缺乏教育助学机构,加上农村人也许更看重实用技术培训,对学历文凭考试未必兴趣很大,因此,自考并不见得非常适合在农村推广。同时,农民工大都工作劳累,业余时间不充裕,而且知识水平多数没达到高中水平,大部分农民工既没时间,也没能力参加自考,因此,在城市务工者中推广自考在现阶段也缺乏可行性。

总之,作者只是片面关注自考的外部因素而忽视内部因素,在此基础上所提出的对策最多只能治标,而难以达到切实提高自考吸引力的根本目的。

■专项习题 11
【论证缺陷分析】
上文的逻辑结构以及主要逻辑缺陷分析如下。

		原文	逻辑缺陷分析
观点		西方国家不断对中国政府施加压力,要求中国改变现行的人民币汇率政策,使人民币大幅升值	
论证过程	1	第一,当美元对西方主要货币不断贬值的时候,而自称盯紧美元的人民币汇率却保持不变,这显然不符合市场规律	这未必不符合市场规律,各国的汇率形成各不相同,西方主要货币相对美元升值,不等于人民币也要升值
	2	第二,美国对华贸易逆差不断扩大,这同中国政府人为控制人民币汇率有直接关系	巨额贸易逆差其实是美国自己造成的,其关键原因是,美国为了阻止中国的发展,以种种理由限制美国向中国出口高新技术和相关产品
	3	第三,人民币汇率的人为低估导致中国对美出口的急剧增加,正在日益威胁美国制造业和就业市场,抢走了大量美国工人的饭碗	中国出口到美国的大宗产品主要是劳动密集型产品,美国现在根本就不生产这些传统制造业产品,即使不从中国进口,美国也要从其他国家或地区进口。因此,不能武断地认为中国对美国的出口威胁了美国制造业和就业市场
	4	第四,由于中国低成本的生产优势,吸引了许多美国的跨国公司将生产基地转移到中国,中国在"挖空"美国的工业基础	其实,美国将传统制造业向低成本国家转移是美国产业升级战略的重要组成部分,即使不向中国转移,也会向其他低成本国家转移,目的使美国集中资源发展其高新技术、金融服务等强势产业,最大限度地提升美国的国际竞争力和增加美国人的财富

【参考范文】

《施压人民币升值是强词夺理》

最近,以美国为首的西方国家大造舆论,逼使人民币大幅升值。但其所提出的理由不具有说服力,论证缺乏有效性。

首先，美国提出的第一个理由是，当美元对西方主要货币不断贬值的时候，而人民币汇率却保持不变。这未必不符合市场规律，各国的汇率形成各不相同，西方主要货币相对美元升值，不等于人民币也要升值。

其次，美国提出的第二个理由是，美国对华贸易逆差不断扩大，这同中国政府人为控制人民币汇率有直接关系。美国把巨额贸易逆差归罪于人民币汇率政策，这个看法是不能让我们接受的。巨额贸易逆差其实是美国自己造成的，其关键原因是，美国为了阻止中国的发展，以种种理由限制美国向中国出口高新技术和相关产品。只要美国放松对中国进口美国高新技术产品和相关技术的管制，缩小美中贸易逆差立马就能做到。

再次，美国提出的第三个理由是，人民币汇率的人为低估导致中国对美出口的急剧增加，中国出口到美国的大宗产品抢走了大量美国工人的饭碗。这一看法也是站不住脚的，事实上，中国出口到美国的大宗产品主要是劳动密集型产品，美国现在根本就不生产这些传统制造业产品，即使不从中国进口，美国也要从其他国家或地区进口。因此，不能武断地认为中国对美国的出口威胁了美国制造业和就业市场。

最后，美国提出的第四个理由是，由于中国低成本的生产优势，吸引了许多美国公司将生产基地转移到中国，"挖空"了美国的工业基础。其实，美国将传统制造业向低成本国家转移是美国产业升级战略的重要组成部分，即使不向中国转移也会向其他低成本国家转移，目的使美国集中资源发展其高新技术、金融服务等强势产业，最大限度地提升美国的国际竞争力和增加美国人的财富。

总之，美国施压人民币升值的理由是站不住脚的，可以说是强词夺理，中国政府和人民难以接受。

■ 专项习题 12
【论证缺陷分析】
上文的逻辑结构以及主要逻辑缺陷分析如下。

		原文	逻辑缺陷分析
观点		大胆推出了 0 首付房屋抵押贷款	
论证过程	1	就算购房人由于经济原因，无法归还贷款，银行也不会有任何损失	这一看法所依赖的假设是房价不会大幅下跌。这一假设并非必然成立
	2	按揭首付也已经收回了这笔贷款的利息总额	这一认识是完全错误的，因为按揭首付款是购房者支付给开发商的，并不是支付给银行的
	3	房屋抵押贷款是优质贷款，银行稳赚不赔。因此，我行大胆推出了 0 首付房屋抵押贷款，以期望最大限度地扩大客户群	即使房屋抵押贷款在某种意义上是优质贷款，银行也不必然稳赚不赔，特别是 0 首付房屋抵押贷款的风险就更大了

【参考范文】
《房屋抵押贷款对银行真的稳赚不赔吗》
上文的论证存在严重的逻辑缺陷，作者提出的 0 首付房屋抵押贷款的建议对银行来说风险很大，现分析如下。

首先，"即使购房人无法归还贷款，银行也不会有任何损失"这一看法所依赖的假设是房价不会大幅下跌。这一假设并非必然成立，如果因种种原因造成房价大幅下跌到购房者的贷款额，在购房人断供的情况下，银行一般是通过拍卖方式出售房屋，其所得往往低于贷款额，这就无法保障这笔贷款的本金安全。

其次，作者认为，按揭首付也已经收回了这笔贷款的利息总额。这一认识是完全错误的，因为按揭首付款是购房者支付给开发商的，并不是支付给银行的，所以，按揭首付不可能使银行收回这笔贷款的利息总额。

再次，即使房屋抵押贷款在某种意义上是优质贷款，银行也不必然稳赚不赔，特别是0首付房屋抵押贷款的风险就更大了。一方面，0首付购房往往并非不用购房者支付首付款，其本质是由开发商或房产中介通过垫付或者是虚拟抬高房价，多从银行贷款的方式来获得首付款。另一方面，在0首付购房者断供的情况下，银行只能靠收回并出售房屋来挽回损失，但如果房价下跌，将给银行带来巨大损失。

总之，作者所提出的建议是建立在房价只涨不跌这一乐观预期的基础上，由于其考虑不周，一旦房地产市场出现下跌，0首付房屋抵押贷款将成为银行的不良贷款。

周建武逻辑系列精品图书书目

逻辑专著系列

◆《逻辑学导论——推理、论证与批判性思维》（周建武　主编），清华大学出版社

◆《批判性思维——逻辑原理与方法》（周建武　武宏志　著），清华大学出版社

◆《论证有效性分析——逻辑与批判性写作指南》（周建武　编著），清华大学出版社

◆《科学推理——逻辑与科学思维方法》（周建武　编著），化学工业出版社

逻辑考研系列

◆《MBA、MPA、MPAcc、MEM 逻辑推理——高效思维训练与应试指导》（周建武编著），化学工业出版社

◆《MBA、MPA、MPAcc、MEM 逻辑题典——分类思维训练与专项题库》（周建武编著），化学工业出版社

◆《MBA、MPA、MPAcc、MEM 论证有效性分析——高效思维训练与应试指导》（周建武编著），化学工业出版社

◆《全国硕士研究生招生考试管理类专业学位联考综合能力考前辅导教程——逻辑分册》（全国工程专业学位研究生教育指导委员会、全国工程管理专业学位研究生教育指导委员会联合组编，周建武主编），清华大学出版社

◆《管理类专业学位联考综合能力考试逻辑真题分类精解》（周建武主编），中国人民大学出版社

◆《管理类专业学位联考综合能力考试逻辑精选 600 题》（周建武主编），中国人民大学出版社

逻辑通俗系列

◆《魔鬼逻辑学——揭露潜藏在历史与社会表象下的博弈法则》（第二版）（周建武编著），中国人民大学出版社

◆《世上最经典的 365 道逻辑思维名题——附详解》（第四版）（周建武编著），中国人民大学出版社

◆《经典逻辑思维名题 365 道》（周建武编著），化学工业出版社

◆《挑战最强大脑的思维游戏》（周建武编著），清华大学出版社

作者简介

　　周建武　著名逻辑学专家，博士、研究员。清华大学经济管理学院研究生毕业，中国国家行政学院－加拿大魁北克大学博士后。在北京专业从事博硕士研究生教育与培训管理工作，担任清华大学素质教育研究中心逻辑通识教育研究课题负责人，21世纪新逻辑研究院副院长。致力于逻辑学、批判性思维、科学思维方法论以及各类逻辑推理测试的教学与研究。长期担任全国工程专业学位研究生教育指导委员会、全国工程管理专业学位研究生教育指导委员会统编逻辑辅导教程主编，被誉为"考研逻辑第一人"，其主编的考研逻辑系列图书是历年最畅销的专业硕士联考辅导用书，已成为逻辑应试经典。

丛书书目

　　◆《MBA、MPA、MPAcc、MEM逻辑推理——高效思维训练与应试指导》（周建武编著），化学工业出版社

　　◆《MBA、MPA、MPAcc、MEM逻辑题典——分类思维训练与专项题库》（周建武编著），化学工业出版社

　　◆《MBA、MPA、MPAcc、MEM论证有效性分析——高效思维训练与应试指导》（周建武编著），化学工业出版社

丛书介绍

　　◆本套丛书是全国著名逻辑教学与研究专家周建武在清华大学、中国人民大学、复旦大学等出版社编著出版十余部考研逻辑用书的基础上，历经18年积累与打造，全面改版，重新编排，精心修订，优化设计而成。

　　◆自2000年起，周建武老师主编的管理类、经济类以及工程类等各类专硕考研逻辑系列辅导用书每年修订再版，年年切中考点，屡屡押中考题，被历届专业硕士考生公认为考研逻辑应试必备用书，累计畅销数百万册。

　　◆作为全新推出的管理类联考和经济类联考的综合能力辅导用书，本套丛书详尽地提供了逻辑推理与论证有效性分析的整体解决方案，讲解细致，分析透彻，必将有效地提升考生的实战能力与应试水平。